立教大学ビジネススクール教授 田中道昭
Michiaki Tanaka

世界最先端8社の大戦略

Tesla / Apple / Salesforce / Walmart
Microsoft / Peloton / DBS / Amazon

「デジタル×グリーン×エクイティ」の時代

Digital×Green×Equity

日経BP

はじめに

独ボッシュ、2020年にカーボンニュートラル達成

本書のサブタイトルを『デジタル×グリーン×エクイティ』の時代」とした背景には、世界最大のテクノロジー見本市「CES2021」で筆者が受けた衝撃があります。CESは例年なら米ラスベガスで開催されるイベントで、私は毎年現地に赴いていますが、2021年は新型コロナ禍の影響でオンライン開催となりました。

CESの冒頭では「Tech Trends To Watch」と題して、その年のテクノロジートレンドを論じるセッションが開かれるのが恒例となっています。ここで紹介された次のような発言が印象に残りました。

「イノベーションは、経済的に厳しい時に加速し、集中して起き、その力は解き放たれ、経済が復活し始める。そして、力強い新たなテクノロジーの変化の波を先導していく」（英国のエコノミスト、クリストファー・フリーマンによる発言）

「私たちは、2カ月間で2年分のデジタルトランスフォーメーションが起きるのを経験した」（マ

イクロソフトCEO、サティア・ナデラ氏による発言）

2020年は、まさにこの2人の発言のとおりの年でした。新型コロナ禍による深刻な経済的ダメージを受けながら、デジタル化というイノベーションの波が、世界を席巻しました。それはCESで発表された数字からも、明らかです。

「Eコマースのボリュームは8週間で10年分増加した」
「オンライン予約のボリュームは、15日間で10倍に増加した」
「（新型コロナ禍の直前にスタートしたディズニー公式動画配信サービス）ディズニープラスは、ネットフリックスが7年間で獲得した有料視聴者数を5カ月間で獲得した」
「オンライン学習は、2週間で2億5000万人の生徒を獲得した」

こうした世界の変化に比べれば立ち遅れているにせよ、日本でもリモートワークやオンライン診療、オンライン学習などで、デジタル化の恩恵を実感した人は、かつてなく多いはずです。

新型コロナ禍の今後の動向はいまだ不透明ですが、デジタル化の波は、加速しこそすれ、とどまることはないでしょう。CES2021でも、2021年の6つのキートレンドとして、デジタルトランスフォーメーション（DX）、デジタルヘルス、ロボット&ドローン、モビリティテクノロジー、５Ｇコネクティビティ、スマートシティが挙げられていました。

しかし、ＣＥＳ２０２１で筆者が最も大きなインパクトを受けたセッションは、「デジタル化」を直接のテーマにしたものではありませんでした。

自動車部品最大手の独ボッシュは基調講演において、自社の事業所の二酸化炭素（CO_2）排出量を実質ゼロにするカーボンニュートラルを「２０２０年に達成した」と発表しました。これは、グローバルな製造業では初めての快挙です。ボッシュはもともと２０１９年の段階で「２０２０年までに製造、開発、運営にかかわる世界約４００カ所の拠点でカーボンニュートラルを目指す」と発表していたのですが、まさに有言実行した形です。

ボッシュはこれをバリューチェーン全体に広げていく方針です。それも脱炭素にとどまらず、省エネルギー、節水、廃棄物削減までを含めたサステナビリティ方針として、ＣＥＳ２０２１の壇上から「live sustainable like a Bosch（ボッシュのように持続可能な暮らしをおくる）」と呼びかけていたのが印象的でした。

ボッシュのセッションでは、ＩｏＴ（モノのインターネット化）とＡＩを組み合わせた「ＡＩｏｔ」によって製造業のＤＸに注力していることも話題にのぼりましたが、これも単なるＤＸの枠内にとどまるものではありません。ＤＸであると同時に、製造業におけるエネルギー効率を向上させることでCO_2排出量の削減に貢献します。気候変動対策においても、ボッシュは

「live sustainable like a Bosch」を実践しようとしているのです。

従来、気候変動対策で先鋭的なビジョンを掲げるグローバル企業といえば、アップルが知られていました。とはいえ、アップルはファブレス企業であり、自社工場を持ちません。

一方、ボッシュといえば、自動車部品のメガサプライヤーであり、従来型の製造業です。自社工場も多く所有しています。そんな企業がカーボンニュートラルを果たすというのは、むしろアップルよりも先鋭的な取り組みといえます。

ボッシュのライバル企業にはデンソーやアイシンといった日本の優良企業が存在します。しかし筆者は、日本の製造業が気候変動対策とデジタル化で世界の産業界をリードすることは想像できません。グリーン×デジタルという世界のトレンドを確認すると同時に、日本の遅れを痛感させられたセッションでした。

GMがCES2021で示した「変曲点」

もう1つ、CES2021に大きなインパクトを残したのは、GM（ゼネラルモーターズ）のメアリー・バーラCEOによる基調講演でした。その講演は、GMのEVへの注力や、時速90キロで飛行するという「空飛ぶクルマ」のコンセプト動画のお披露目でも話題となりましたが、私が感銘を受けたのは別のところです。

バーラCEOは「変曲点(INFLECTION POINT)」と題された講演の冒頭で、バイデン政権の4大施策である新型コロナ対策(COVID-19)、経済対策(ECONOMIC RECOVERY)、人種差別問題(RACIAL EQUITY)、気候変動対策(CLIMATE CHANGE)と、それぞれに対応するGMの施策に言及しました。特に気候変動対策としてのEVについては、「Putting Everybody in An EV(すべての人をEVに)」を掲げ、ラインナップのEV化をうたいました。

もっとも、自動車メーカーが気候変動対策をうたうのは今や当たり前のこと。それ以上に、GMが黒人問題をはじめとする人種差別の問題に立ち向かうと強調した点に、私は何よりも感銘を受けました。それは昨今重要性を増している「エクイティ(公平・公正)」という価値観とも呼応するものだったと思います。

こうした姿勢は、GMに限ったものではありませんでした、ボッシュを含めて、CES2021に参加したどの企業にも、多かれ少なかれ共通していました。

CESは世界最大のテクノロジーショーであると同時に、「最も影響力が大きい」テクノロジーショーでもあります。そのため、テクノロジーのトレンドを紹介するだけでなく、これから大きなトレンドになるであろう新しい価値観が提示されるのが常です。ある年は「データの利活用」に関心が集中したかと思えば、ある年は「データの利活用とプライバシーの両立」がテーマになりました。

基調講演やセッションのスピーカーの話にも、こうした価値観の変化は如実に表れるものです。

「デジタル×グリーン×エクイティ」の時代

CES2021において打ち出された価値観を3つのキーワードに落とし込むならば、それはデジタル、グリーン、エクイティであったといえるでしょう。

デジタル化の流れが不可避であることについてはあらためて詳述するまでもないと思いますが、私たちの暮らしを便利にすることに終わらず、デジタル×グリーン×エクイティの三位一体の中で追求していく必要があるとの問題意識が、各社には感じられました。

本書の中でたびたび論じることになるアマゾンにしても、ビッグデータ×AIを武器に究極のカスタマーセントリック（顧客中心主義）を追求してきたこれまでの姿から、変質があるように思います。従来のアマゾンは、カスタマーセントリックを志向しながらも、アマゾンのカスタマーとして見なされない中小の小売業などついては、「アマゾンエフェクト」によって容赦なくなぎ倒していく負の一面もありました。

しかしここにきて、創業者ジェフ・ベゾスは、教育支援や恵まれないファミリーを支援する慈善活動基金の「DAY1（デイワン）ファンド」や、気候変動対策を行う「ベゾス・アース・ファンド」を設立するなど、社会問題の解決へと舵を切ろうとしています。また株主らに宛てた年次書簡では、「われわれは『地球上で最も素晴らしい雇用主』がいる『地球上で最も安全な職場』になろうとしている」とベゾスは書いています。これまで「地球上で最も顧客中心主義の会社」を目指してきたアマゾンが、同時に「地球上で最も素晴らしい雇用主」にもなろうとしている。これは大きな、そして喜ぶべき軌道修正だといえるでしょう。

デジタル化の追求を止める必要はありませんし、止めようがありません。しかし、ボッシュのＡＩｏｔの取り組みに見るように、デジタル化がすなわち気候変動対策に、またデジタル化がすなわち格差の解消につながるようなあり方が、いま問われているのです。

グリーンについても同様です。気候変動対策が喫緊の課題であるのは言わずもがなです。しかし今、企業に求められているのはグリーン×デジタルの取り組みです。２０２１年３月に開催されたデジタルシフトサミットにおいて、日本のＤＸというこれまでにない難題に取り組んでいる平井卓也デジタル改革担当大臣と対談した際、次のような言葉が聞かれました。

「デジタル化が止まってしまうことは、おそらくこれから50年１００年ないと思います。デジタル社会イコール電気を大量に使う社会ということですから、グリーンとデジタルは、もう絶対に不可分です。その電気をいかにグリーンに確保していくかという意味でも、これは各企業セットで考えないといけませんね」（デジタルシフトタイムズ２０２１年３月８日）

そしてエクイティです。アップルは2021年、「人種の公平性と正義のためのイニシアチブ」に1億ドルを拠出し、人種差別など不当な差別に苦しんできたコミュニティに支援することを発表しました。

ダイバーシティ&インクルージョン（D&I：多様性と包摂性）が推進されている昨今ですが、近年はそこにエクイティを加えた「ダイバーシティ、エクイティ&インクルージョン（DEI）」を掲げる企業が増えてきています。新型コロナ禍が格差拡大を助長し、差別や貧困に苦しむ層ほど気候変動問題の影響を強く受けるという社会構造が明らかとなった今、多様な価値観や個性を包摂的に受け入れ、なおかつ公平・公正に扱うことができる世界が希求されています。

私は確信しています。いまやデジタル、グリーン、エクイティは個別ではなく、三位一体で考える必要があるのだと。それによって初めて、人と地球環境がともに持続可能な未来を創造することができるからです。

本書の内容

本書は、それぞれ異なる領域における「最先端」の8社を取り上げ、経営戦略を論じるものです。また巻末には、私が「デジタルシフトアカデミー」で行っている「日本企業のための大胆なデジタルシフト戦略策定ワークショップ」の内容を「DX白熱教室」として50ページにわたり掲載しました。

8社に共通するのは、政治・経済・社会・テクノロジーの変化、あるいは価値観の変化にいち早く対応していること。また、多くの企業は、自ら新しい価値観や世界観を示してもいます。その一部をご紹介しましょう。

「世界最大の小売企業」ウォルマートは、非デジタルネイティブ企業でありながらDXに成功しました。非デジタルネイティブが多い日本企業が最もベンチマークするべきはウォルマートであると私は確信しています。

EVのリーディングカンパニーであるテスラは、クリーンエネルギーのエコシステムを構築しようとしている企業です。創業者イーロン・マスクの「このままでは人類が滅びる」「人類を救済する」という強烈な使命感をキーに、テスラの経営戦略を読み解きます。

「アップルカー」の報道でも話題のアップルは、「デジタル×グリーン×エクイティ」の掛け算において最も先鋭的な取り組みをしている企業の1つです。「2030年までにカーボンニュートラル達成」とコミットしており、産業の変革をリードする存在です。

「世界最強のSaaS企業」セールスフォースの最大の特徴は、カスタマーサクセスをミッション・事業構造・収益構造のすべてに織り込んでいること。セールスフォースにおいては、顧客の成功と自社の成功が直結しています。

ＰＣ時代を牽引しながら、スマホの時代になるとＧＡＦＡの後塵を拝したマイクロソフトは、「クラウドファースト」を打ち出して大復活しました。次なる一手はＭＲ（複合現実）のプラットフォームです。

８社の中でも異彩を放つペロトンは「フィットネスバイク」のＤＸを果たしました。日本企業の強みでもある「徹底的なこだわり」を武器に、デジタル×リアルで優れたカスタマーエクスペリエンスを提供することで急成長中です。

シンガポールのＤＢＳ銀行は、「会社の芯までデジタルに」という目標を掲げて、旧態依然とした金融業からテクノロジー企業へと生まれ変わりました。そして「世界一のデジタルバンク」と称賛されるようになった今、新たなミッションに向かおうとしています。

８社目は、世界最強の企業アマゾン。その影響力はついにヘルスケアやものづくりの現場にまで拡大しています。２０２１年にはジェフ・ベゾスのＣＥＯ退任というニュースもありました。ベゾスが次に向かう先は宇宙、そして驚くべきことに「社会問題の解決」です。

そして最終章では、「デジタル×グリーン×エクイティ」について論考します。また付録として、先に述べた通り、筆者が講師を務める「デジタルシフトアカデミー」の講義を再現する形で、いま日本企業にとって最も関心の高い「デジタルトランスフォーメーション」の道筋を示しました。

多くの犠牲者を出した新型コロナ禍は、未曾有の悲劇として後世まで記憶されるべきものです。しかし同時に、世界が待望していた変化が新型コロナ禍によって数年前倒しで到来した一面も見逃せません。そのポジティブな変化に、本書が少しでも貢献できることを筆者として願ってやみません。これから詳述する「最先端8社」が見せる変革の意思とその実践を、日本企業の経営に活かしていただきたいと思います。

第2章

テスラ

Tesla

「地球を救済する」という野望と使命

コロナ禍でも株価が9倍に急騰

ペイパル、スペースXに続いてEVに乗り出す

テクノロジーの王様

クリーンエネルギーを「創る、蓄える、使う」

「マスタープラン」で予告された大躍進

「マスタープラン・パート2」から読み解くテスラの現在地

テスラの自動運転

オーナーがテスラ車を貸し出し収入を得る「ロボタクシー」

完全自動運転機能つきのEVを2万5000ドルで

エコシステムに追加された「エアコン事業」と「テスラ・トンネル」

バリューチェーンで既存自動車産業とテスラを比較する

「走りながら考える」テスラの開発思想

イーロン・マスクのグランドデザインは「世界のグランドデザイン」へ

第1章

ウォルマート

「時代遅れの世界一企業」が大変身

Walmart

売上高60兆円企業の成長をEC事業が牽引

1962年創業のウォルマートは、売上高60兆円を超える「世界最大の小売業」です。アマゾンでさえ売上高は42兆円、日本のイオングループの売上高が8・6兆円です。こうして数字を並べてみれば、ウォルマートの巨大さがおわかりいただけるでしょう。

ウォルマートの代名詞といえば「EDLP（エブリデイ・ロー・プライス）」です。「特売」を廃し、また年間を通じた低価格を押し出すことで、米国はもとより世界中の消費者から支持されてきました。

2021年度（2020年2月～2021年1月）の年間売上高は5592億ドル（60兆2200億円）、従業員数が220万人超。新型コロナウイルスの感染が世界的に広がった2020年2～4月（第1四半期）でさえ既存店舗の売上高は前年同期比10％増と、およそ20年ぶりとなる高い増収率を記録しました。

意外なことに、この好業績を牽引しているのはEC事業です。ここ数年のウォルマートは、従来からの店舗にデジタルを組み合わせて様々な販路で商品を販売する「オムニチャネル化」が鮮明です。詳しくは後述しますが、ウォルマートのDXを象徴する先進的な取り組みをいくつか挙げておきましょう。

- ストアピックアップ＆デリバリー：スマホアプリから注文した商品を店舗で受け取ることができるサービス。７３００以上の店舗をカバー
- イン・ホーム・デリバリー：自宅の冷蔵庫まで食料を配達してくれる
- ネクストデイ・デリバリー：翌日配達。全米の人口の75％をカバー

２０２１年度の決算によると、ウォルマートの米国でのＥＣ売上は約４３０億ドルです。２０１８年の１１５億ドルから、わずか3年で約４倍の伸びを示しています。またＩＴやＥＣなどデジタル関連への投資額も顕著に増えており、すでに新店舗や改装への投資の額を大きく上回っている状況です。２０２１年度第４四半期の数字を見ると、ＥＣ販売は前期比で69％増。またマーケットプレイス事業、ストアピックアップ＆デリバリーの伸びが著しく、伸び率は１００％を超えています。

ダグ・マクミランＣＥＯによるＤＸ推進

「ウォルマートはもう時代遅れの企業」。ほんの数年前までそのような誹りを受けていたのが嘘のような快進撃です。ＥＣ全盛の時代にあって、「エブリシングストア」アマゾンに押され、ウォ

ルマートも一時は「世界一の小売企業」としての存在感を失っていました。そこから復活して、これほど業績を伸ばしているのはなぜか。その理由がほかならぬＤＸです。

キーマンは、２０１４年に着任したＣＥＯのダグ・マクミランです。学生時代にウォルマートでアルバイトを経験したこともある彼は、そのままウォルマートに入社すると、会員制スーパーマーケット（ホールセールクラブ）のサムズクラブＣＥＯや、ウォルマート国際部門ＣＥＯなどを歴任しました。

マクミランはウォルマートＣＥＯに就任するやいなや、デジタルシフトの方針を打ち出し、ＥＣ企業への出資・買収を進めました。中でもネット通販のスタートアップ「ジェット・ドット・コム」の買収をきっかけに、ウォルマートのデジタルシフトの姿勢は鮮明なものとなりました。これによりＥＣ化に向けたリソースを手中に収め、またジェット・ドット・コムの共同創業者であるマーク・ロアをＥＣ部門の総責任者に据えたのです。

図表１－１は、マクミランがＣＥＯに就任する前後から現在に至るまでのウォルマートの株価の推移です。就任してしばらくは低迷しましたが、ジェット・ドット・コムの買収を機に株価は上昇に転じています。

のちに触れますが、社名変更もウォルマートのＤＸを象徴する出来事です。２０１８年２月に「ウォルマートストアズ」を「ウォルマート」に変更したのです。これはリアル店舗としてのウォルマートストアだけではなく、ＥＣやそのほかも含めたビジネスをデジタルシフトしていくとの

図表1-1　ウォルマートの株価推移

姿勢を社内外に宣言するものでした。

マクミランＣＥＯの功績は、１つは「買い物における店舗とデジタルの融合」を宣言し、ビジネスそのものをアップデートしたことです。

ＣＥＯ就任直後の２０１５年のアニュアルレポートに、マクミランＣＥＯは次のような方針を掲げています。

「私たちは、世帯収入に関係なく、価値を重視する顧客にサービスを提供しています。そのため、常に低価格に積極的に取り組んでいきます。ＥＤＬＰは、店舗とオンラインの両方で顧客からの信頼を築きます。これは、価格の透明性が高まるデジタル時代では特に重要です。価格のリーダーシップを発揮するために、サプライチェーン、プロセス、その他の効率性の改善を通じて、

EDLPの推進に引き続き注力していきます」

「1万1000店以上の店舗、ウェブサイト、モバイルアプリを通じて、顧客はこれまで以上に多くの方法でウォルマートにアクセスできます。（中略）私たちは、デジタルのオンラインストアと実店舗をシームレスに統合するリーダーであることに尽力します」

それでは、ウォルマートは具体的に何を行ったのでしょう。マクミランCEOは、2020年2月に開催された投資家向けイベントにおいて、「デジタルシフト」のポイントとして、次の4つを挙げました。

- 顧客との関係性を重視する
- ストアピックアップ&デリバリー
- イン・ホーム・デリバリー
- 店舗の生産性を向上することで顧客の課題を解決する。

しかし、ウォルマートのDXを語るには、これだけでは足りません。

「世界一の小売業」のデジタルシフト戦略❶

企業文化を刷新した

非デジタルネイティブ企業の代表格であり、デジタルネイティブ企業によって淘汰されかねない「オールドエコノミー」だったウォルマートは、どのようにDXを果たしたのか。ビジネスそのものを改革した事例はこれから詳述していくとして、最初に指摘するべきは、「企業文化の刷新にまで手をつけた」という事実です。

それを象徴するのが、2018年2月に「ウォルマートストア」から「ウォルマート」へと社名を変更したことです。創業者サム・ウォルトンが1962年に最初の店舗をオープンしたとき、店舗正面に掲げられたのも「ウォルマート」でした。その数年後に「Wal-Mart, Inc.」として法人化し、1970年の上場時に「Wal-Mart Stores, Inc.」に社名変更。そして今回、約50年ぶりに「ウォルマート」に戻ったわけですが、これは単なる改名ではありません。

社名変更を報告したプレスリリース（2017年12月6日）には、次のように書かれています。

「店舗でも、オンラインストアでも、アプリでも、声によるものでも、または次に来るどんな手段でも、顧客に関しては、ただ1つの『ウォルマート』があるのみです。顧客はショッピングをするとき、それが簡単でシームレスな体験であることを期待しているのです」

このときマクミランは「テクノロジー企業になる」と宣言し、リアル店舗としてのウォルマートストアにこだわらず、ECやその他も含めてビジネスをデジタルシフトしていく、とのメッセージを社内外に向けて発信したのです。これにより「テクノロジー企業のように変化し続ける」という、新しい企業DNAが埋め込まれました。

「世界一の小売業」のデジタルシフト戦略❷

ミッションを再定義した

企業文化の刷新とともに、ウォルマートのデジタルシフト戦略の本質といえるのが、ミッションの再定義です。

ウォルマートのミッションとは「Saving people money so they can live better（以下、live better」です。日本語に直訳すると、「お客様に低価格で価値あるお買い物の機会を提供し、よりよい生活の実現に寄与する」といった意味です。このミッションは創業以来のものです。2016年6月3日付でコーポレートサイトに掲載されている「The Story of Walmart」と題された記事では、マクミランが次のように創業者の言葉を伝えています。

「彼（創業者サム・ウォルトン）は次のように述べています。『私たちは世界へ、節約をして、よりよいライフスタイルと、よりよい生活をおくることがどのようなものかを知ってもらえる機会を与えます』。人々に節約をしてもらって、より豊かに生活をしてもらう。私たちの目的は明確です」

ウォルマートのミッションはこのように明確かつシンプルです。

従来のウォルマートにおいて、このミッションは「低価格の商品」に結実するものでした。EDLPが消費者に評価され、世界一の小売企業へと上り詰めたのがウォルマートの歴史です。

しかし今や、小売企業にとって低価格であることは大前提であり、低価格のみでは消費者を引きつけることはできなくなりつつあります。それはまた、低価格に加えて豊富な品揃えや迅速な配達を強みに持つアマゾンなどEC企業が急成長した理由でもあります。

そこでウォルマートは「live better」の再定義を行いました。端的にいえば、「EDLPのウォルマート」から「CX（顧客体験）のウォルマート」へ。低価格商品のみならず、GAFAらデジタルネイティブ企業のように、早い・手軽・便利といった「優れたCXを提供する」ことに、ミッションの基軸を切り替えたのです。

一例を挙げましょう。ウォルマートのECサイトは、既存の小売企業のものではなく、アマゾンなどのEC企業のそれに近づいていることがわかります。購入者によるレビューや評価など、昨今のECサイトに当然のごとく期待される要素を十分に備え、ユーザーの賑わいを感じさせるものになっています。

アマゾンのベゾスは「昔も今も将来も、ユーザーが求めるものは低価格・豊富な品揃え・迅速な配達だ」と言い続けていますが、この3大要素は「それがなくては誰も買いたいと思わない」という必要最低条件でしかありません。ウォルマートのECサイトも、この3要素をおさえた上で、レビューと評価により、ユーザーの購入動機を作り出しています。

さらにいえばウォルマートは、ECの豊富な品揃えでは「エブリシングストア」のアマゾンにまだ敵わなくとも、「リアル店舗」での豊富な品揃えでは大きく凌駕しています。また迅速な配達も、ネクストデイデリバリー（翌日配達）で実現していますし、低価格はEDLPによって従来から定評のあるところです。

「世界一の小売業」のデジタルシフト戦略❸

店舗を再定義した

ウォルマートのDXは、ウォルマート最大の強みである店舗をITによってアップデートする試みでもありました。小売のための店舗という機能はそのままに、店舗を「自社ECの倉庫」や「配送拠点」「ECのストアピックアップ」（顧客がECで注文したものを受け取りに来ること）としても活用し始めたのです。

一例は「OGP（オンライン・グローサリー・ピックアップ）」です。OGPは、専用アプリから注文した食料品を店舗で受け取る、いわゆる「取り置き」のサービスです。

OGPのパーキングスペース

（写真：The Washington Post / Getty Images）

ＯＧＰは優れた顧客体験の場でもあります。指定した時間に来店し、ピックアップ用のスペースに車を駐車すると、従業員が品物をトランクまで運んでくれるのです。これにより、ウォルマートは店舗で品物を選んで会計したり、荷物を運んだりする手間から顧客を解放しました。ＯＧＰは食料品を定期的に「買いだめ」することが多いアメリカの顧客には非常に便利です。ウォルマートはこのＯＧＰを２０１９年末までに３１００店舗まで拡大し、そのピックアップにあたる従業員５万人の雇用を生み出したといわれます。

「イン・ホーム・デリバリー」も店舗の機能を進化させた例です。これは配送員が顧客の家に上がり込み、冷蔵庫の中に食品を入れていくサービスです。すでに米国ではアマゾンが、家を留守にしがちな顧客をターゲットに、玄関の中に荷物を置く「キー・バイ・アマゾン」を展開していましたが、「アマゾンは玄関までだが、ウォルマートは冷蔵庫まで」というわけです。ウォルマートの顧客はメンバーシップフィーで食料品の無制限の配達を受けられます。また全米の人口の75%までが「翌日配送」でカバーされています。

ウォルマートがマーケットから評価されているのは、このように店舗を「オムニチャネルのツール」として活用するビジネスを展開できているためでもあります。それは、2020年のアニュアルレポートに書かれているとおりです。

「イノベーションを通じて、カスタマーエクスペリエンスを継続的に改善し、Eコマースと小売店をシームレスに統合したオムニチャネルを提供します」

「私たちの戦略は、多忙な家族のために毎日をよりシンプルにし、私たちの企業文化を先鋭化させ、デジタル化し、信頼を競争上の優位性にすることです」

リアル店舗もECもフルに活用するオムニチャネル戦略は、小売業がECに対抗し得る手段の1つです。アマゾンとの比較において、ウォルマートが優位にあるのもこの点です。

ECだけでは扱いにくい生鮮食品を主力として扱えるのも実店舗があればこそです。生鮮食品は最も購買頻度が高い商品です。だからこそアマゾンもEC最後のターゲットとして生鮮食品を狙おうとしましたが、日用品などに比べて品質保持の期限が短く、それでいながら顧客からは厳しく「新鮮さ」を求められるため、EC単体では生鮮食品を攻略できませんでした。

その点、ウォルマートには多数の店舗があり、鮮度が命の生鮮食品の取り扱いには一日の長があります。ウォルマートは、店舗を「生鮮食品の倉庫」とすることで、生鮮食品に強いECという、アマゾンにはないポジションを得たのです。

「世界一の小売業」のデジタルシフト戦略❹

人材を再定義した

ウォルマートはさらに、デジタルシフトを推進する「人材」についてアップデートするとともに、「働き方」も変革しました。具体的には、テクノロジー人材の採用に注力し、デジタルを使った社員教育を実施しました。

マクミランCEOの就任以降、ウォルマートはEC関連企業を次々と買収し、エンジニアを大量に獲得しました。そして彼らの知見を、店舗オペレーションのデジタル化や社員教育に活用したのです。中でも有名なのは、前述したように2016年にECサイトのベンチャー企業であるジェット・ドット・コムを買収し、共同創業者だったマーク・ロア氏をEC事業のCEOに任命したことです。

マーク・ロア氏こそは、テクノロジー企業としてのウォルマートの立役者といえるでしょう。

のちに彼は投資家向けイベントでEC推進の戦略を次のように語りましたが、現在のウォルマートの姿をほぼ予見するものになっています。

●即日配達、ストア・ピックアップ、メンバーシップなど日々のサービスの「基礎固め」に注力する。
●5300以上の店舗などウォルマート米国が持つ資産という強みをテコにする。即日配達、「イン・ホーム・デリバリー」、ストア・ピックアップに対応する店舗、フルフィルメント・センターなどに活かす。
●未来に向けてイノベーションを継続する「テック企業」としてのウォルマートへ。ウォルマートのテクノロジー部門として「ウォルマートラボ」を構築し、「Vコマース」など、小売企業からテック企業へ脱皮するため、様々な実証実験を行う。

またCTO・CDOとして、元アマゾン、元グーグルのスレシュ・クマール氏を抜擢したことも話題となりました。これにあたってマクミランが従業員に送ったメールには、次のように書かれています。

「テクノロジーによってこれまで不可能だった方法でお客様や従業員にサービスが提供できるようになりました。私たちはデジタルトランスフォーメーションを開始しましたが、私たちにはまだまだ長い道のりがあります。私たちはペースを上げていくために、新しくCEO直属として最高技術責任者（CTO）と最高開発責任者（CDO）の役職を設けます」（2019年5月28日のCNBC記事の当該箇所を筆者が和訳）

ウォルマートは次々とEC関連企業の買収・提携を進めた結果、いまでは巨大なエコシステムを誕生させるに至っています。ショッピング系だけでも、ウォルマートをはじめ、サムズクラブ、ジェット・ドット・コムのほか、月間10億人以上の利用者を抱えるインドのECフリップカートも傘下に収めました。そのほかにも広告、物流、金融サービスなどの企業と提携することで、ウォルマートの事業を成長させ、また顧客が持つ課題を解決する能力を拡充するためのエコシステムを構築しています。

そもそもウォルマートは、「our people make the difference（人が違いを作る）」との理念を掲げ、人材を非常に重視してきた企業でもあります。

ウォルマートでは、正社員もパートタイマーも分け隔てなく一緒に働く仲間という意味を込めて「アソシエイツ」と呼び、従業員教育にも投資は惜しみません。「Ordinary people joined together to accomplish extraordinary things. / Our people make the difference.」（どこにでもいるような人が集まって、誰にでもできないようなことを成し遂げた／人が違いを作る）とは、創業者サム・ウォルトン以来の伝統です。

前述した店舗のデジタル化も、現場にいる従業員の働き方のデジタル化と並行して行われました。例えば、店舗の従業員向けアプリは、商品が店舗に配送されたり棚から欠品した場合に自動で通知し、売れた商品の個数をリアルタイムに把握できるようにするものです。これにより業務の手間が省けます。こうして現場がＩＴツールに習熟すれば、ＯＧＰなど新しいオペレーションが加わっても、負担をやわらげることができます。

同時に、人がかかわる必要のない作業は極力ロボットに代替させています。ウォルマートにおいては、掃除を担当するのは自動床掃除ロボットです。店内を巡回し、補充が必要な商品をチェックするのもロボットです。または荷降ろしを行う「ファストアンローダー」は、保管庫に入れる荷物とすぐに棚に補充する商品とを仕分けする作業までを自動化しました。こうして従業員は、顧客とのコミュニケーションや商品を棚に並べる作業などに注力できるというわけです。

このように現場に受け入れられるＩＴツールを開発するため、エンジニアが店舗に入り込み、使い勝手など現場の声を反映しながらトライ＆エラーを繰り返しているのもウォルマートの特徴です。スピード、柔軟性、高速ＰＤＣＡを重視するといったテクノロジー企業のカルチャーが浸透している様子がうかがえます。

拡大する「live better」の概念

ここでもう一度強調したいのは「live better」についてです。このフレーズは、コーポレートサイトやアニュアルレポートなどあらゆる場所に登場し、重要性が語られます。前述した通り、EDLPによって価格訴求を行ってきたウォルマートは「live better」の再定義を経て、より便利に・より早く・より快適にといった「よりよく生活する」ためのCX重視へとシフトしました。そして今、ウォルマートの「live better」は社会貢献活動や従業員教育など、SDGsにもリンクしながら、「よりよく生きる」を意味するところまで、概念を拡張しているように思えるのです。

例えば、2019年のESGレポートには、こうあります。

「環境・社会・ガバナンス（ESG）に対するアプローチは、『人々にお金を節約してもらうことによって、人々がよりよい生活をおくることにつながる』という当社の目的に基づいています。その目的には共有するバリューの原則が組み込まれています。（中略）私たちはビジネスを通じて社会を変革することができます。経済的機会を創出し、環境を維持し、地域コミュニティを強化するという方法で目的を達成することは、リスクを軽減するだけでなく、私たちのビジネスと社会にとって重要で、また持続するバリューを生み出すことができます」

労働環境を語る文脈でも、やはり「live better」が登場します。

「カルチャーはウォルマートのすべての基盤です。私たちは、カルチャーを行動におけるバリューとして定義しています。このことが、優れたカスタマーサービスを提供し、優れた最前線の労働環境を構築し、パフォーマンスを向上させて、人々がお金を節約してより豊かな生活をおくるという共通の目的を達成する方法となってくるのです」

また前述の「The Story of Walmart」において、マクミランは地域コミュニティへの貢献を強調する形で、こう語っています。

「よりよく生活するということはどういう意味でしょうか？ よりよい生活の一部は、お金だけでなく時間でもあります。それは、あなたの時間を人々とあなたが愛する人生に投資できることでもあるのです」

「より豊かに生活するというのは何を意味しているか。それはお金と時間だけではなく、地域コミュニティに奉仕をするということです」

「私たちのお客様は、隣人、地球そして子供たちの未来を大切にしています。彼らは、環境と人々にとってよい製品を買いたいと思っています。家族にとって安全で健康的な商品を望んでいます。そして最終的に信頼する小売事業者にお金を使いたいと思っています。信頼は私たちの最も重要な資産です。私たちはあなたとあなたの家族が誇りに思うことができる方法で、倫理的にオペレーションをすることによって信頼を勝ち得ます」

そしてウォルマート独自の教育プログラム「Live Better U」です。これは、アソシエイツ向けに、大学教育や高校教育のプログラム、あるいは外国語学習のプログラムを用意し、無償で提供するか資金援助するものです。ウォルマートのコーポレートサイトには、次のようにうたわれています。

「小売業は急速に変化しており、ウォルマートは顧客の変化するニーズに応えるためにビジネスを変革してきています。ウォルマートが小売業の未来を勝ち取るための最も重要な方法の1つは、十分に訓練された熱心な労働力です。

私たちは、従業員全員に教育とトレーニングの機会を提供します。アソシエイトがアカデミーを通じて仕事関連のトレーニングを必要としている場合でも、オンデマンドトレーニングで新しい言語やスキルを学びたい場合でも、大学の学位を取得したい場合でも、ウォルマートにはそれを実現するためのプログラムとサポートがあります。新しいLive Better Uバナーの下に、すべての教育給付プログラムをまとめています。Live Better Uでは、すべての従業員がお金を節約して、よりよい生活をおくるために設計され、アクセスしやすくなっています。ウォルマートは100万人以上の従業員を擁し、あらゆる教育レベルの人々を雇用しており、Live Better Uはすべての人に何かを提供するように設計されています」

GAFA以上に日本企業がベンチマークすべき企業

アマゾンをはじめとするECの台頭によって多くの小売業が窮地に陥る中、「世界最大の小売業」のウォルマートの業績は右肩上がりです。その理由がDXの成功なのです。

非デジタルネイティブ企業であるウォルマートは、本書に登場する8社の中で、DBS銀行とともに異彩を放つ存在ではないでしょうか。本書に限らず通常、DXの成功事例として取り上げられるのは、米国のGAFA、中国のBATHなど、ほとんどがデジタルネイティブの企業なのです。

しかし考えてみれば、デジタルネイティブ企業がDXを実現しているのは、当然といえば当然のこと。その点、非デジタルネイティブ企業であるウォルマートのDXは、やはり非デジタルネイティブ企業が多くを占める日本企業にとって、GAFA以上に見習うべき点が多いと私は考えています。

なぜ、非デジタルネイティブ企業であるウォルマートがDXに成功できたのか。それは、企業文化の刷新にまで手をつけ、店舗や人材など重要な経営要素をデジタルとリアルの両面でアップデート（進化）し、「EDLPのウォルマート」から「CXのウォルマート」への脱皮を果たしたからです。

もちろんCXの追求において、現時点ではデジタルネイティブ企業に一日の長があることは否めません。それでも非デジタルネイティブ企業がデジタルネイティブ企業と同じミッションを掲げた点こそを、日本の小売企業は学ばなければならないでしょう。

ウォルマートの施策として目立つストアピックアップなどを表面的に真似することがＤＸではありません。企業文化を刷新し、テクノロジー企業へと変革を遂げる中で、ミッションの再定義を行ったこと。「世界一の小売企業」とうたわれた企業が、「販売」ではなくＣＸを高めることにフォーカスを合わせ本気で取り組んでいること。そこにこそ日本企業は注目するべきです。

２０２０年には「５年分の成長を５週間で達成」

２０２１年に入っても、ウォルマートのＤＸは活発です。まずは２０２１年１月、ウォルマートは初めてＣＥＳに出展し、マクミランＣＥＯが２０２０年のコロナ禍での成果を強調しました。

- コロナ禍において従業員の安全と健康を最優先。サプライチェーンを継続させ、サプライヤーや取引先など社外への支援や新たな雇用を創出した。
- コロナ禍で急増したＥＣ需要に対応し、非接触型サービスを拡充。２０２０年９月には、有料会員制プログラム「ウォルマートプラス（Walmart+）」をスタート。ネットスーパーの当日配送サービスを無制限で利用できるようにした。

- 診療所事業の「Walmart Health」が進展。今後はオンラインとオフラインなどオムニチャネルでヘルスケア事業を展開していく計画。
- 気候変動問題への対応として2017年から「プロジェクトギガトン」が進行中。2030年までにサプライチェーンで発生するCO_2を累計で1ギガトン(10億トン)削減する方針。
- DEI(ダイバーシティ、エクイティ&インクルージョン)に触れて「多様性のあるチームが勝ち、インクルーシブな環境が成功をもたらす」と発言

やはり1月に開催された小売業界の展示会NRF2021には、チーフカスタマーオフィサーのジェイニー・ホワイトサイド氏が参加しました。ここでは、オンライングロサリーの急増に伴い、ストアピックアップと配送サービスが2021年度第1四半期に300%成長し、「5年間分の成長を5週間で成し遂げた」と語りました。またホワイトサイド氏は、この急成長を可能にしたのが、ウォルマートの巨大な店舗網であることを指摘し、新型コロナの影響で来店客数が減ってもなお、店舗が重要な役割を担うという見方を示しました。

2021年1月28日には、広告プラットフォーム事業「ウォルマート・コネクト」をスタートさせました。「顧客とのオンラインとオフラインのタッチポイントを活かして、5年以内に全米トップ10の広告プラットフォームを目指す」と発表しています。詳しくは後述しますが、①全米

に展開する店舗の広告スペース拡張、②トレード・デスク社との提携による新たな広告プラットフォームの構築、③各ブランド企業とのデータ共有、などが行われる見込みです。

「最高カスタマー責任者のジェイニー・ホワイトサイド氏によると、各ブランド企業がウォルマートの持つ買い物データを利用できるようになれば、より的を絞った広告を出すことが可能になるだけでなく、店舗におけるリアルタイムの売れ行きを把握し、必要に応じて広告内容を修正できる。またウォルマートは、アマゾンと競争していく上で実店舗を持つ強みを活かす考えで、4500を超える米国の店舗に設置する17万台強のスクリーンを広告スペースとして提供する」（2021年1月29日のロイター記事）

マーク・ロア氏の退社が報じられたのも2021年1月のことでした。前述のとおり、ロア氏はウォルマートが2016年に買収したジェット・ドット・コムの創業者であり、これまでウォルマートのEコマースを推進してきた人物です。彼の退任は、ウォルマートのDXが新しいステージへと進んだことを示唆しています。

「カスタマーセントリック」を軸にビジネスモデルを再構築

そして最も大きな驚きを持って迎えられたのが「新しいビジネスモデル」です。2021年2

月18日に行われた投資家向けのカンファレンスにおいて、それは発表されました。

従来からの「EDLP」には変更ありません。これまでどおりウォルマートは、低価格で販売する→売上を伸ばす→低コストで運営する→低価格で購入するという好循環サイクルにより、年間を通じた低価格を実現しています。

そして図表1-2が今回発表された新たなビジネスモデルです。「カスタマーセントリック」を軸にして従来のサービスラインを再構築していることが最大の特徴です。ビジネスモデルを構成する要素をそれぞれ見ていきましょう。

●主要な顧客接点で販売する：顧客との直接的な接点となるのは、ストア、ピックアップ、デリバリー、そしてウォルマート+の4つ
●顧客にもっと幅広く深くサービスを提供し、関係を深め、健全なサービスミックスを維持する：ここでは、EC、ヘルス&ウェルネス、金融サービスの3つ

ECでは引き続き、自社在庫商品の販売とマーケットプレイスの両方を展開します。またアプリ上で処方箋を受け取る仕組みを整えるなど、従来からヘルス&ウェルネスの領域にも積極的だったウォルマートですが、今後はさらに高品質で、予防的で、アクセスがしやすく、手頃な価格の商品・サービスを提供すると強調しました。

図表1-2　ウォルマートの新しいビジネスモデル

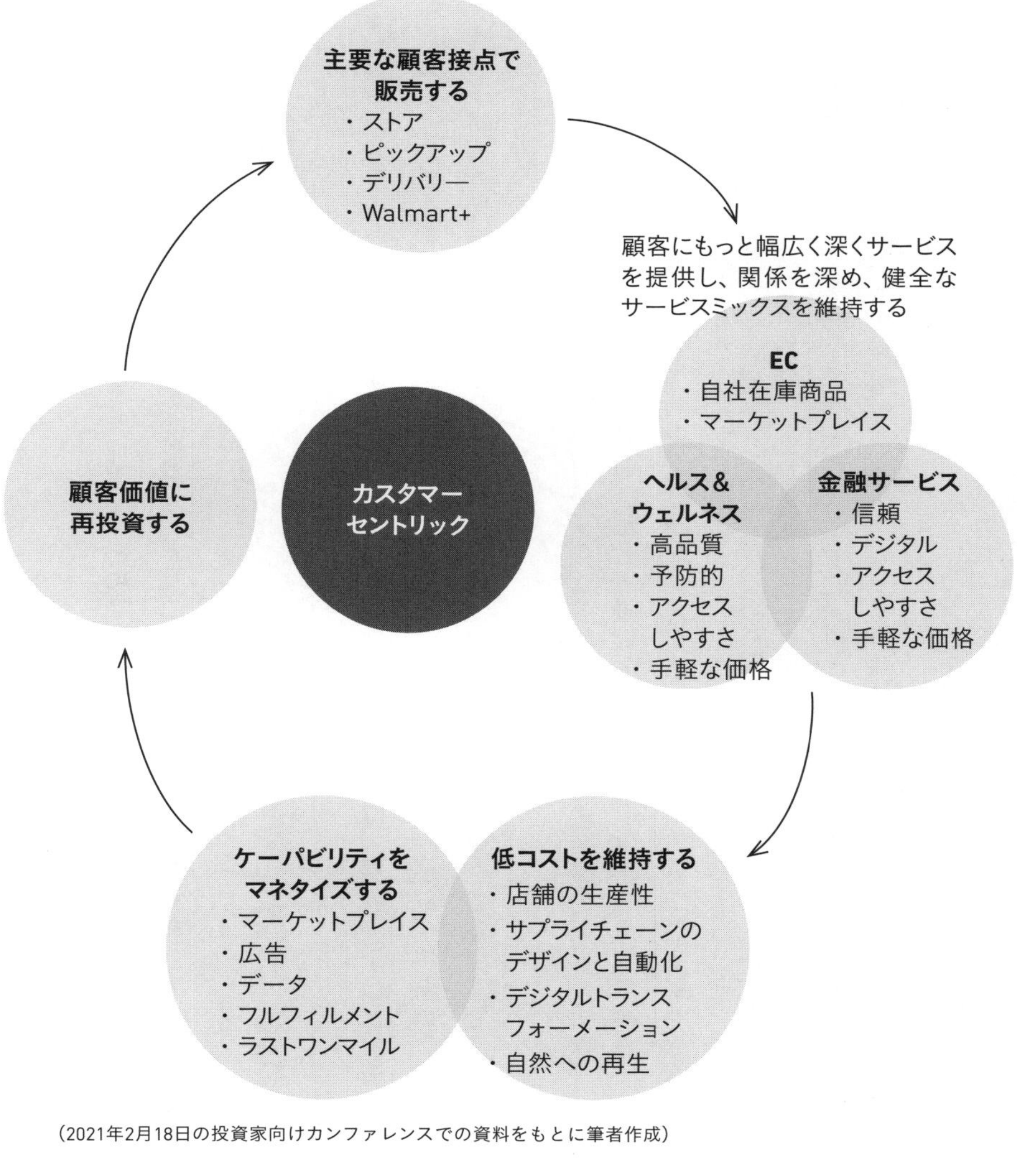

（2021年2月18日の投資家向けカンファレンスでの資料をもとに筆者作成）

金融サービスについても、「ウォルマートペイ」を非接触決済システムとして刷新すると、一気に普及が進みました。これはコロナ禍を背景とした「コンタクトレス」の時流が強力な追い風となった形です。

また従来、家電製品などの購入に使う「ウォルマート・アップ（Walmart app）」と食品購入用の「ウォルマート・グロサリー・アップ」の2種類があったアプリをウォルマート・アップに統合し、そこにウォルマートペイも搭載しました。これでウォルマートは、顧客のIDと決済データという、最も基本的な顧客接点を押さえたことになります。おそらく今後は、中国のアリペイ、ウィーチャットペイがそうであるように、消費者金融をはじめとする様々な金融サービスを手掛けていくことになると予想されます。

なお図表1－2は、EC、ヘルス&ウェルネス、金融サービスこそが、現在のウォルマートにとって優先順位の高いサービスラインであることも示唆しています。ウォルマートが構築するエコシステムは巨大ですが、カスタマーセントリックを考えるならば、この3つこそ最も顧客にとって身近である、ということなのでしょう。

- 「低コストを維持する」：店舗の生産性向上、サプライチェーンのデザインと自動化、デジタルトランスフォーメーションの推進、サステナビリティ施策など

- 「ケイパビリティをマネタイズする」：マーケットプレイス、広告、データ、物流（フルフィルメント、ラストワンマイル）など
- 「顧客価値に再投資する」：こうしたサービスから得られた利益を、顧客価値を高めるために再投資することで、このビジネスモデルの循環を強化

広告プラットフォーム事業で「メディア以上のメディア」を目指す

新しいビジネスモデルの中でも、特に目を引くのが、広告プラットフォーム事業「ウォルマート・コネクト」です。自ら広告プラットフォームを運用することで、自社サイトや店内サイネージなどに取引先からの広告を表示し、新たな収入源とする狙いがあります。

私は『2025年のデジタル資本主義』（NHK出版）において、プライバシー重視の流れの中、これまでオンラインでのターゲティング広告に不可欠だった「サードパーティクッキー」が利用できなくなりつつあること、アップルやグーグルも「脱クッキー」へと舵を切ったこと、これから各社は、広告事業者に頼らず、企業自らメディア化して顧客と直接的な関係を結び、顧客プライバシーを保護しつつ、継続的で良好な関係性を築いていく必要があることなどを論じました。ウォルマート・コネクトは、その先端事例だと言えます。それどころか、世界最強の小売企業ウォルマートだからこその強みを活かせば、ウォルマートの宣言通り「5年以内に全米トップ10の

広告プラットフォームになる」ことも可能であるように思われます。

なにしろウォルマートにオンライン、オフラインで訪れる顧客の数は1億5000万人に達します。米国人の90%は2020年の1年間でウォルマートでの購入経験があり、また米国人の90%が最寄りの店舗から10マイル以内に居住しています。このように「顧客の生活の一部」として不可分に組み込まれているウォルマートは、すでに単なるリテーラー以上の存在であり、蓄積しているデータも、データ企業以上のものです。そのような企業がメディアを運営するとなれば、メディア以上のメディアになるのも難しくはないのかもしれません。それだけ巨大なスケールとリーチを持った企業がウォルマートなのです。

具体的には、アプリ上で商品検索をしたユーザーに対し広告を出す、オフラインの店内にサイネージ広告を出す、といった形が想定されますが、決定的な強みは、顧客の実際の購買データをもとに広告が打てることです。オンライン、オフラインの購入履歴をそのまま広告に反映させることで、より確度の高いユーザーにリーチできるというわけです。

言うまでもなく、これが可能になったのは、本業のDXが進行したからでもあります。例えば、Eコマースの成長で検索データが取りやすくなったこと、あるいはウォルマートペイの普及で顧客IDと購入履歴が紐付いたこと。これらを背景に、最適な顧客セグメントに対して、最適な広告を提示することが可能となりました。広告事業者として見ても、ウォルマートはきわめて高い競争優位性があるといえるでしょう。

「デジタルで顧客とつながる」を着実に進める

私はウォルマートを「この1年間で最もDXが進んだ企業」の1つだと見ています。トリガーとなったのは、やはり新型コロナ禍です。一時は「世界最悪」レベルの危機に見舞われた米国は、同時に最も強くイノベーションが求められた国でもありました。とりわけウォルマートが扱うのは、人々が生活していく上で欠かすことができない日用品や生鮮食品であり、エッセンシャルサービスです。コロナ禍にあってもウォルマートで買い物がしたい、そんな強いニーズから「コンタクトレス」のサービスが一気に浸透していきました。

しかし、コロナ禍が追い風になったというだけでは、ウォルマートDXの成功を説明できません。あらためて振り返ってみると、ウォルマートがこれまでアマゾンを徹底的にベンチマークしてきたことは、見逃せない事実です。

前述のとおり、EC全盛の時代にあって「エブリシングストア」アマゾンに押され、「世界最強の小売企業ウォルマートは時代遅れ」と揶揄されもしました。しかしウォルマートは「実店舗で売る」ことに固執せず、オンラインを含めたオムニチャネル化を進め、サブスクリプションサービスを始め、配送まで手掛けるようになりました。デジタルネイティブ企業特有の、カスタマーセントリック重視の経営を、ウォルマートは完全にものにしました。

やはり前述の「企業文化の刷新」が効いていることは言うまでもありません。マーク・ロア氏など、買収したEC事業のトップにDXを任せたことも、デジタルネイティブ企業流のカスタマーセントリックの学習に大きく寄与したはずです。

より具体的に事業を見るなら、DXにおいて最も重要な「デジタルで顧客とつながる」作業を着実に進めたことが大きいでしょう。これは日本の小売企業と比較すると、違いが鮮明になります。毎日のように利用されるコンビニエンスストアでさえ、顧客の名前すら把握していません。ウォルマートもかつてはそうだったのです。しかしDXを経て、顧客をIDで管理し、決済データも収集するようになりました。これによりウォルマートは、顧客との間に継続的で良好な関係を築き上げる体制を作り上げました。

そして最後に強調したいのは、ウォルマートのDXが、世界最強の小売企業という強みを否定せず、それどころか最大限に伸ばすものだった、という事実です。小売のための店舗という機能はそのままに、店舗を「自社ECの倉庫」や「配送拠点」「ECのストアピックアップ」(顧客がECで注文したものを受け取りに来ること)として再定義しました。

レイヤー構造×バリューチェーン構造

現在のウォルマートを「レイヤー構造×バリューチェーン構造」で示したのが図表1-3です。

図表1-3　ウォルマートの「レイヤー構造×バリューチェーン構造」

バリューチェーン構造

バリューチェーンの要素	商品開発 商品調達	商品入荷	顧客による検討	顧客による購入	決済	処方箋（医薬品の場合）	商品受取	サービス
その内容や特徴	メーカーとの共同開発による差別化と低コスト化	EDLP	オンライン オフライン で検討	オンライン オフラインで 購入可能	ウォルマート・ペイで決済	アプリ内で処方箋	・店舗購入 ・ピックアップ ・配達	CRM
ビッグデータ	購買データ	商品データ 入荷データ	購買データ 検索データ	購買履歴	決済データ	健康・医療データ	配送データ	顧客データ

レイヤー構造

商品・サービス提供	ショッピング、ヘルス&ウェルネス、金融サービス
広告・マーケティング	ウォルマート・コネクト広告プラットフォーム
決済	ウォルマート・ペイ
顧客ID及びデータ	顧客ID及びデータ
配達	ラストワンマイル配達
物流・倉庫	フィルフィルメント物流・倉庫
店舗ネットワーク	全米トップのスーパーセンターとしての店舗プラットフォーム

「スーパーセンター×スーパーアプリ帝国」としての
「レイヤー構造×バリューチェーン構造」

（筆者作成）

一言でいうと、現在のウォルマートは「スーパーセンター×スーパーアプリの帝国」です。スーパーセンターとは、衣食住すべてを扱う総合スーパーであり、ウォルマートがリアル店舗で採用している業態です。そこに決済やEコマースなど各種のサービスを統合したアプリが重なることで、あらゆるサービスがアプリで利用できるようになりつつあります。

こうしたビジネスを支えるレイヤー構造の最底辺には、全米トップのスーパーセンターとしての店舗プラットフォームがあります。これを起点に、物流・倉庫、配達といったプラットフォームが構築されています。「顧客とデジタルでつながる」ことで、顧客ID及び顧客データが管理されるようになり、ウォルマートペイを通じて決済データも取得できます。これらビッグデータをもとに広告を打ち、商品やサービスへ誘導していきます。

バリューチェーンもDXにより刷新されました。例えば、商品開発・商品調達においては、以前からメーカーとの共同開発による差別化と低コスト化が図られていましたが、購買データの収集と蓄積によりさらに先鋭化しています。このほか、あらゆる事業活動においてデータが収集され、それが顧客価値の向上へ向けて再投資される構造が完成しています。

図表1-4には、「スーパーアプリ帝国」としてのウォルマートの全体構造をまとめてみました。先にも述べたとおり、コロナ禍で、従来は家電製品などの購入に使う「ウォルマート・アップ(Walmart app)」と食品購入用の「ウォルマート・グロサリー・アップ」の2種類があったアプリ

図表1-4　スーパーアプリとしてのWalmartアプリ

（筆者作成）

をウォルマート・アップに統合し、そこにはウォルマート・ペイも搭載されました。その結果、ウォルマート・ペイを顧客起点として、EC・小売、ヘルス＆ウェルネス、金融サービスに顧客を誘導するスーパーアプリが形成されています。

同アプリ内では、アプリで注文した商品を店舗で受け取るための予約機能などもビルトインされています。さらには、同アプリ内では医薬品の処方箋機能も具備されています。

コロナ禍で消費者が3密を回避したいという強い欲求がその普及を一気に後押ししたウォルマート・アップ。イノベーションは危機の時代にこそ進むということを感じさせる短期間での進化であったと思います。

ウォルマートのDX戦略から日本企業が学ぶべきこと

ここまで紹介してきたウォルマートのDXを「理想の世界観」実現ワークシート（巻末の「日本企業のための大胆なデジタルシフト戦略策定ワークショップ」で紹介）に落とし込んだものが、図表1-5です。ウォルマートは、企業視点の4Pを顧客視点の4Cでとらえ直し、刷新することで、「時代遅れ」のスーパーマーケットから、最先端の小売企業へと生まれ変わったのです。「小売」に限定するならば、ウォルマートはアマゾンを超える存在になりつつある。私はそう見ています。

ご存じのように、アマゾンという会社は、小売の事業者としてのアマゾンとAWSの2つの柱で構成される世界最強のテクノロジーカンパニーです。非デジタルネイティブであるウォルマートが、テクノロジーでアマゾンに勝るのは不可能でしょう。

しかし、小売事業者としてみれば、従来からの店舗プラットフォームを背景としたオムニチャネル展開、顧客価値向上のためのデータの使い方、顧客の「かゆいところに手が届く」宅配のバリエーションなど、アマゾンの先を行く取り組みが散見されます。非デジタルネイティブ企業が、世界最強アマゾンの牙城を崩す。そのためのヒントを、ウォルマートは私たちに示してくれています。

図表1-5　ウォルマートの「理想の世界観」実現ワークシート

「理想の世界観」：ウォルマート
オンラインとオフラインの統合により、商品検討・購入・受取などの利便性が向上、デジタルでも顧客とつながり、店舗の意義も進化

Product（商品）
生鮮食料品に強みをもつのがスーパーマーケット

Customer Value（顧客への価値）
オンラインとオフラインを統合し、オンラインで注文した商品をストアピックアップも可能に

Price（価格）
グローサリーの価格は、“エブリデイ・ロープライス”

Customer Cost（顧客のコスト）
会員制システム導入によって配送料なども無料に

Place（プレイス）
利便性のよい場所に多店舗展開

Convenience（利便性）
オンラインとオフラインの統合により、商品検討・購入・受取などの利便性が向上

Promotion（プロモーション）
TVCMなど従来からのプッシュ型プロモーションを展開

Communication（コミュニケーション）
デジタルでも顧客とつながり、店舗の意義も進化、コミュニケーションも深まる展開

「現状の課題」：スーパーマーケット
生鮮食料品に強みをもつスーパーマーケットは生活に不可欠である一方、マス的な対応には不満足

（筆者作成）

図表1-6　ウォルマートのDX戦略成功の秘訣

1. アマゾンを徹底的にベンチマークしてきたこと
2. デジタルネイティブ企業流のカスタマーセントリックにシフトさせてきたこと
3. 企業文化の刷新にまで手をつけたこと
4. EC事業を買収し、そのトップにDXを任せ自らも直接学んだこと
5. DXとしてやるべきことを着実に実行してきたこと
6. デジタルで顧客とつながったこと
7. ウォルマートらしさや強みを活かし、さらにDXでそれを伸ばしてきたこと

（筆者作成）

本章の最後に、あらためてウォルマートのＤＸ戦略成功の秘訣をまとめておきましょう（図表１‐６）。

まずはウォルマートが小売のデジタル化を一気に進め、時価総額などでは手の届かない存在になっていたアマゾンを徹底的にベンチマークしてきたことを最初に指摘したいと思います。特に同社がベンチマークしたのが、アマゾンのデジタルネイティブ企業流のカスタマーセントリックです。もちろん本章で詳解してきたとおり、企業文化の刷新にまで手をつけたことも見逃せません。

そしてＥＣ事業を買収し、そのトップにウォルマート全体のＤＸを任せ、自らもＤＸを学んできました。ＤＸとしてやるべきことを着実に実行してきたのです。

最も重要なことはデジタルで顧客とつながったこと。ウォルマートらしさや強みを活かし、それをＤＸで伸ばしてきたことです。

非デジタルネイティブ企業であり、世界最大の小売企業

Walmart

ウォルマートにおけるＤＸ成功の秘訣は、日本企業のＤＸにも必ず役立つはず。その具体的な打ち手を参考にしていただければ幸いです。

第2章

テスラ

「地球を救済する」という野望と使命

Tesla

コロナ禍でも株価が9倍に急騰

２０２０年のテスラは、自動車産業における最大のトピックでした。テスラの株価はコロナ禍にもかかわらず急騰を続け、２０２１年1月には1年前の9倍以上にまで膨れ上がりました。その時点でのテスラの時価総額は、トヨタ自動車、フォルクスワーゲン、ＧＭ、フォードなど世界の名だたる自動車メーカー13社の合計時価総額を上回ったのです（図表２－１）。

まずは、テスラの２０２０年の業績を押さえておきましょう。中国市場と北米市場が牽引して好調を維持しており、販売（納車）台数は前年比25％超の約50万台に達し、売上高は前年比28％増の３１５億ドル、営業利益は20億ドルと上場以来初の黒字を記録しました。また、営業キャッシュフローは59億ドルで前年比１４７％増、フリーキャッシュフローも28億ドルで前年比１９０％増となっています。

生産体制についても押さえておきましょう。テスラの生産拠点は、大きく2つに分類することができます。1つはＥＶの製造・組み立て工場、もう1つは電池やソーラーパネルなどエネルギー関連製品、ＥＶ部品の製造工場です。

ＥＶの製造・組み立て拠点としては、２０２０年末現在、年間60万台の生産能力を備えたフリーモント工場をはじめとするカリフォルニア州ベイエリアの工場群、そして年間45万台の生産能

図表2-1　テスラの時価総額

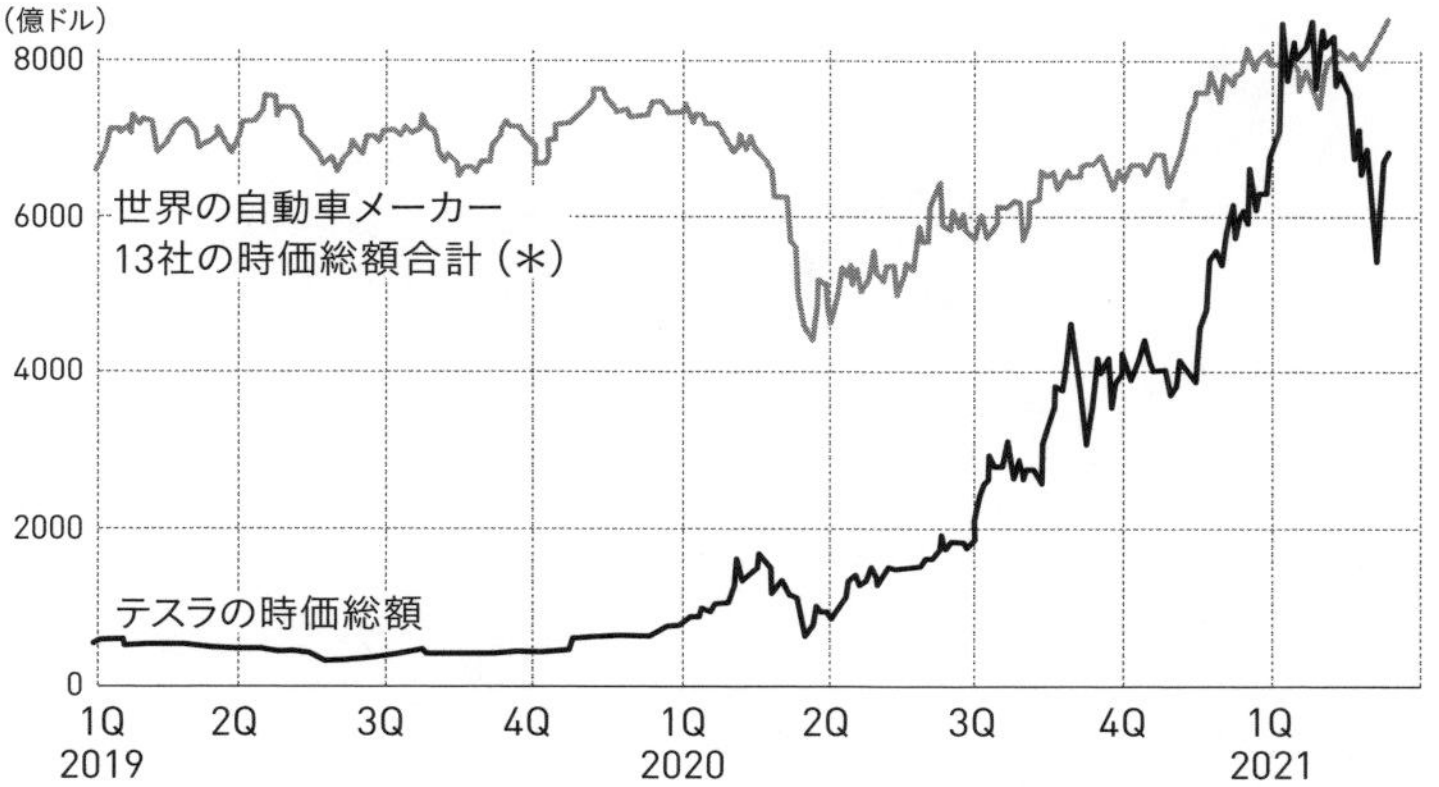

（＊）BMW、フォード、フィアット・クライスラー、GM、ホンダ、現代、日産、ポルシェ、プジョー、VW、ルノー、マツダ、トヨタ

（ソース：Quartz）

図表2-2　テスラのEV販売台数

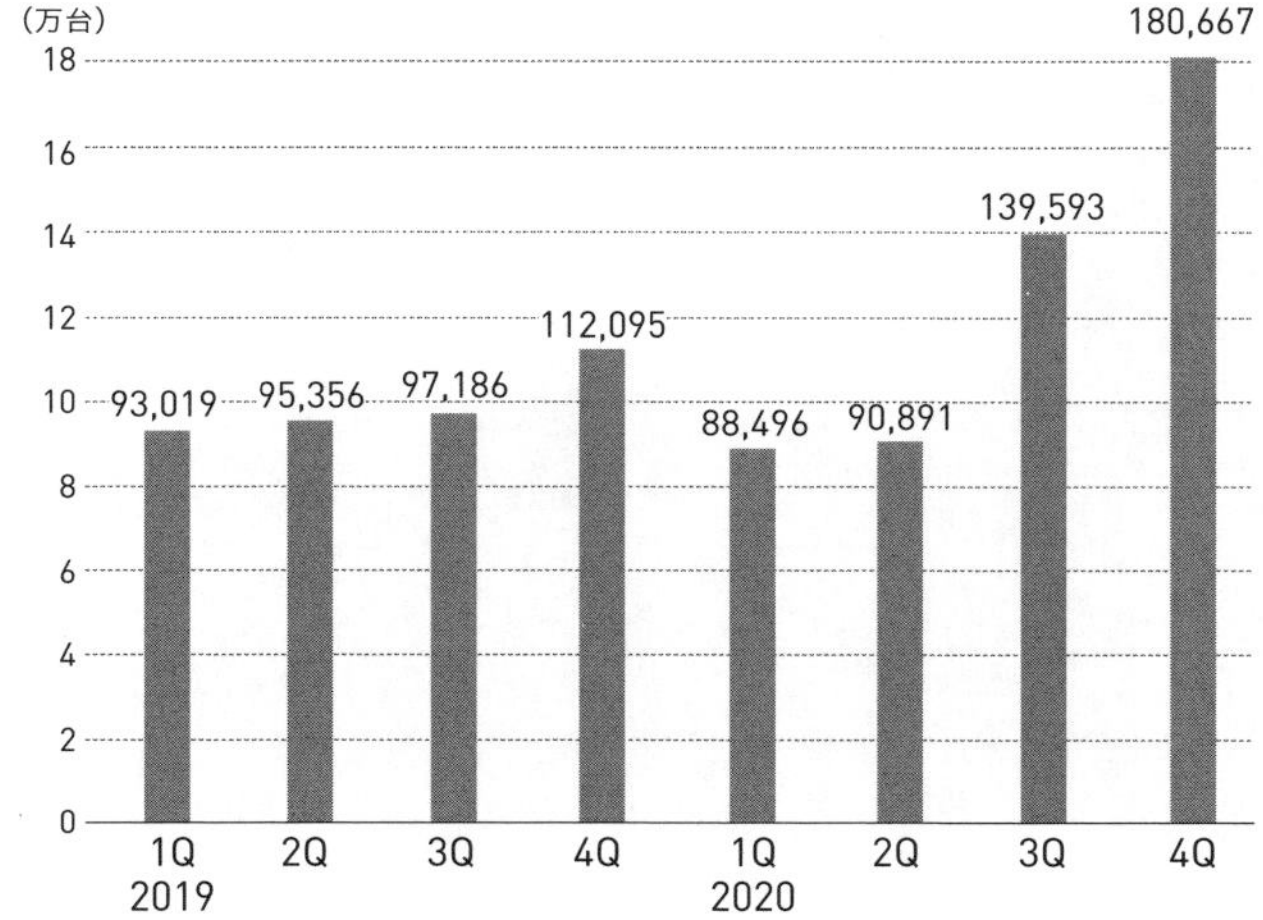

（ソース：Quartz）

図表2-3　テスラの売上高と営業損益

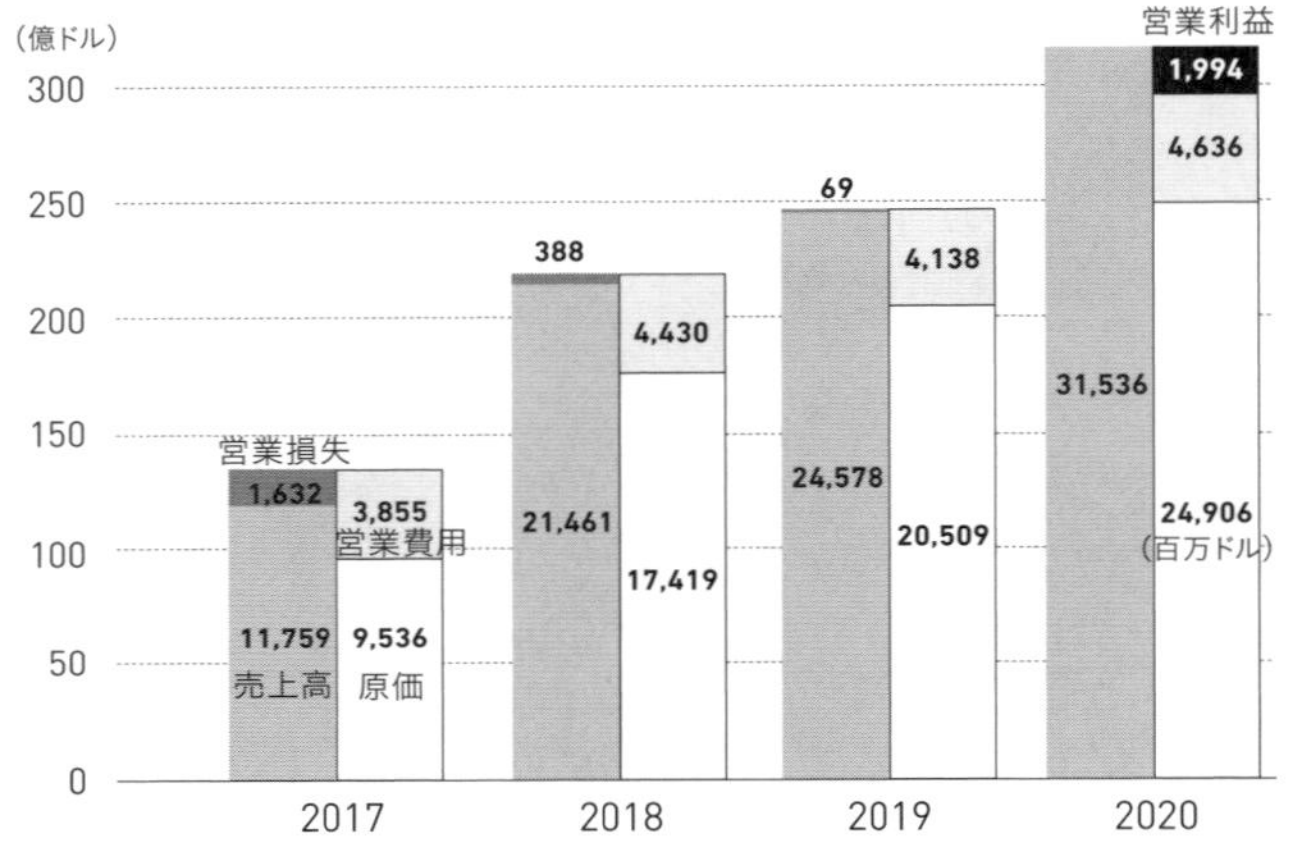

(四半期決算開示資料をもとに筆者作成)

図表2-4　テスラのキャッシュフロー（CF）

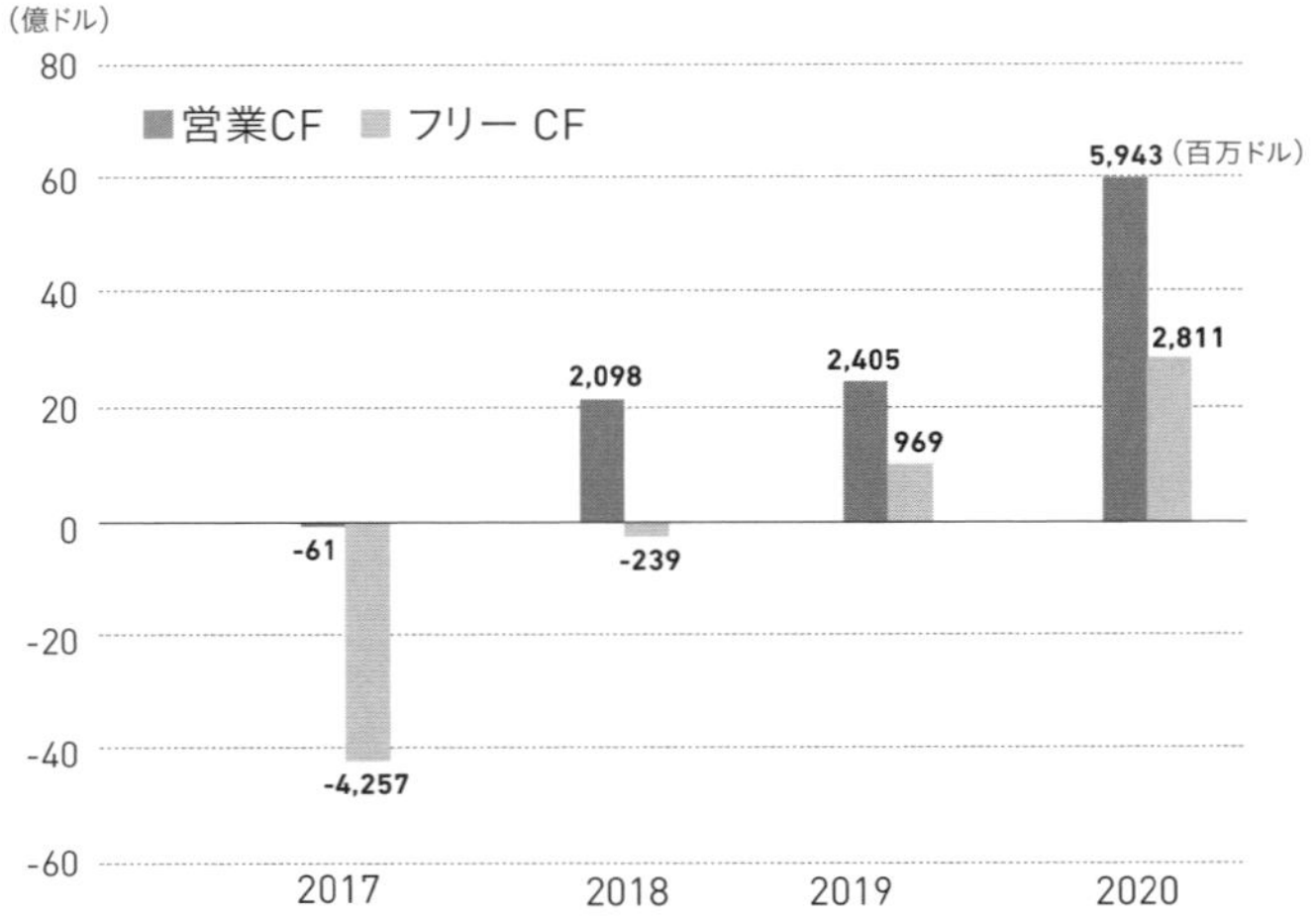

(四半期決算開示資料をもとに筆者作成)

図表2-5　テスラの工場別生産能力

単位：台

工場	車種	年間生産能力				
		2019年4Q末	2020年1Q末	2020年2Q末	2020年3Q末	2020年4Q末
フリーモント工場	モデルS モデルX	90,000	90,000	90,000	90,000	100,000
	モデル3 モデルY	400,000	400,000	400,000	500,000	500,000
ギガファクトリー上海	モデル3 モデルY	150,000	200,000	200,000	250,000	450,000
ギガファクトリーベルリン	モデルY	建設中				
ギガファクトリーテキサス	モデルY	建設中				
	サイバートラック	計画中				
今後の予定	セミ	計画中				
	ロードスター	計画中				
	将来的に投入する車種	計画中				
合計		640,000	690,000	690,000	840,000	1,050,000

（四半期決算開示資料をもとに筆者作成）

力を備えた中国の「ギガファクトリー上海」が稼働しています。合計の生産能力は105万台。2つの工場群の生産能力は、2019年末時点で合計64万台だったので、1年で40万台分も向上したことになります（前年比64％）。さらには、ドイツの「ギガファクトリーベルリン」、テキサス州オースティンの「ギガファクトリーテキサス」などが建設中または計画中とされています。

また、電池やソーラーパネルなどの生産拠点としては、ネバダ州レノ近郊にあるパナソニックとの合弁「ギガファクトリーネバダ」、ニューヨーク州バッファローの「ギガファクトリーニューヨーク」が稼働しています。

株価も業績も生産体制の拡充も順調。

今やテスラはＥＶのリーディングカンパニーです。

もっとも、ＥＶだけでなくガソリン車を含めた自動車全体の販売台数を見れば、トヨタ自動車はグループ全体で952万台（2020年）に達しており、テスラはその9分の1程度にすぎません。取るに足らない存在といっていい規模です。

にもかかわらず既存の自動車メーカーを圧倒する高評価を得ているのはなぜか。それは端的にいって「テスラは自動車メーカーではない」からです。後述しますが、テスラという会社のビジネスモデルの要諦は「クリーンエネルギーのエコシステム」を構築することにあります。ＥＶの販売台数を数えているだけでは、テスラの真価を掴みそこねてしまいます。

そして何より、テスラという会社を特徴づけているのは「人類を救済する」という、耳を疑うようなスケールのミッション、ビジョンです。いずれにせよ、テスラは単にＥＶを売ろうとしている会社ではありません。

ペイパル、スペースＸに続いてＥＶに乗り出す

テスラは単なるＥＶメーカーではない。その意味を理解するためには、企業としての事業内容や経営戦略を見る前に、テスラＣＥＯにして稀代のカリスマ経営者、イーロン・マスクの使命感と野望を、まずは知る必要があります。

以下、駆け足でイーロン・マスクの半生を紹介しましょう。

イーロン・マスクは1971年、南アフリカ共和国に生まれました。ペンシルバニア大学で物理学と経済学の学位を得て、スタンフォード大学大学院に進学します。しかしわずか2日で退学すると、弟とソフトウェア制作会社を創業しました。この会社を成功させ、PC大手のコンパックに会社を売却したお金で創業したのがインターネット決済の「Xドットコム」でした。

このXドットコムがコンフィニティと合併して誕生したのが、今ではオンライン決済の大手として知られるペイパルです。そしてペイパルをイーベイに売却したことで、イーロンは170億円もの個人資産を手にしました。

「IT長者」の1人となったイーロンですが、ほかのIT長者と違うのはここからです。イーロンはそのお金を元手に民間宇宙企業「スペースX」を設立し、ロケット開発を始めたのです。

なぜIT起業家がロケット開発に励むのか。それは驚くべきことに「人類を火星に移住させる」ためでした。

イーロンは地球の未来を見据えていました。世界の人口はすでに70億人を超え、環境破壊が進み、石油資源も枯渇しようとしている。人類が地球にとどまるならば滅亡は免れない、だから火星に移住するためのロケットを作るのだ。そう語るイーロンを誰もが「荒唐無稽」と笑いましたが、イーロンは本気でした。

「ゼロエミッション」を掲げる

（写真：Bloomberg/ Getty Images）

創業6年目には宇宙ロケット「ファルコン1」の打ち上げに成功し、2018年には大型ロケット「ファルコンヘビー」にテスラの超高級車「ロードスター」を載せて火星軌道上に打ち上げています。2020年には宇宙船「クルードラゴン」による国際宇宙ステーションへの有人飛行も開始しました。さらには、月着陸機の開発をNASAから委託されることも決定しています。

そのイーロンがテスラに参画したのは、同社創業翌年の2004年のこと。2008年にはCEOに就任し、2010年には米国の自動車メーカーでは1956年のフォード以来およそ半世紀ぶりに上場しました。

インターネット、宇宙ときて、次は電気自動車。唐突に感じられるかもしれませんが、これもやはり「人類救済」のためです。

イーロンはこう考えました。スペースXが火星に行けるロケットを完成させるのはまだ先の話。地球滅亡に間に合うかどうかわからない。それなら、排気ガスを撒き散らすガソリン車に代わるEVを開発し、クリーンエネルギーのエコシステムを構築しよう。地球滅亡をスローダウンさせるために――。

イーロンにとってEVを作ることは「クリーンエネルギーのエコシステムを構築する」ための手段なのです。

テクノロジーの王様

2021年、イーロンに新しい肩書が加わりました。それは「テクノキング」です。

テスラは、2021年3月15日付の証券取引委員会（SEC）への提出文書の中で、イーロンのタイトルを「テクノキング・オブ・テスラ（Technoking of Tesla）」、CFOのザック・カークホーン氏のタイトルを「マスター・オブ・コイン（Master of Coin）」にするとしたのです。なお、イーロンはCEO、ザックはCFOの役職にそのままついています。

つまりイーロンは〝テクノロジーの王様〟になったのです。上場企業トップのタイトルとしては奇抜で少々茶化しているかのようでもありますが、イーロンの使命感と野望をふまえれば、これも納得できます。自動車産業に限ることなく、環境や宇宙なども含めた最先端テクノロジーへ関与していくという、イーロンなりの覚悟の現れでしょう。

そういった幅広いテクノロジーへの関与の一環が、暗号資産やブロックチェーンです。SECに提出された2020年決算に関する2021年2月8日付の文書によると、テスラは2021年1月にインベストメント・ポリシーを変更しています。

そのポイントは、資産の多様化とリターンの最大化を目的にオルタナティブ資産に投資していくとした点です。実際に15億ドルを暗号資産ビットコインに投資したことも明らかにされました。ザック・カークホーンCFOのタイトルを「マスター・オブ・コイン」にしたことも、暗号資産やビットコインをオルタナティブ資産として重視していくというインベストメント・ポリシーへの思い入れが反映されていると思われます。

また、ビットコイン決済を導入したことでも話題となりました。もっとも、直後には「ビットコインのマイニング（採掘）による環境負荷を懸念」してビットコイン決済を撤回。このあたりは良くも悪くも、これまで幾度となく物議をかもし、マーケットに影響を及ぼしてきたイーロンらしい一件でした。

先に見たようにテスラは時価総額が伝統的な自動車メーカーを凌駕・圧倒するほど資本市場で評価され、イーロン自身も市場への大きな影響力を持っています。これまで主に個人投資家の投資対象と見られていたビットコインですが、最近は機関投資家や大手企業などによる購入もあり、

２０２０年から上昇トレンドにあります。そんな中でのテスラのインベストメント・ポリシーの変更、ビットコイン投資とビットコイン決済は、ビットコインの信認に貢献しました。

しかしそれ以上に、インベストメント・ポリシーの変更は、イーロンが持つ価値観やテクノロジーに関する理念をテスラのインベストメント・リレーション（ＩＲ）を通して訴求していくこと、そして競合他社やその他のテクノロジー企業にも先駆けて暗号資産市場との関係を深め、その顧客を取り込んでいくことを狙ったものと考えられます。

イーロンは、暗号資産やビットコインの基盤テクノロジーであるブロックチェーンを使って、アートやファッションアイテム、キャラクターなどデジタル資産が世界に1つしかないことを保証する「ノン・ファンジブル・トークン（ＮＦＴ、代替不可能なトークン）」へも関心を持っているようです。２０２1年3月15日には、「わたしはＮＦＴをテーマにしたこの音楽をＮＦＴとして売っていく」として実際の音源ファイルもツイートしています。

イーロンのツイッターには実に様々な話題が取り上げられますが、ますます「テクノキング」としての主張や取り組みが紹介されてくるのではないかと思われます。

クリーンエネルギーを「創る、蓄える、使う」

話をもとに戻しましょう。テスラとは自動車メーカーではなく、「クリーンエネルギーのエコシステムを構築する」企業なのです。実際、テスラの事業はEVだけではありません。太陽光発電を行う屋根「ソーラールーフ」や、急速充電器「スーパーチャージャー」、家庭用蓄電池「パワーウォール」などのエネルギー事業を着々と拡大させています。売上高の内訳を見ると、約80％は自動車の販売・リースですが、約10％は発電・蓄電関連、残り10％が充電ステーションなどのサービスの売上です。2016年には太陽光発電会社のソーラーシティ（イーロンが筆頭株主）を買収し、発電・蓄電関連の売上は増加傾向です。

こうして整理するとテスラは、太陽光発電でエネルギーを創り、蓄電池でエネルギーを蓄え、EVでクリーンエネルギーを使う企業であることが、明確になります。いわばクリーンエネルギーを「創る、蓄える、使う」の三位一体事業こそが、テスラの実態なのです（図表2-6）。

テスラの時価総額が増大したのも、自動車メーカーとして以上に、クリーンエネルギー企業としての評価に支えられている側面があります。米国にバイデン新政権が誕生したことで、世界は脱炭素社会へとアクセルを踏み込み、「ガソリン車からEVへ」のシフトが鮮明になりました。

すでにEVで実績があり、なおかつクリーンエネルギーのエコシステムまでを想定しているテスラは、脱炭素社会に向けて加速する時代の寵児といえるでしょう。テスラの価値とは、EVの販売台数ではなく、クリーンエネルギーを「創る、蓄える、使う」という掛け算によるエコシステムの価値なのです。

図表2-6　クリーンエネルギーを「創る×蓄える×使う」の三位一体

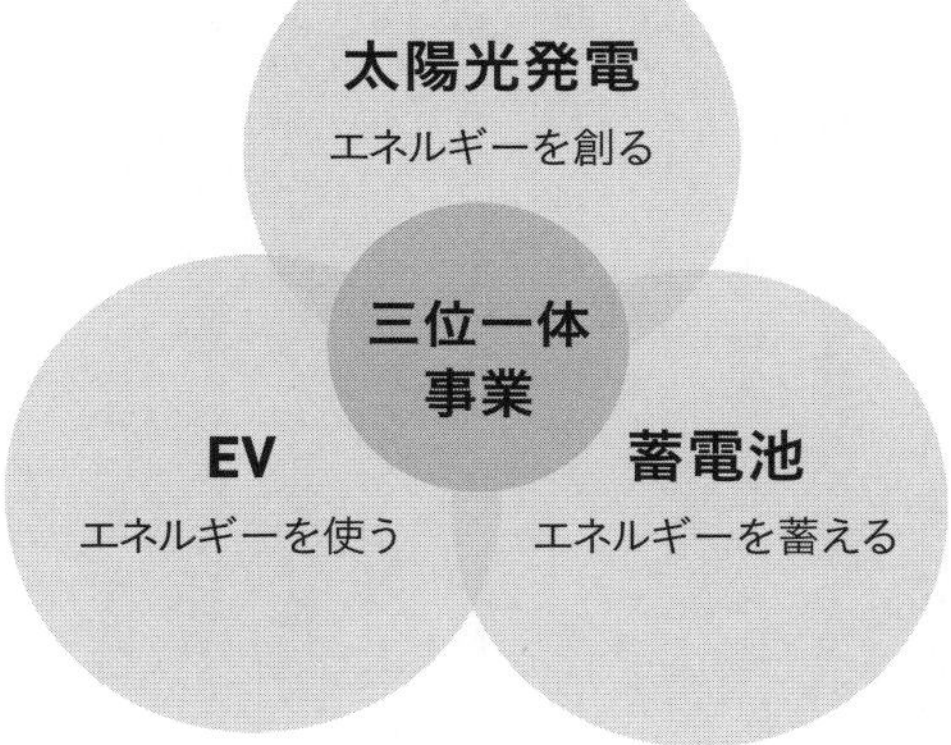

（筆者作成）

もっとも、ＥＶだけを取り上げても、２０２０年はテスラにとって記念すべき年となったことを付記しておきます。

テスラ初の大衆車となった「モデル３」の量産が軌道に乗り、コロナ禍の中でも納車台数は前年比25％増と過去最高を記録し、２０２０年の通期決算で上場以来初の黒字化を果たしたことは先に見たとおりです。

私が『２０２２年の次世代自動車産業』（ＰＨＰ研究所）を著したのは、まさにモデル３の量産化に苦闘し、倒産やアップルによる買収さえ噂されていた頃ですが、現在は「霧が晴れた」といえる状況です。従来、環境規制に対応する温暖化ガスの排出枠（クレジット）の他社への販売がテスラの利益を押し上げていましたが、クレジットなしでも通年で黒字化できる日も近いと思われます。

テスラは、コーポレートサイト「テスラ・エンゲージ」の中で、テスラ車オーナーやファンなどテスラ・コミュニティとの交流を目的にしたSNS「テスラ・エンゲージメント・プラットフォーム」を開設、運営しています。同SNSはテスラの公共政策チームが管理しており、そこで取り上げられるものには脱炭素社会、災害救済、規制に対する消費者の権利など社会性のあるテーマも含まれています。日本経済新聞は以下のように伝えています。

「テスラはSNS向けの具体的な話題として、新規参入した車メーカーに代理店販売を義務付けるネブラスカ州の事例などを取り上げた。テスラは直接販売を原則としており、同州には店舗を構えられていない。規制緩和を検討している州議会議員らの氏名も記し、オーナーらに消費者の声を伝えるよう促している。また、寒波による電力危機に見舞われたテキサス州の災害救助策を知らせる欄では、慈善団体などへの寄付を呼びかけている。テスラは同州で新たなEV工場を建設中で、地元住民らに好印象を与える狙いがあるもようだ」（2021年3月6日の日本経済新聞）

ここからも、テスラは単にEVの販売促進にのみ注力している企業ではなく、「クリーンエネルギーのエコシステムを構築する」企業としての価値観が読み取れます。また、「テスラ・エンゲージメント・プラットフォーム」は、閉鎖されたテスラ車オーナー向け限定の情報交換サイト「テスラフォーラムズ」に代わって、より広く消費者の声を組み上げる仕組みになっています。デジタルによって増した個人の力を結集することで、社会を動かしていこうとする姿勢も感じられます。

図表2-7　米国におけるライフサイクル（製造・使用）での平均CO_2排出量

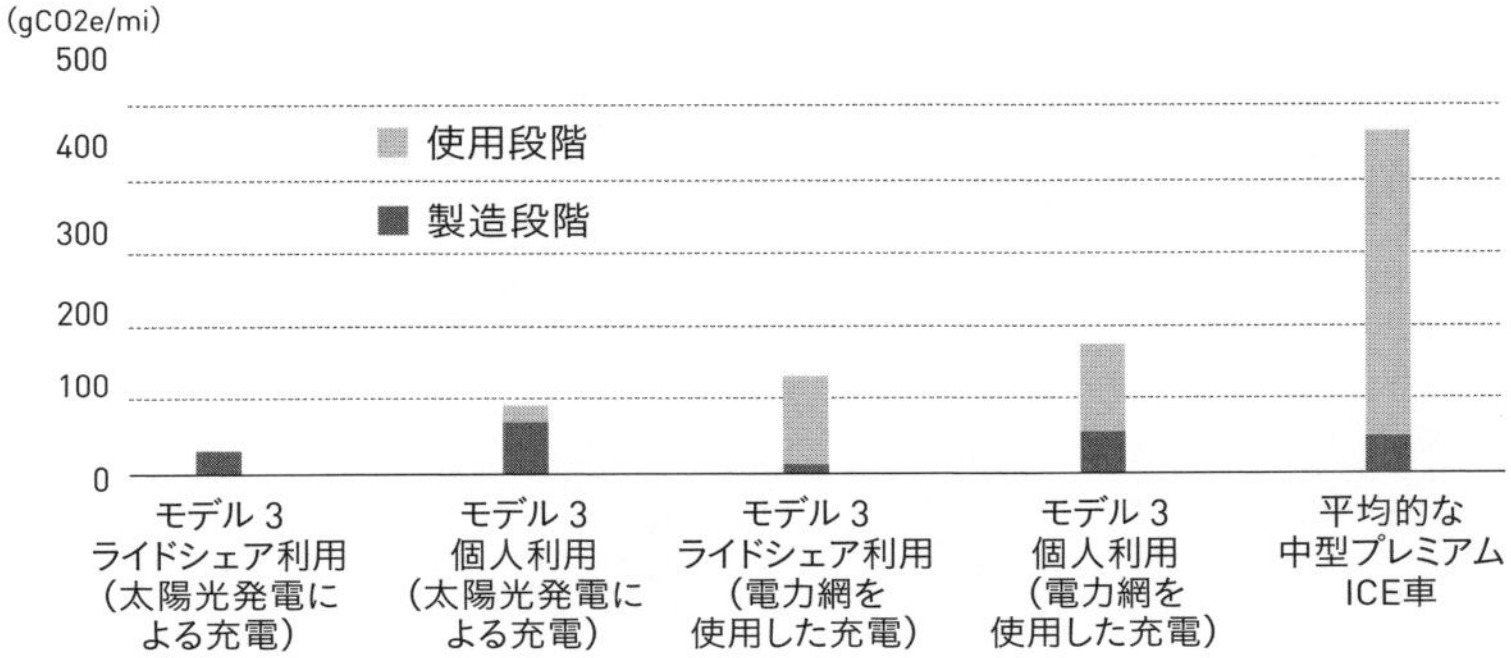

（ソース；テスラ『インパクトレポート2019』）

実際にテスラの事業は環境にどのような影響を与えているのでしょうか。それを説明するとともに、テスラのクリーン戦略の全体像を紹介しているのが、テスラが発行した『インパクトレポート２０１９』です。同レポートでは、テスラ車の製造段階における環境への負荷、及び使用（運転）段階における環境への負荷の両方のデータが開示され、環境負荷の観点からのテスラ車のライフサイクルアセスメントがされています。

特に環境負荷を明快に示しているのが図表２-７です。モデル３の「ライドシェア利用・太陽光発電による充電」「個人（オーナーのみ）利用・太陽光発電」「ライドシェア利用・既存電力網による充電」「個人（オーナーのみ）利用・既存電力網による充電」の４パターンを挙げ、ガソリン車（ＩＣＥ：インターナル・コンパッション・エンジン）との比較で、製造・使用（運転）のライフサイクルでの平均ＣＯ$_2$排出量を明示しています。

すでに述べてきたように、テスラはＥＶを製造して販売するだけではなく、クリーンエネルギーを「創る、蓄える、使う」というエコシステムを構築していきます。また、製造段階における再生可能エネルギーの利用、車両のエネルギー効率やバッテリーパックの耐用年数の改善など、戦略的に様々な施策に取り組んでいます。その点、CO_2排出量をさらに削減するべく努力をしていることがわかります。

その一方で、先にテスラの15億ドルのビットコイン投資に触れましたが、「ビットコインは気候変動問題に負の影響を及ぼしている」（EnergyShift、2021年4月2日付）との批判もあります。「ビットコインは、一定期間ごとにすべての取引を記録するのだが、その追記の処理にはネットワーク上に分散して保存されている取引台帳のデータと、追記の対象期間に発生したすべての取引データの整合性を取りながら正確に記録することが求められる。この膨大な計算処理を有志のコンピューターリソースを借りて行っており、その報酬としてビットコインが支払われる。これが、ビットコインの新規発行になる（マイニング）。

現在、ビットコインのマイニング（追記作業）の中心は中国なのだが、中国で行われる膨大な量の計算に使われる電力のほとんどは、石炭火力発電で生み出されている。現時点でもすでに、世界で年間78・5TWh（テラワット時）という中規模国家レベルの電力を消費している。

オランダ中央銀行のデータサイエンティストである、アレックス・デ・ヴリースは、ビットコインが生み出すCO_2が、1トランザクションあたり300kgと試算しており、これはVisa

カードの約75万回分の決済が生み出す量に匹敵する。

テスラがビットコインを決済に導入するということは、上述の環境負荷を肯定してしまっていることになる。これは目に見えないが、非常に大きな問題だと考えられる」(同)

ＥＶ事業に関しては、クリーンエネルギーを「創る、蓄える、使う」というエコシステムを構築していくことで、車両のライフサイクルにわたって環境に対して優れた取り組みを行うテスラですが、暗号資産やビットコインの導入については、無視できない環境負荷を生み出しているということです。ビットコインの環境負荷と、自らの使命感の間にあるギャップをどう解決してみせるのか。私も注視していきたいと思います。

「マスタープラン」で予告された大躍進

テスラの事業構造と経営戦略をさらに見ていきましょう。

「クリーンエネルギー企業としてのテスラ」の戦略全体を構造化したものが、図表２－８です。ミッションなどの文言は、イーロン・マスク本人の言葉ではなく、私が要約・意訳したものであることをご了解ください。

ミッションは「人類を救済する」こと。これはテスラのミッションであると同時に、イーロン・マスク個人のミッションでもあります。このミッションの実現のために掲げたビジョンが

「クリーンエネルギーのエコシステムを構築する」です。以上は、ここまで説明したとおりです。

それではテスラは、「クリーンエネルギーのエコシステムを構築する」ためにどのような戦略を進めてきたのでしょうか。これを示しているのが2006年に発表された「マスタープラン」、そして2016年発表の「マスタープラン・パート2」です。どちらもテスラHPに日本語で全文が公開されていますので、興味があればご一読をおすすめします。

結論からいえば、テスラは最初の「マスタープラン」を見事に実現してみせ、「パート2」も着々と実現しつつあります。

まず「マスタープラン」によって明かされたイーロンの思惑は、次の4つに集約されます。

①最初に高級スポーツカーを作る（ロードスター）
②その売上で手頃な価格の車を作る（モデルS、モデルX）
③その売上でさらに手頃な価格の車を作る（モデル3）
④以上の手順を繰り返しながら、ゼロ・エミッションの発電オプションを提供する

この戦略が意図するところは何か。クリーンエネルギーのエコシステムを構築するためにEV

図表2-8　テスラの戦略全体構造

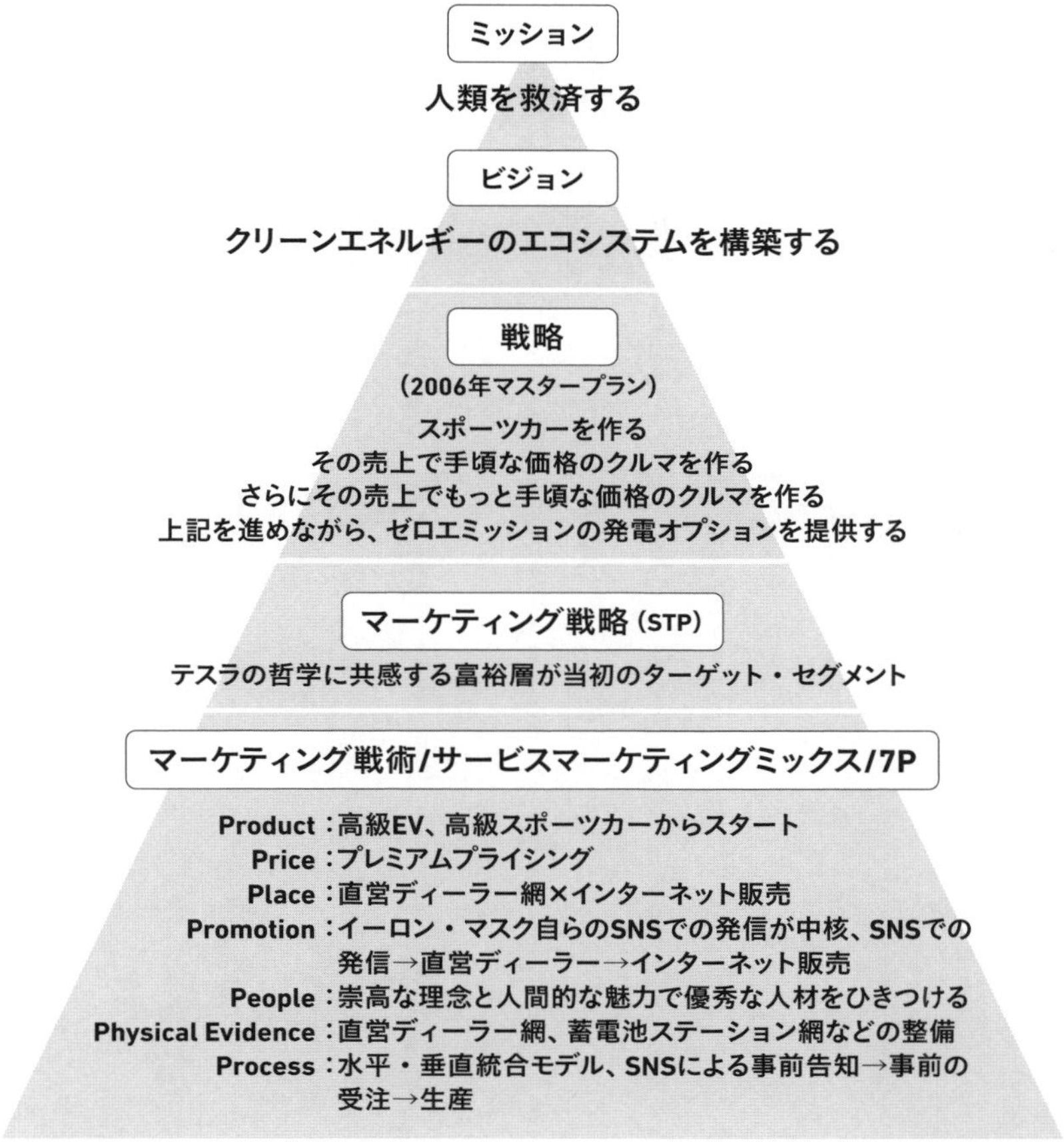
ミッション
人類を救済する
ビジョン
クリーンエネルギーのエコシステムを構築する
戦略
（2006年マスタープラン）
スポーツカーを作る
その売上で手頃な価格のクルマを作る
さらにその売上でもっと手頃な価格のクルマを作る
上記を進めながら、ゼロエミッションの発電オプションを提供する
マーケティング戦略（STP）
テスラの哲学に共感する富裕層が当初のターゲット・セグメント
マーケティング戦術/サービスマーケティングミックス/7P
Product：高級EV、高級スポーツカーからスタート
Price：プレミアムプライシング
Place：直営ディーラー網×インターネット販売
Promotion：イーロン・マスク自らのSNSでの発信が中核、SNSでの発信→直営ディーラー→インターネット販売
People：崇高な理念と人間的な魅力で優秀な人材をひきつける
Physical Evidence：直営ディーラー網、蓄電池ステーション網などの整備
Process：水平・垂直統合モデル、SNSによる事前告知→事前の受注→生産

（筆者作成）

を普及させる上で、まずネックになるのは製造コストの高さ、販売価格の高さです。そのためまずは1000万円以上もする高級EV（ロードスター）に絞らざるを得なかった、という事情もあります。イーロンがペイパルの売却で得た巨額の資金をもってしても、それが限界でした。それでもイーロンはマスタープランを見事に実現させたのですから、驚きです。

まず①として、2008年に高級EV「ロードスター」を完成させると、レオナルド・デカプリオやブラッド・ピットといったセレブたちに支持され、マーケットからも大きな注目を集めました。そして②として、2012年に高級セダンの「モデルS」、2015年に高級SUVの「モデルX」が完成します。③として、2017年にテスラ初の大衆車「モデル3」を500万円強で発売、量産化に向かいました。現在テスラの主力はこの「モデル3」と、2020年に発売されたコンパクトSUVの「モデルY」です。また前述のとおり、④として、太陽光発電のソーラーシティも、テスラの売上の10％を占めるまでに成長しました。

「マスタープラン・パート2」については後述します。

続けて、テスラのマーケティング戦略／戦術を見てみましょう。

テスラのマーケティング戦略をSTPの観点から分析してみましょう。STPとは、市場をどのように切り分け（セグメンテーション）、その中のどこにターゲットを絞り（ターゲティング）、自社をどのように位置づけるか（ポジショニング）を整理する、マーケティング戦略の要諦です。

テスラの当初のセグメンテーション・ターゲットは「テスラの哲学に共感する富裕層」でした。そして現在のテスラは「富裕層向け」のみだったラインナップを「大衆向け」にも広げていく途上にあると言えます。

マーケティング戦術については7Pの切り口で見ていきましょう。

プロダクト（Product）は高級ＥＶ、高級スポーツカーからスタートしました。

プライス（Price）はプレミアムプライシングであることが自明です。

流通（Place）においては、インターネットを通じた直販という独自性を持っています。これまで自動車業界では、メーカーが消費者に直接車を売るのではなくディーラーが仲介するのが一般的でした。ところがテスラは、インターネットによって消費者とダイレクトにつながります。従来は直営店も経営していましたが、「コストを削減しモデル3を値下げするため」その大半を閉鎖し、現在は全面的にネット販売を導入しています。通常のネットショッピングと同様に、ウェブサイトを通じていつでも予約でき、キャンセルも簡単です。購入後はユーザーが希望する場所にまで納車にきてくれます。かつてディーラーは車の修理や点検も担っていましたが、ガソリン車に比べて部品が少なく、オイル交換などのメンテナンスが基本的に不要なＥＶなら、これも不要です。

プロモーション（Promotion）は、イーロン自身が行っているようなものです。マス広告を打たず、イーロン自らがSNSから情報を発信します。テスラの業績報告なども、会社からのリリースに先行して、消費者に直接語りかけています。

ピープル（People）の点ではイーロンの理念とビジョンに共感する優秀なスタッフを集めていること、フィジカルエビデンス（Physical Evidence）の点では直営店や専用の充電ステーション「スーパーチャージャー」を整備していること、プロセス（Process）の点では、SNSによる事前告知→受注→生産方式であることなどに特徴があると言えます。

「マスタープラン・パート2」から読み解くテスラの現在地

「マスタープラン」をほぼ実現させたイーロンが、2016年に新たに掲げたのが「マスタープラン・パート2」です。

ここでもイーロンは戦略を4点に要約しています。

①バッテリーストレージとシームレスに統合されたソーラールーフを作る
②すべての主要セグメントをカバーできるようEVの製品ラインナップを拡大する

③世界中のテスラ車の実走行から学び、人が運転するより10倍安全な自動運転機能を開発する
④クルマを使っていない間、そのクルマでオーナーが収入を得られるようにする

2021年現在のテスラは、この計画をどこまで実現させているのでしょうか。計画の進捗を追いかけてみましょう。

①については、前述のとおり、2016年に太陽光発電のソーラーシティを買収・合併したことに関連しています。例えば、太陽光パネルと屋根用タイルが一体となった「ソーラールーフ」や、家庭用蓄電システム「パワーウォール」を発売し、パナソニックと共同経営する工場「ギガファクトリー」ではEVに搭載するリチウムイオン電池を生産しています。こうして、クリーンエネルギーを「創る」と「蓄える」をシームレスに統合し、クリーンエネルギーのエコシステムを構築するために一元管理しているのです。

②のEVのラインナップ拡大も順調に見えます。2017年にはロードスターの2代目を発表しました。その開発状況は不明ですが、2021年中の発売も噂されています。2019年には大衆SUV「モデルY」を発表し、2020年3月から納車が始まっています。2017年には輸送用トラック「テスラ　セミ」、2019年にはトラックの耐久性にスポーツカーの運動性を兼ね備えたピックアップトラック「サイバートラック」を発表しました。サイバートラックは未来的で奇抜なフォルムでも話題をさらいました。

このように現在のテスラのラインナップは、発売前のものも含めて、高級スポーツカー（ロードスター）、高級セダン（モデルS）、高級ＳＵＶ（モデルX）、大衆セダン（モデル3）、大衆ＳＵＶ（モデルY）、輸送用トラック（テスラ　セミ）、ピックアップトラック（サイバートラック）となっています。

③については、テスラは世界中を走るテスラ車から走行データを収集し、自動運転機能「オートパイロット」を進化させています。後述しますが、ここには従来のガソリン車とは違うＩＴ業界のものづくりに近い手法が取り入れられています。

テスラの車は、スマホのようにソフトウェアの「アップデート」によって進化していくのが特徴で、オートパイロット機能も、そのようなソフトウェアの1つです。現在発売されているテスラ車はすべて完全自動運転を見越したハードウェアとなっており、あとはオートパイロットのアップデートと、完全自動運転が公道で許可されるのを待つばかりとなっています。

テスラの自動運転

テスラの自動運転機能には、他社にはない特徴があります。例えば自動運転車のセンサーに、「ライダー（ＬＩＤＡＲ）」という技術を採用していないことです。これを理解するには、自動運転に関する予備知識が必要でしょう。自動運転システムはきわめて複雑ですが、あえて単純化するなら、センサーとＡＩによる「認知→判断→操作」という一連の情報処理とも言えます。すなわち周囲の状況を「認知」し、それに基づく「判断」を下し、しかるべき「操作」をする。従来の自動車はこれを人間のドライバーが行っていましたが、自動運転はＡＩが代替します。

このうち自動運転車の「認知」を司るのが、映像を撮るカメラ、電波を当てるレーダー、光線を当てるライダーの３点セットです。これは自動運転車の「目」にあたります。自動運転車はこれらセンサーを通じて位置を把握し、周りの歩行者、走行車、障害物、車線、建物など、動的・静的を問わずあらゆるものの動きと位置を認識します。その３点セットの中でも特に重要とされている技術がライダーです。

ライダーとは光線の反射具合により距離・形・材質などを判別する技術です。カメラより悪天候の条件に強く、レーダーよりも波長が短いために反射が強い＝小さな対象物・障害物でも見つけやすいとされ、特に市街地での自動運転にはライダーが欠かせないといわれています。そのため現在開発中の自動運転車の多くはライダーを採用しています。

しかしテスラは「高価過ぎる」ことなどを理由に、ライダーを採用せず、カメラとレーダーのみで自動運転を実現しようとしています。

ライダーを使わないという選択肢が、安全性を担保する上で果たして本当に正しいのか、かねて議論のあるところです。自動運転中の死亡事故も起きている中で、見直しは必要ないのか。ライダーを使わないことで、完全自動運転をめぐる競争で他社に遅れをとらないのか。答えはまだ定かではありません。

そもそもどこまでの機能を備えたら完全自動運転と認められるのかも、判然としないのです。自動運転はレベルが5段階に分かれており、完全自動運転とされるのはレベル4以上。そして現段階のテスラ車は「技術的には完全自動運転が可能」としながらも、「現在の機能はドライバー自身が車を監視する必要や責任があり、完全自動運転ではありません」と明言しています。

完全自動運転実現のカギは、やはり安全性を高いレベルで確保できるかどうかです。例えばトヨタは、完全自動運転を実現するために、カメラ、レーダー、ライダーの「3点セット」を採用しつつ、それだけでは十分とせず、街づくりから刷新しようとしていると私は推測しています。トヨタが開発中の実験都市「ウーブンシティ」は、網の目のように道路が編み込まれるとされていますが、それはおそらく「完全自動運転車が走りやすい道」が意識されてもいるはず。裏を返せば、そこまでしなければ完全自動運転の安全性は担保できないと、トヨタは慎重に考えているのではないでしょうか。

ライダーなしか、ありか。繰り返しますが、答えはまだ出ていません。しかし、ライダーなしのテスラと、ライダーありのトヨタを含む各社、という対立軸があるのは事実です。そして、この対立軸においては、ライダーあり各社のほうが、安全性重視に見えてしまうのは、致し方ないことでしょう。

もっとも、だからといって「テスラは安全性を軽視している」と結論づけるのは早計に過ぎます。ライダーを搭載しないテスラ車はすでに世界を走り回っており、そこから刻一刻と走行データを吸い上げ、オートパイロットの性能向上を図っているのです。アップデートを繰り返しながら漸次的に完全自動運転を実現しようとするテスラと、慎重に安全性を固めてから完全自動運転を世に送り出したいトヨタ。これは安全性をめぐる開発手法の対立であると同時に、フィロソフィの対立でもあります。果たしてどちらのフィロソフィが先に完全自動運転の社会実装を果たすのか。これから非常に興味深いところです。

もう1つ、触れておきたいのが、独自の自動運転向け半導体の開発です。半導体は、いわば自動運転車の「頭脳」にあたるものです。前述の「3点セット」から取得したデータがどれだけ素晴らしくても、それらビッグデータをただちに演算処理し、運転に活かすことができなければ意味がありません。それには高性能な半導体が不可欠なのです。

テスラは従来、エヌビディア社の半導体を採用したハードウェアを搭載していました。しかし2016年から自社による半導体開発へと切り替えています。テスラは自分たちのペースで開発を進められる環境を整えました。開発を指揮したのはアップルから引き抜いたピート・バノン氏です。こうして誕生したのが独自の「FSD(full Self-Driving)」チップです。パワートレインやステアリング、ブレーキ、エアコンなどを電子回路で制御する電子制御ユニット(ECU)です。

これによりテスラは、完全自動運転の実現へと向けてさらに加速したと見られています。

オーナーがテスラ車を貸し出し収入を得る「ロボタクシー」

④の「クルマを使っていない間、そのクルマでオーナーが収入を得られるようにする」とは、端的にいってライドシェアサービスのことです。すでに明かされているサービス名は「ロボタクシー」。「テスラ・ネットワーク」という別会社により提供される予定です。

具体的には、自分が乗らない時間はテスラ車を人に貸し出し報酬を得るというもので、「これにより月々のローンやリースの支払いをオフセットし、ときにはそれ以上の収入を得ることが可能になり、ほぼすべての人がテスラ車を所有できるほどに、実質的な所有コストが大幅に削れます」とあります。利用客は、専用のモバイルアプリを通じて、無人で完全自動運転のテスラ車を呼び出せるようになる計画ですが、まずは有人走行からスタートする予定です。２０１９年第４四半期のレポートでは、①ＦＳＤのソフトウェアを実装した車を作る、②有人でサービスを開始する、③無人によるサービスへ移行する、という3ステップが明かされました。

すでに発表されている情報によると、ロボタクシーの1台当たりのコストは3万８０００ドル未満です。車体寿命は走行距離にして１００万マイル。年間航続距離が9万マイルとすると、耐用年数は11年です。電力消費効率は１ｋＷｈ当たり４・５マイル。「５マイル以上に改善したい」

とイーロンはコメントしています。

これに対し、1台当たりの運行コストは、1マイル当たり18セント以下、粗利にすると1マイル当たりの粗利が65セントと試算されています。そして1台当たりの年間粗利は最大3万ドルになるとか。つまり、ロボタクシー1台を3万8000ドルで購入しても、1年強で元が取れ、実質無料でテスラ車が手に入るわけです。

ロボタクシーの発表当時、イーロンは「法律など各種規制がクリアされれば2020年中にもロボタクシーを実現できる」と語りました。現在までのところ計画の遅れは否めないようですが、イーロンに動揺は見られません。計画の遅れを指摘されたイーロンは、実に彼らしい言葉でこう語っています。

「私は、今まで実現させると言ってきたことはすべて実現するだろうと信じてきました。スケジュールを厳守することは私の持ち札ではありません。私はいつも最後には実現させているのです」

完全自動運転機能つきのEVを2万5000ドルで

2020年第3四半期レポートでは、自動運転を含む3つのコア・テクノロジーの現状について紹介されていました。

1つ目の自動運転については、2020年10月にはオートパイロットが更新され、「完全自動運転（FSD：full self driving）」と呼ぶシステムがアップデートされたことが報告されました。ビッグデータの収集・蓄積によって、自動運転を司るニューラル・ネットワークとアルゴリズムが更新され、自動運転の精度が増し、技術的には完全自動運転が実現できるようになった、とされています。

もっとも、テスラユーザーによってアップされている動画では、「カルフォルニアの道路を約6時間、充電以外では人間が介入せず走破した」などとレポートされている一方で、あわや事故、という動画もあります。今後のさらなるアップデートが待たれるところです。

なおイーロンはその後「FSD機能のサブスクリプションモデルを2021年に提供する」とツイートしています。現在FSD機能は1万ドルで販売されていますが、これが月額100ドル程度で利用できるようになる、との報もあります。実現すれば、より多くのユーザーが完全自動運転の恩恵を受けられることになります。

3つのコア・テクノロジーのうち、2つ目に紹介されたのが車両ソフトウウェアです。セキュリティの向上（2ステップ認証）、蓄電池から車両へのチャージ、またモデルYの四輪駆動車「AWD」のオーナーは0〜60マイル（時速100キロ）加速を4・3秒にするソフトを2000ドルで購入可能になったことなどが報告されました。

コア・テクノロジーの3つ目は非常に重要です。電池とパワートレインです。レポートには「KWh当たりのバッテリーパックのコストを56％削減することを目指す」と書かれていました。また「電池容量GWh当たりの投資額を現行から69％削減。なおかつ航続距離を54％伸ばす」という発表もインパクト大でした。

この大幅なバッテリーコスト引き下げが実現すれば、より安価なEVを投入できるようになります。これに関してイーロンは、2020年9月22日のバッテリーデイ（株主総会）において、株主の前で「2万5000ドル相当の、完全自動運転機能つきEVを3年以内に製造する」と公言しました。これだけの低価格が実現すれば、EVの製造台数も飛躍的に伸びるはずです。

イーロンは将来的に年間2000万台のEV製造を目指す、としています。これは現在のトヨタの生産規模の約2倍にあたる数字です。大衆車であるモデル3でもまだ高価なテスラ車ですが、「完全自動運転機能つきの2万5000ドルのEV」が実現すれば、さらにボリュームが大きいマーケットに参入できることになります。

エコシステムに追加された「エアコン事業」と「テスラ・トンネル」

このように話題には事欠かないテスラですが、2020年には「家庭用エアコン事業」に進出するというニュースも、驚きをもって迎えられました。

宇宙船、ＥＶ、太陽光発電ときて、なぜ、なんのためのエアコン事業なのか。イーロンの使命感を知らない方には理解が難しいでしょうが、ここまで読んでくださった方なら、エアコン事業もまた「クリーンエネルギーのエコシステムを構築する」一環であろうことは想像できるはずです。

持続可能なエネルギー社会を築くために、持続可能な電力を発電し、蓄電し、利用してきたテスラはすでに、スマートホームには蓄電池やパネルを、ＥＶには省エネのエアコンを組み合わせてきました。家庭用エアコン事業により、家庭全体のエネルギー効率をさらに高められるに違いありません。とくに日本に比べて省エネが立ち遅れている米国で、クリーンエネルギーによるエアコンが投入されればインパクトは大きいでしょう。

要は、テスラにとってはエアコンもＥＶと同様、クリーンエネルギーのエコシステムを構築するための手段であるということです。決して、家庭用エアコン事業単体で評価するべきものではありません。「ＥＶ用に開発したカーエアコンを、家庭用エアコンに転用しよう」で終わる安直な話ではないことを、強調しておきたいと思います。

クリーンエネルギーのエコシステムを構成する意外な要素として、「テスラ・トンネル」も報告しておきます。２０１６年にイーロンが設立したトンネル掘削会社「ボーリング・パンパニー」

は現在、ラスベガスに地下トンネルを建設中です。これはボーリング社がラスベガスに建設するコンベンションセンターと、ラスベガス中心街を結ぶ商用トンネルです。完成すれば、トンネル内をテスラのEVが走って利用客を輸送します。同様のトンネルはシカゴとカルフォルニア州サンバーナーディーノ郡にも計画中です。

なぜテスラがトンネルを作るのか。テスラ・トンネルを公共道路に転用し、地上道路における慢性的な交通渋滞を解消するためです。

自動車から排出されるCO_2は渋滞によって増加します。これを解決しようというのです。トンネルが完成すれば地下を時速200キロ超で走れるようになり、交通渋滞も解消されます。米国では特にカルフォルニア州の大渋滞が知られています。

このように、イーロンのアイデアは突飛のように見えても、「クリーンエネルギーのエコシステムを構築するため」で一貫しています。裏を返せば、それを見落とすと、テスラの事業内容の真価を見極めることもできません。

バリューチェーンで既存自動車産業とテスラを比較する

あらためてテスラという会社の独自性を理解するために、従来の自動車産業のバリューチェーンとテスラのそれを比較してみましょう（図表2-9）。これをベースに説明することで、どの事業工程でテスラが付加価値を生み出しているのか、わかりやすくなるかと思います。

従来の自動車産業のバリューチェーンにおいては、企画・開発、調達、製造、マーケティング、販売、メンテナンス、その他のフォローと並んでいますが、テスラのバリューチェーンにはEVらしく「チャージ」が追加されていることに注目です。テスラは専用の充電ステーション「スーパーチャージャー」を世界各国の主要ルート沿いに建設中です。現在のところ、世界で2000カ所以上の「スーパーチャージャーステーション」に、2万以上のスーパーチャージャーが設置されており、そこでは約30分で完了する急速充電が可能です。

そのほかにもテスラの個性が際立つプロセスを指摘するならば、例えば「調達」のプロセスです。EVにおいては従来、「EVはガソリン車に比べて部品が少ないため、車体やバッテリー、タイヤなどはすべて外部から調達する水平分業型のビジネスモデルが可能」とされてきました。しかしテスラは重要な部品を自前で賄おうとする垂直統合の動きも見せています。EVに搭載する半導体も、自動運転機能「オートパイロット」も、内製の方針です。EVの頭脳にあたるECU「電子制御ユニット」も同様です。通常、ECUは車1台当たり数十個以上搭載されているところ、モデル3には数個しか使用されていませんが、このECUをテスラは自社開発しています。これは既存メーカーには考えられないことです。

図表2-9　テスラのバリューチェーン

		テスラの特徴
従来の自動車産業	企画・開発	・デザインとエンジニアリングを重視するプロダクトアウト思想 ・マスタープランに基づく企画・開発
	調達	・系列部品メーカーはもたない ・水平分業的調達 ・重要部品の自社開発と内製
	製造	・スマートファクトリー ・ロボットによる組み立て ・モデュール化の推進
	マーケティング	・ブランディング重視 ・SNSでの発信 ・マーケティングに基づく生産と販売
	販売	・外部ディーラーを不要とした販売モデル ・SNS・直営ディーラー・ネット販売 ・マーケティングに基づく生産と販売
	メインテナンス	・メインテナンスを著しく不要とするビジネスモデル
	その他フォロー	・顧客との継続的なCRMを重視
EVで加わる	チャージ	・電池へのチャージという新たなプロセス
	アップデート	・OS、ソフトのアップデートという新たなプロセス

（筆者作成）

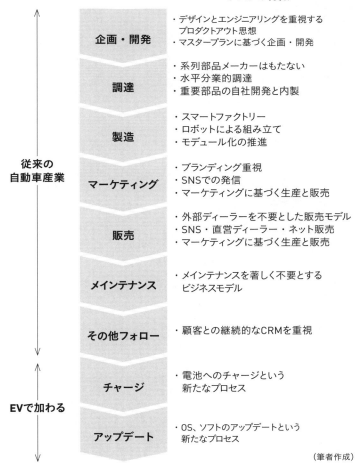

「1台の車に搭載されるECUは複数のサプライヤーが別々に開発しており、中身はブラックボックス化している。これの統合はハードルが高いのだ。テスラのように内製化に踏み切ることが技術的には可能でも、サプライヤーから仕事を奪うことにつながる。こうしたしがらみにより躊躇する既存メーカーを尻目に、タブーを恐れず自らがよいと考える設計を取り入れられるのがテスラの強みの1つといえる」（週刊東洋経済2020年10月10日）

「販売」のプロセスにおいては、前述のとおり「ディーラーを通さない」のがテスラのやり方です。

「製造」のプロセスは、ロボットによる組み立て、モジュール化を推進しています。EVはガソリン車に比べて部品数が少なく、またエンジンや変速機といった機械部品ではなく、リチウム電池やモーター、ソフトウェアといった電気部品が中心であることから、組立方法そのものがシンプルで、ロボットの導入が進めやすいのです。そのため工場の風景も、自動車工場というよりは、電気製品を組み立てるスマートファクトリーを思わせます。

「走りながら考える」テスラの開発思想

「企画・開発」のプロセスについても、テスラの特徴を語らないわけにはいきません。

テスラにおいては、顧客ニーズよりもデザインとエンジニアリングを重視する「プロダクトアウト」の思想が鮮明です。機能もデザインも価格も斬新なテスラのEVは、顧客ニーズからスタートしたものではありません。あえていうなら、やはりテスラのミッションにもとづいた企画・開発だと考えるべきでしょう。

具体的には「マスタープラン」に従った企画・開発であり、その背後には宇宙レベルの壮大なミッション、ビジョンがあります。すなわち、人類救済であり、そのためのクリーンエネルギーのエコシステムを構築すること。すべての企画・開発は、そこからの逆算です。

「走りながら考える」とも表現されるテスラの開発思想についても述べておきましょう。テスラはしばしば「テック企業的な評価を受けている」と指摘されます。自動車産業にあるまじき株価の急騰がテクノロジー企業のそれを思わせるからでもありますが、開発体制もまたテクノロジー企業的です。

その象徴がOTA（オーバー・ザ・エア）という機能です。テスラの車は常時インターネットと接続されており、自動運転などソフトウェアの機能が順次アップデートされます。従来の自動車産業においては、車の性能アップのためには車自体を刷新するほかありませんでした。テスラはそこに、スマホなどテクノロジー産業ではおなじみの、「ソフトウェアをアップデートする」という思想を持ち込んだのです。

これによりテスラ車は、スマホのように、車（ハード）の刷新なしに性能を高め続けることができるのです。前述のとおり、2020年10月には自動運転機能「オートパイロット」がアップデートされ、現在販売されているモデルはすべて完全自動運転を見越したハードとソフトになっています。現在は販売した車からデータを収集、クラウドに蓄積させている状況です。

なお、これを「ハードとソフトを切り離し、ハードでは儲けない・儲からない仕組みを作り上げる動き」と見ることも可能です。ナカニシ自動車産業リサーチの中西孝樹氏は、次のように述べています。

「テスラは、確信犯として、ハードウェアの価値の陳腐化を早め、ソフトウェアの価値で儲けていく戦略を進めている。伝統的な量産車メーカーがどれだけ急いでも、本格的なOTAを実施できるのは2025年頃であり、それまでは敵がいないことをテスラは大変良く理解している。敵が来る前に、ハードウェアでは儲けにくく、ソフトウェアで儲ける構造をいち早く構築しようとしているのである。

テスラは、人気を博している新型モデルYの販売価格を3000ドル値下げした。一方、FSD（運転支援機能）のオプション価格は、最初は5000ドルでスタートしたが、その後1000ドルずつ3回も値上げし、本書執筆時点では8000ドル（国内価格87万1000円）とした。このFSDの粗利率は80％あるといわれており、このソフトウェア販売の利益だけで、伝統的なカムリなどの乗用車販売から得られる1台あたりの限界利益を超えている」（『自動車 新常

態（ニューノーマル）』中西孝樹、日本経済新聞出版、２０２０年）

「車を売ったら終わり」の自動車メーカーと、車を売ったあともソフトウェアのアップデートで利益が得られるテスラとでは、収益機会がまるで違います。これは既存の自動車メーカーにとっては大きな脅威です。

「大衆車クラスの内燃機関車がＥＶに置き換わると、約60万円の限界利益格差があると言われる。10万台置き換われば６００億円、１００万台置き換われば６０００億円も伝統的な自動車メーカーは収益機会を逸する。テスラには失う物はない。現在はクレジット販売益が儲けのほとんどであるが、ＥＶの収益性は生産規模の拡大とともに好転し、作れば作るほど収益機会を成長させられる。テスラはＥＶで誰よりも先に事業収益性を確立し、価格リーダーシップを発揮して車両（ハードウェア）から得られる収益機会を伝統的な自動車メーカーから奪い去ることも可能だ」（同）

イーロン・マスクのグランドデザインは「世界のグランドデザイン」へ

ここまで指摘してきたテスラの個性を、「理想の世界観」実現ワークシートに落とし込むなら、図表２‐10になるでしょう。単に「ガソリン車をＥＶに置き換える」ことだけがテスラの事業ではありません。EVをクリーンエネルギーのエコシステムを実現する手段としてとらえながら、同時に、従来の自動車産業のバリューチェーンを顧客視点から刷新している点が、テスラの新しさです。

そして本章の最後にあらためて強調したいのは、テスラを語るにあたってはイーロン・マスクの人となりを切り離せない、ということです。

テスラの「ブランディング」においても、イーロンの存在感はとにかく強烈です。イーロンはSNSを活用しながら自らの言葉で哲学、想い、こだわりを語り、社員、顧客、社会を鼓舞します。「地球を救済する」という壮大なミッション、ビジョンについても米国では「Think as big as Tesla（テスラのように大きく考える）」という表現があるほどです。自分にとって理想の未来を作るためすべてをなげうち、批判されることもいとわないイーロンの生き方を、テスラのEVは体現しています。

そのため、テスラ車を購入することは、イーロンの価値観を共有することでもあります。テスラユーザーは知らず知らずのうちに、マズローの「人間の欲求5段階説」でいうところの承認の欲求や自己実現の欲求を満たされることでしょう。

イーロンはそのキャラクターも魅力の1つです。身近な人々のイーロン評を並べるなら、「天才発明家」「鬼才」「無謀」「クレイジー」「ペテン師」「独裁者」「ジョブズを超える男」と、良くも悪

図表2-10　テスラの「理想の世界観」実現ワークシート

「理想の世界観」：テスラ
EVをクリーンエネルギーのエコシステムの一環として販売、顧客とデジタルでつながり、ソフトウエアも適宜オンラインでアップデート、生涯コストも安い

Product（商品）
EVをクルマとして販売

Customer Value（顧客への価値）
EVをクリーンエネルギーのエコシステムの一環として販売

Price（価格）
インフラが未整備であることなどを考えるとまだ割高の価格で補助金頼み

Customer Cost（顧客のコスト）
承認欲求や自己実現欲求に基づく購入の価格としては合理的、生涯コストも安い

Place（プレイス）
従来のガソリン車と同様にディーラーで販売

Convenience（利便性）
店舗は体験の場所であり購入はすべてオンライン、SCでは優遇された場所に充電基地

Promotion（プロモーション）
TVCMなどで大量にプッシュ型プロモーションを展開

Communication（コミュニケーション）
顧客とデジタルでつながり、ソフトウエアも適宜オンラインでアップデート

「現状の課題」：EV
EV自体はエコでも、発電は化石燃料依存では地球環境問題の解決にならない、EVのインフラも未整備で価格もまだ割高

（筆者作成）

くも極端なカリスマ的起業家像が浮かび上がります。映画『アイアンマン』の主人公トニー・スタークのモデルになったという逸話にも納得ですが、またそうでなければ「人類を救済する」というビジョンなど、誰もまともに信じなかったのではないでしょうか。

「目が覚めている時間は常に働く、周りが50時間働いているなら自分は100時間働く。そうすれば人の倍の速さで物事を達成できる」と語るイーロンなら、本当に「やり切る」のかもしれないと、テスラユーザーたちは期待しています。

そして何といっても、イーロンには有限実行でやり切ってきた歴史があります。私は、イーロンが「マスタープラン」と「マスタープラン・パート2」を実現させてきたことに、驚嘆しないではいられません。イーロンが「マスタープラン」を掲げた頃には、「EVの収益化や量産化などははるか先の話」と笑われたものです。

2018年4月1日のエイプリルフールには、イーロンは「テスラ、倒産」とツイッターに投稿しました。「イースター(復活祭)での大量販売、資金調達への努力にもかかわらず、テスラが破綻したことを伝えるのは残念だ」。当然これはブラックジョークですが、投稿されたその日にテスラの株価は一時7%も下落しました。ジョークがジョークに聞こえないぐらい、当時はテスラ破綻の気配が濃厚でした。のちにイーロンも「アップルに売却を打診したことがある」と暴露しています。

ところが2020年、テスラはついに収益化・量産化に目処をつけました。脱炭素、EVシフトという世界的な追い風が吹き、念願の黒字化も果たしました。投資家の注目が集まるのは、当然のことであるようにも思います。EVに目が奪われがちですが、自動車の新しいコンセプトであるCASE全体を推進していることも見逃すわけにはいきません。自動化とEV化は両輪ですし、ソフトウェアがアップデートされ、既存のテスラ車が完全自動運転車に切り替わるというシステムは先進的です。EVのみならず、完全自動運転でもテスラが先駆者になる可能性は小さくありません。

もちろん、トヨタをはじめとして、既存の自動車メーカーがこのままやすやすとテスラの独走を許すことはないでしょう。しかし、テスラが引き続き、多くの話題を提供し、マーケットに影響を及ぼす会社であることは確かです。

そして、「クリーンエネルギーを創る、蓄える、使う」という三位一体事業は堅牢です。テスラのグランドデザインは早晩、「世界のグランドデザイン」になるでしょう。イーロンの強い使命感と、壮大なビジョン、そしてビジョンを形にしてきた実行力を見れば、私のみならず、多くの人がそう予感するのではないでしょうか。

第3章

アップル

「脱炭素」と「公平・公正」でも先進対応

Apple

「アップルカー」の衝撃

自動車産業のディスラプターは前章で論じたテスラだけではありません。電池やモーターからなるEVは、部品の数も少なく、ガソリン車に比べて参入障壁が比較的低いため、テクノロジー業界から新たなプレイヤーが参入する動きが相次いでいます。

例えば、日本のソニー。2020年のCES2020では、自動運転技術を採用した電気自動車「VISION-S」を発表しました。これはコンセプトカーですが、2021年1月12日にはオーストラリアでの公道走行テストを開始したことが公表されました。

あるいは、中国の検索最大手の百度（バイドゥ）。2021年1月11日、中国の自動車メーカー「吉利グループ」と提携し、EVを生産・販売すると発表しました。バイドゥといえば中国政府が発表した「次世代人工知能の開放・革新プラットフォーム」（2017年11月）において「AI×自動運転」という国策を委託された企業です。2017年には自動運転プラットフォーム「アポロ」をローンチしており、すでに自動運転分野における中国のリーディングカンパニーの位置にあります。そんな企業が吉利の自動車製造のノウハウを手にし、自社ブランドのEVに乗り出すというわけです。

そして、何より衝撃だったのは「アップルカー」です。2020年12月21日、ロイター通信は

「アップルは2024年の電気自動車の生産開始を目指している」「自動運転のEVで、まずはロボタクシーや食品の宅配などの業務用になる」と報じました。

これが意味するのは、アップルによる「自動車産業のデジタル化」です。

日本企業と連携の可能性

従来から秘密主義を貫いているアップルは、この報道についても、また自動車の開発そのものについても、何ら公式なコメントを発表していません。とはいえ、「アップルカー」が実現するなら当然、アップル自身は自動運転技術やデザインなどコア技術の設計・開発に注力し、生産は外部に委託するというのが大方の予想です。iPhoneでも採用された生産と設計の水平分業モデルは、設計から生産までを垂直統合してきた従来の自動車メーカーとは一線を画します。

この報道を受けて、様々な憶測が飛び交いました。それは、「デジタル化によって既存自動車産業を破壊するアップル」のインパクトを雄弁に物語るものでした。例えば、アップルの提携先をめぐる憶測です。「複数の自動車メーカーと提携交渉を進めている」と報じられ、韓国の現代自動車や起亜自動車、iPhoneの製造委託先でもある台湾の鴻海精密工業の名が挙がりました。

その中には、日産自動車や三菱自動車ら日本勢も含まれていました。日本経済新聞は以下のように報じました。

「特に日本では、アップルが横浜市に構える研究拠点が国内の完成車メーカーや部品メーカーとの接点になっているようだ。アップルからの打診について、ホンダやマツダは『コメントできない』(広報)と説明。三菱自動車は『そのような事実はない』(同)とし、日産自動車はコメントを控えた。

一方、大手自動車幹部は打診の有無に言及しなかったうえで『興味はある』とした。ある車部品メーカー首脳は『トヨタ自動車からもホンダからもアップルのEV生産の話は聞いたことがない。まずは自社のEV事業が優先だろう』とみる」(2021年2月5日の日本経済新聞)

のちに日産自動車の内田誠社長が、「従来の自動車産業の枠を越え、新たな分野・領域の活動は必須」「パートナーシップやコラボレーションは選択肢としてあり得る」などとアップルとの提携に手を上げるような発言をしたことも話題になりました。

「日本の完成車メーカーがアップルの下請けに成り下がる」といった悲観的な見方をする報道もありますが、同時にこれは、新たな成長戦略を描きたい既存の自動車産業のプレイヤーにとっては、またとないチャンスとも言えます。アップルらしい「ものづくり」の革新性がいかに魅力的であろうと、自動車というものに絶対的に求められる安全性を確保しながら生産体制を構築するためには、単なる下請け以上の「パートナー」を求めてくるはず。それならば、日本メーカーのほうからアップルとの提携に自ら手を上げるケースは十分にあり得ると、私は予想します。

またブルームバーグは次のような記事を配信しました。

「アップルが2020年に実施した自動運転車の路上試験で走行距離が前年の2倍余りに達したことが、カリフォルニア州車両管理局に提出された報告書で分かった。昨年の走行距離は1万8805マイル（約3万300キロメートル）と、前年の7544マイルから増えた。手動運転への切り替えを余儀なくされた自動運転解除の件数は130件と、前年の64件から増加したが、その頻度は145マイル当たり1件で、前年の同118マイルより少なかった。こうした試験環境で自動運転技術が向上したことを示唆するものだ」（2021年2月10日のブルームバーグ）

アップルは前述のとおり徹底的な秘密主義を貫いている会社です。故スティーブ・ジョブズの時代からアップル内部の動きを見通すことは困難でした。アップルカーについても、ローンチする段階まで情報が漏れることは避けたかったはずです。しかし、自動運転車の開発には車道における実走実験が不可欠であり、その許認可を得る段階に情報が漏れる余地があった、ということでしょう。私が『2022年の次世代自動車産業』を著した2018年の時点では、アップルの自動運転プロジェクト「タイタン」の目撃情報がある一方で、独自の自動運転車を諦めて自動運転システムの開発に専念するのではとも噂されていました。しかし、この間もアップルは着々と「アップルカー」の開発を進めていたことになります。

思えば、2020年に発表されたiPhone12にも自動運転車に不可欠とされるテクノロジーのライダーが搭載されていました。米国の若者に人気のアプリ「Snapchat」などは、ライダーの機能を活用し3Dオブジェクトを現実世界に重ね合わせるARのサービスを展開しています。アップルには、スマホ用に大量にライダーを発注して納入コストを下げること、ライダーにより取得したビッグデータを自動運転システムの開発に活かすことなどの思惑もあったのではないでしょうか。iPhone12ですらアップルカーの布石だったのではないかと思えてきます。

「アップルカー」を読み解く6つのポイント

一連の報道で明らかになったのは、アップルカーとは単なるEV、単なる自動運転車ではなく、実際には次世代自動車の4つの潮流である「CASE」全体を推進するものであろう、ということです。すなわち、Connected、Autonomous、Shared & Service、Electric。スマート化、自動運転、シェア化・サービス化、電動化です。そしておそらくは、単に「クルマ」を推進するものでもなく、次世代自動車産業におけるプラットフォームであり、エコシステム全体の覇権を奪おうとする戦いを、これからアップルは仕掛けてくるでしょう。

これは、アップルがスマホの世界で実現してきたことでもあります。「ものづくり」に強いこだわりを持つアップルですが、デバイスを作るだけに終わらず、OS、アプリ、サービスといったエコシステム全体で勝負をしかけてくるのが常であり、スマホはその代表的な事例です。これに対し、NECや東芝、富士通、ソニーなど日本の携帯電話メーカーはデバイスメーカーとして戦

図表3-1　「"クルマ×IT×電機"の次世代自動車産業」における主な10の選択肢

1. OS、プラットフォーム、エコシステムを支配する
2. 端末、ハードを提供する
3. 重要部品で支配する
4. OEM、ODM、EMSプレイヤーとなる
5. ミドルウェアで支配する
6. OS上のアプリ&サービスでプラットフォーマーとなる
7. シェアリングやサブスクリプションなどのサービスプロバイダーとなる
8. メインテナンス&サービスなどのサービスプロバイダーとなる
9. P2P、C2Cといった違うゲームのルールでのプレイヤーとなる
10. 特長をもてず多数乱戦エリアでの1プレイヤーで終わる

（筆者作成）

いましたが、「iPhoneは競合ではない」と油断している間に、完全に市場を掌握されてしまいました。

同じことが今、自動車業界に起ころうとしています。アップルが自動車業界をデジタル化し、破壊するということです。

「アップルカー」はおそらく3年以内にローンチされることでしょう。そのとき既存の自動車メーカーはどうするのか。私は『2022年の次世代自動車産業』において、次世代自動車産業における「10の選択肢」をまとめましたが（図表3-1）、日本の自動車メーカーに残されている道は多くはありません。ハードとしての車を作るだけのポジションに成り下がるのか。それともアップル同様にプラットフォームやエコシステムを支配するポジションをつかみ取るのか。強い危機感を持っ

たトヨタは明白に「OS、プラットフォーム、エコシステムを支配する」道を目指していますが、残念ながら、ハードとしての車を提供するだけのプレイヤーも続出するでしょう。その姿はハードとしてのスマホのみを供給するプレイヤーと重なります。

以上を踏まえて、あらためて「アップルカー」の戦略に私が分析を加えるならば、次の6点にまとめることができます。

(1)単なる「EV」ではなく「EV×自動運転車」を目指す

アップルカーは単なるEVではなく、自動運転車であることが明らかになりました。また、CASEのS(サービス)においては、サブスクリプションモデルを併用して展開してくる可能性が高いと見ます。

(2)インダストリアルデザインの細部にまでこだわる

iPhoneに限らず、アップルの製品にはもれなく、故スティーブ・ジョブズのインダストリアルデザインに対する哲学、想い、こだわりが込められています。グーグルやアマゾンほど具体的なミッションやビジョンを掲げていないアップルですが、インダストリアルデザインに対するこだわりはアップルの企業DNAのように根強く息づいています。

事業構造を見ても、ハード、ソフト、コンテンツ、クラウドなど広範な事業領域をカバーしつつも、主な売上はｉＰｈｏｎｅによるものです。その意味でアップルは典型的な「ものづくり」の会社であり、やはりメーカーなのです。

であるならば当然、アップルカーにおいてもｉＰｈｏｎｅ同様のインダストリアルデザインを追求してくるはずです。外部委託による水平分業としながらも、自社工場なみに生産管理を徹底し、細部までデザインにこだわりぬいたプロダクトを発表してくるでしょうし、ユーザーもまたそれを期待しています。

（３）「製品」のみならず「エコシステム」にこだわる

アップルはものづくりの会社ですが、これまで論じたとおり、アップルがハードとしての車を提供するだけにとどまることもないはずです。ｉＰｈｏｎｅがｉＯＳやアプリ販売のアップストア、音楽配信のアップルミュージックなど各種のサービスからなるエコシステムの中心に位置しているように、「アップルカー」では、スマートカーを中心に置いた新しい生活サービスのエコシステムを構築してくるに違いありません。

（４）「自分らしく生きる」ライフスタイルブランドとしての車

アップルは、製品を通じて「新しいライフスタイル」を提案することで、熱狂的なファンを生み出してきたブランドでもあることを忘れるわけにはいきません。例えば携帯音楽プレイヤーのｉＰｏｄ。音楽データ配信サービス「ｉＴｕｎｅｓ」と併せて提供することで、音楽＝ＣＤで聴くものから、音楽＝データ配信で聴くものに刷新し、「いつでもどこでも、聴きたい音楽を買い、聴ける」という新しいライフスタイルを提案しました。またテレビＣＭでは「Think different」というメッセージを打ち出し、「自分らしく生きる」人々を後押ししてきたアップルです。アップルカーもまた単なる車というより、ライフスタイルブランドとして提供してくるはず。そこに込められた信念や価値観に共感するユーザーが、アップルカーのユーザーになるのです。

（5）気候変動対策

アップルは2030年までのサプライチェーンのカーボンニュートラル（CO_2排出量と吸収量を合わせてゼロの状態）にコミットしました。これにより、今後はアップルに部品を提供しているサプライチェーン全体をカーボンニュートラルにすることを目指すでしょう。ＥＶであるアップルカーは、アップルのこうした取り組みを象徴するプロダクトとも言えます。もし日本の自動車メーカーがアップルカーの受託生産を請け負うことになれば、当然、カーボンニュートラルへの対応を迫られることになります。

(6) ディーラーに代わる新たな販売網

アップルカーは売れるのか。あるいはどう売るのか。そこはいまだ未知数ですが、ここではテスラやペロトン（第6章参照）が先行事例となるでしょう。

アップルは、テスラ、ペロトンと並んで高いNPS（ネット・プロモーター・スコア）を誇っています。この3社の共通点は、D2C（Direct to Consumer）の会社であること、そしてリアル店舗を持っていることです。ただしリアル店舗といっても従来の小売、非デジタルネイティブの会社とは一線を画しています。そこは顧客体験を作る場であり、コミュニティを作る場所なのです。

ペロトンはオンライン販売のみならず、全米24のモールにリアル店舗を展開しています。それはフィットネスバイクを売るためではなく、顧客とのリアルな接点を作り、試乗体験などを通じて優れたカスタマーエクスペリエンスを提供するためです。テスラも同様にディーラー網を持たず、現在はインターネット販売と直営店のみです。

アップルもアップルカーを販売するために同じ戦略を取るのではないでしょうか。すなわち、既存の自動車産業がディーラーを介した販売を行うのに対し、アップルは直接、顧客とつながろうとする。またアップストアと同様、アップルカー用のリアル店舗を展開してくると予想します。ただし、その店舗はセールスのための拠点ではなく、顧客に対してカスタマーエクスペリエンスを提供する場であり、コミュニティを育む場です。

こうした新しい販売の形は、日本の自動車産業に対する大きな問いかけでもあります。「もう店舗はいらないのか、ディーラーはいらないのか」と結論を急ぐ必要はありません。すぐにリアル店舗がなくなることも、車を販売する人が不要になることもないでしょう。

ただし、店舗とディーラーが果たすべき役割は、従来と決定的に変わるはずです。ただ売るための場所、売るための人のままではいられません。これからは大切なのは、コンシェルジュ的に顧客に寄り添い、関係を深めていくことです。

アップルカーはおそらく、販売とサブスクリプションの両面で展開してくるに違いありません。サブスクは、単なる月額支払を意味するものではなく、長期的・継続的な関係性を顧客との間に築くための手段です。「売って終わり」にせず、売ったあとも顧客に伴走し、関係を構築していく。そのようなディーラー、セールスパーソンのあり方が問われてくる。アップルカーがもたらすインパクトは、それほど大きなものです。

アップルカーの特徴を「理想の世界観」実現ワークシートに落とし込んだものが図表3-2です。従来の自動車産業と比較して、アップルカーがどれだけ顧客視点に根ざしたものであるのか、おわかりいただけると思います。

図表3-2　アップルカーの「理想の世界観」実現ワークシート

「理想の世界観」：アップルカー

「自分らしく生きたい」を体現したクルマであり、自動運転の車内ではクルマが自宅やオフィスなどとデジタルでつながり、自分が好きなことに時間を使える空間に進化、クルマ自体も気候変動対策になっている

Product（商品）

クルマは運転するものであり、デジタルでつながることに遅れ

Customer Value（顧客への価値）

クルマが生活のすべてとつながっており、自動運転で自由に好きなことができる

Price（価格）

高額で硬直性の高い価格であり、手軽に気軽に買えるものではなかった

Customer Cost（顧客のコスト）

サブスクリプションであり、自分のライフスタイルの変化に応じて乗り換えられる

Place（プレイス）

ディーラーで買うのが一般的であり、買いに行くのも手間

Convenience（利便性）

スマホの中で申込・利用などまで完結する一方、アップルカーショップも整備

Promotion（プロモーション）

TVCMなどで大量にプッシュ型プロモーションを展開

Communication（コミュニケーション）

デジタルで顧客とつながり、スマホの中で顧客とのコミュニケーションが完結

「現状の課題」：自動車

クルマとは運転するものであり、特に運転者は運転に専念するしかない。デジタルでつながることに遅れ、高額でエコではなく、若者離れも進む

（筆者作成）

2030年までのカーボンニュートラル達成をコミット

アップルがEVに取り組む理由の1つとして、前述したカーボンニュートラルへの対応があります。

アップルは2020年7月、2030年までにサプライチェーンの100%カーボンニュートラルを達成するとコミットしました。

カーボンニュートラルとは、CO_2排出量と吸収量を合わせてゼロの状態を意味します。IPCC（国連気候変動に関する政府間パネル）は2050年の実現を目標に掲げていますが、アップルはこれを20年前倒ししようというのです。

また、すでに本体の企業活動ではカーボンニュートラルを実現していたアップルですが、アップルに部品を提供しているサプライチェーン全体で実現すれば、アップルが生み出す全製品が気候変動に及ぼす影響を実質ゼロにできます。「2020年進捗報告書」には、現在までに協力を約束しているサプライヤー71社の社名が公開されていますが、その中にはセイコーアドバンス、イビデン、日東電工など日本企業も名を連ねています。

これにより、自動車に換算して300万台分にあたる、CO_2換算で1430万トンの排出削減が可能になるといいます。これまで大量の資源を消費し、温室効果ガスを排出しているテクノロジー産業の問題を業界トップが認識し、産業の変革をリードする動きだと言えます。

同時に、これはアップルの成長戦略でもあります。今回の発表について、アップルのティム・クックCEOは次のように述べています。

「企業はこれまで以上に持続可能な未来、すなわち私たちが共有している地球という星に対して、私たちが抱いている共通の想いから生まれる未来を築くための貢献をする重大な局面にいます。アップルの環境に対する取り組みを支えているイノベーションは、地球環境にとって良いだけでなく、当社製品のエネルギー効率をさらに高め、クリーンエネルギーの新たな資源を世界中で稼働させることにも役立っています。気候変動に対するアクションは、新時代のイノベーションの可能性、雇用創出、持続的な経済成長の礎になり得るのです。カーボンニュートラルに対する当社の取り組みが波及効果をもたらし、さらに大きな変化を生み出すことを期待しています」

（2020年7月21日のプレスリリースより）

具体的にはどのようにして、カーボンニュートラルを実現していくのでしょう。アップルによると2030年までに現在の温室効果ガスの排出量の75％を削減し、残り25％は「革新的なソリューション」によって実現するといいます。これについてアップルは10年間に及ぶロードマップを示しました。柱になるのは「低炭素の製品デザイン」「エネルギー効率の拡大」「再生可能エネルギー」「工程と材料のイノベーション」「CO_2の除去」の5つです。

低炭素の製品デザイン

アップルは低炭素の再生材料を用い、また製品のリサイクルに取り組みます。2019年には、430万メートルトン分のカーボンフットプリントを削減し、過去11年間で製品使用に必要な平均的エネルギーを73%削減した、としています。

ロボットの導入もトピックです。リサイクル作業ロボット「Dave」、iPhone解体ロボット「Daisy」の活躍で、資源の再利用に努めています。

「昨年発売されたiPhone、iPad、Mac、アップルウォッチはすべて、iPhoneの Taptic Engine で使われる100%リサイクルされた希土類元素を含め、再生材料で作られています。これはアップルにとっても、スマートフォンでも初めての試みです」（2020年7月21日のプレスリリースより）

エネルギー効率の拡大

アップルは自社内はもちろん、サプライチェーン全体でエネルギー効率を向上させるプロジェクトを進めます。具体的には、US-China Green Fund は1億ドルを投資するほか、2019年にはサプライチェーン全体で77万9000メートルトン以上のCO_2を削減しました。またアップル単体を見ても、2019年だけで640万平方フィート以上に投資して電力ニーズを5分の

1ほど削減、2700万ドルを節約したといいます。

再生可能エネルギー

アップルは再生可能エネルギーで企業を運営し、それに並行して、新たな電力プロジェクトを起こし、サプライチェーン全体を再生可能エネルギーに移行させます。

「アリゾナ、オレゴン、イリノイ各州での新規および既発の電力プロジェクトによりアップルにもたらされた企業運営のための再生可能エネルギーは1ギガワットを超えました。これは15万世帯分以上の1年分の電力に相当します。アップルが自社施設のために調達する再生可能エネルギーの80％以上は、アップル自身が手掛けた電力プロジェクトから生み出されており、コミュニティやアップル以外の企業にも利益を与えています」（2020年7月21日のプレスリリースより）

工程と材料における革新

アップルは製品に必要な工程と材料に技術革新を起こすことで、温室効果ガスを削減します。例えば、サプライヤーへの投資と協力を通じて、低炭素アルミニウムの開発を支援します。すでに6インチ版「MacBook Pro」の現行モデルで採用されています。2019年には、フッ素化ガスからの排出量を24万2000メートルトン以上も減らしました。

CO_2の除去

アップルは大気中のCO_2の除去にも取り組みます。具体的には「森林と自然生態系の回復と保護に向けて投資する低炭素化ソリューションのためのファンド」を発表するなど、森林保護と再生に貢献します。

アップルのヘルスケア戦略

アップルの新戦略を見るにあたって、「自動車産業のデジタル化」と並んで重要な事業領域が「スマートヘルスケア」です。これについては、「アップルカー」とは異なり、全体像や戦略が明らかになっています。

アップルのヘルスケア事業の中核に位置するのが、プラットフォームとしてのアップルウォッチです。

アップルウォッチはシリーズ４以降、ＥＣＧ（心電図）機能を搭載し、事実上、「医療機器」と呼べる水準にまでヘルスケア管理機能を進化させてきました。実際、アップルは、米国ＦＤＡ（食品・医薬品局。保健福祉省配下の政府機関）から限定的な医療機器としての認可も取得し、今やアップルウォッチは健康管理、医療管理のウェアラブル機器としての性格を強めています。

図表3-3　アップルのヘルスケア戦略

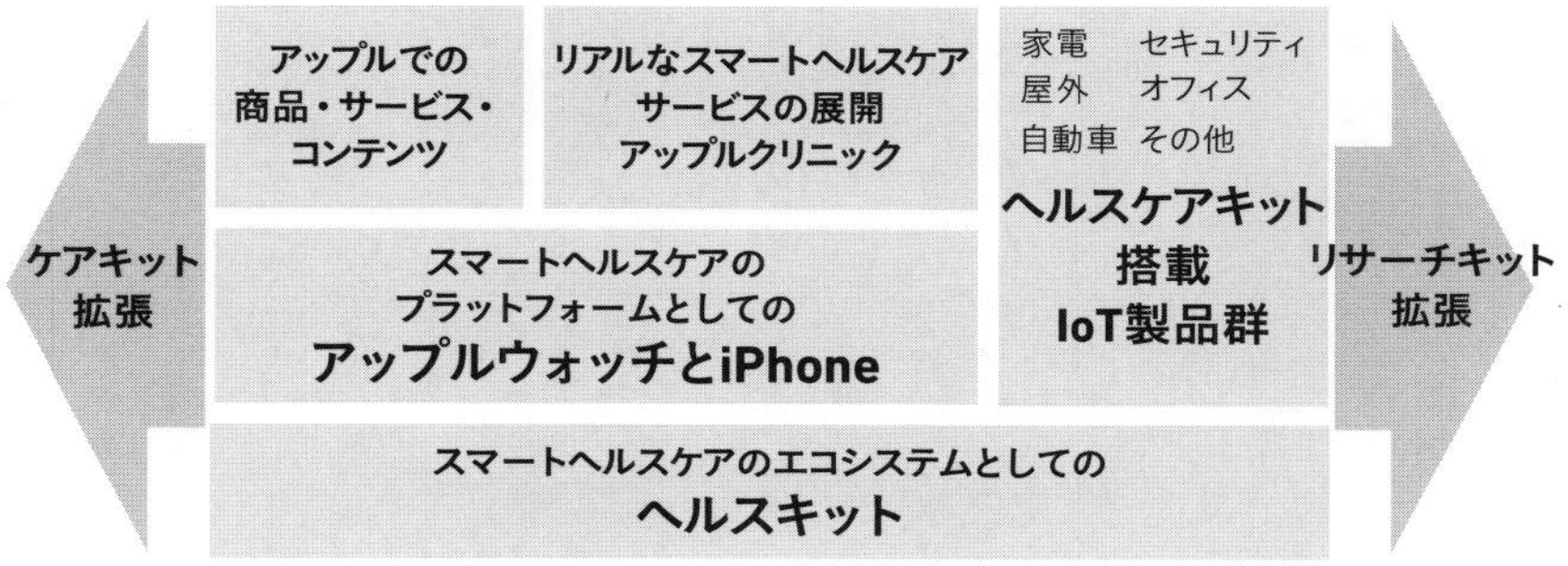

（筆者作成）

具体的に説明しましょう。iPhoneに標準搭載されている「ヘルスケア」というアプリをお使いの方も少なくないでしょう。これは「歩数」「エクササイズ時間」などが表示されるアプリですが、これをアップルウォッチと併用することにより、「心拍数」「心拍変動」などが表示され、異常値が計測されるとリアルタイムでメッセージが送られてくるようになっています。まさに「健康管理」から「医療管理」へと進化してきているのです。

もっとも、この心電図機能は、アップルのヘルスケア戦略全体の一部の機能に過ぎません。

図表3-3は、アップルのヘルスケア戦略をレイヤー構造として整理したものです。

レイヤー構造の底辺でインフラとしてアップルのヘルスケア戦略を支えていくのは、スマートヘルスケアのエコシステムとしてのヘルスキットです。

ヘルスキットには、アップルウォッチやｉＰｈｏｎｅなどのアップルのデバイス、そして第三者のアプリ開発事業者がサービス提供しているヘルスケアやフィットネス関連のアプリから取得されたユーザー個人の医療・健康などのデータのほか、将来的には病院のカルテ情報なども蓄えられていくことになります。ユーザーはすでに公開されている健康管理アプリ「ヘルスケア」で自分のデータをチェックできるほか、将来的には医療機関との間でのやりとりにも使われることが期待されます。

アップルはこのエコシステムを、アップルウォッチやｉＰｈｏｎｅといった自社デバイスと並んで、第三者事業者が展開するヘルスケア関連のＩｏＴ機器製品群にもオープンに公開していくことが予想されます。今後、アップルウォッチやｉＰｈｏｎｅは、スマートヘルスケアのプラットフォームとしても成長し、そこでは様々なヘルスケア関連の商品・サービス・コンテンツが展開されます。ユーザーは、アップルウォッチやｉＰｈｏｎｅといったアップルのデバイスにアプリをインストールして利用することになります。

そうしたアプリには、例えば、瞑想や深い睡眠に導くスリープストーリーや呼吸プログラム、リラクゼーション音楽が提供される『Calm』、薬の服用リマインドや薬の危険な飲み方などをチェックする『Medisafe』、承認された臨床医が臨床スケジュールや病院の患者リスト、検査結果などにアクセスできる『Epic Haiku』などがあります。ＮＴＴドコモも『ｄヘルスケア』アプリを提供しています。これは食事・運動・休養に関して自分の状態に合わせて監修された「健康ミッション」をクリアするとｄポイントが付与されるというサービスで、ユーザーの健康増進を支援するとともに、ユーザーやその家族が24時間いつでも医師へ相談が可能といったサービスもついています。

アップルは、ヘルスキットのエコシステムを通して、ユーザーや患者に対して「シームレスなヘルスケア・エクスペリエンス」を提供していくとしています。特に、アップルウォッチ、ｉＰｈｏｎｅ、ｉＰａｄなどのアップルのデバイス間で同期できることが、ヘルスキットのエコシステム、そしてアップルウォッチやｉＰｈｏｎｅのプラットフォームの強みといえるでしょう。

またアップルは、オープンソースフレームワークとして、医療研究者によるヘルスケア関連アプリ開発の「ケアキット」、またヘルスケア関連リサーチの「リサーチキット」をすでに事業展開しています。前者としては、心臓発作後の療養、複雑な疾患を持った子供の健康管理、糖尿病の血糖値管理などのアプリが提供されています。後者では、パーキンソン病の実態を明らかにする、自閉症を診断するためのより優れた手法を見出す、てんかん発作を予測する、などのアプリが提供されています。アップルは、医療専門家コミュニティをエコシステムの中へ取り込むとともに、第三者事業者によるＩｏＴ製品群に対応する専門性の高いアプリを備えていくことによって、プラットフォームそのものを拡充・強化しているのです。

さらに私が予想しているのは、リアルな病院やクリニックである「アップルクリニック」を事業展開していくという流れです。アップルではすでに自社製品も活かした社員用のクリニックを展開していることが知られています。社員用で高速ＰＤＣＡを回し、時機が到来したら広く一般向けに事業展開する可能性は否定できないのではないでしょうか。

医療においてもテクノロジーが重要であることはいうまでもありません。第８章でアマゾンのヘルスケア戦略について詳述していますが、アマゾンはクラウドコンピューティング「ＡＷＳ」を基盤とする医療データサービス、オンライン診療、オンライン薬局、音声認識ＡＩ「アレクサ」のヘルスケア関連スキルをすでに展開しています。さらには、アップルウォッチに対抗するウェアラブル機器、それに対応するヘルスケアやフィットネスのサービスコンテンツを取り揃えています。今後、両者にグーグルなども含めたメガテック企業が、スマートヘルスケア事業領域で覇権争いを繰り広げることになるでしょう。ここで指摘しておきたいのは、医療分野のエコシステムにおいて最も重要なポイントは、信頼性や安心感であるということです。

新たに掲げた「エクイティ」という価値観

近年のアップルの動きとして、EVやヘルスケアなど新事業への挑戦とともに見逃せないのが、「エクイティ」という価値観を明確に掲げたことです。エクイティとは「公平性」です。ダイバーシティ＆インクルージョン（D＆I：多様性と包摂性）が推進されている昨今ですが、近年はそこにエクイティを加えた「ダイバーシティ、エクイティ＆インクルージョン（DEI）」を掲げる企業が増えてきました。これは、多様な価値観を包摂的に受け入れ、なおかつ公平に扱うことを意味しています。

アップルは従来、「アップルバリュー」として、ダイバーシティとインクルージョンを掲げてきました。これは創業者スティーブ・ジョブズ亡き後を継いだティム・クックの影響が色濃く感じられるところです。

よくいえば超カリスマ型、悪くいえば変人・奇人だったジョブズに比べれば、クックは「普通の人」の印象があるかもしれません。しかしジョブズにはなかった優れたバランス感覚でアップルを着実に成長させてきており、現代を代表する経営者であるのは間違いないところです。

そしてクックは米国におけるD＆Iの象徴的な存在であることが見逃せません。ゲイであることをカミングアウトしたことで、クックはアップルバリューを自ら体現し、独自のリーダーシップとマネジメントを発揮しています。

企業のブランディングと経営者のセルフブランディングは表裏一体のものです。経営者の思いやこだわりが、会社全体、製品の1つひとつのレベルに浸透するのが常です。

「女性や人種、LGBTの雇用機会問題に真摯に取り組んでいることは言うまでもない。また個人のプライバシーの保護や規制への支持、テクノロジーの使いすぎの問題に取り組み、テクノロジーの行き過ぎを是正する立ち回りも見られる」「クック氏が推し進めているのは、社会的に正しいこと、企業と社会、ひいては人類が持続的に発展していくことの追求」（松村太郎「週刊東洋経済」2018年12月22日号）という指摘には、私も同意します。

私自身『2025年のデジタル資本主義』（NHK出版）で詳しく論じたことですが、アップルは「プライバシーは基本的人権の1つ」と考え、顧客のプライバシーを重視し、個人データの利活用をしないことを明言している企業です。プライバシー重視の時代にあって、これはユーザーの信頼感や安心感につながるものです。

また「サプライヤー責任」を掲げ、自社のみならずサプライヤーにも行動規範を共有してもらい、労働や人権、環境面での取り組みを進めています。その意味では、2030年までにサプライチェーンの100％カーボンニュートラルを達成するとコミットしたことも、野心的ではあるものの、これまでのアップルの延長線上にあるものと言えます。

そして「ダイバーシティ&インクルージョン」も、アップルバリューの1つです。アップルのコーポレートサイトによると女性や少数民族など「過小評価グループ」の従業員数は64%を超え、米国における黒人従業員数が2014年以降50%増加、リーダーは60%増加しました。また世界中の女性従業員数は70%増加、リーダーは85%増加しています。そして世界中どこでも、性別や人種を問わず、同一労働同一賃金を実現させてもいます。「different together」とは、アップルのコーポレートサイトに掲げられたコピーですが、異なる個性が集い、活躍するアップルという場所の魅力を見事にすくいとるものだといえるでしょう。

「人種の公平性と正義のため」1億ドルを拠出

そんなアップルが「エクイティ」のために動き出したのが、2020年6月のことです。「人種の公平性と正義のためのイニシアチブ」(REJI:Racial Equity and Justice Initiative)に1億ドルを拠出することを発表しました。

その内容は、人種差別など不当な差別に苦しんできたコミュニティを支援するというものです。活動のきっかけには、黒人差別に反対する「Black Lives Matter」運動があります。ご記憶の方も多いことでしょう。2020年5月、ミネソタ州で黒人男性ジョージ・フロイドさんが白人警官の暴力行為により死亡し、抗議デモが全米に広がった一件です。この事件の直後に、アップルも反人種差別の声明文を発表していましたが、差別の根絶に向けて、具体的なアクションを起こしたのです。

ＲＥＪＩの主なテーマは、教育、経済的平等、刑事司法改革の３つです。具体的には、アフリカ系アメリカ人を対象に設立された「歴史的黒人大学（ＨＢＣＵ）」に２５００万ドルを提供することや、ミシガン州デトロイトにＡＩや起業家精神など幅広い教育を行う「プロペル・センター」の建設、アプリ開発などのプログラムを提供する「アップルデベロッパーアカデミー」の開設などが発表されています。

気候変動問題と人種差別問題は、一見すると別々のイシューのようでもありますが、そうではありません。気候変動問題の影響を強く受けるのは、差別や貧困に苦しむ層であることが知られています。

ＲＥＪＩを主導しているアップルの環境・政策・社会イニシアティブ担当バイスプレジデント、リサ・ジャクソンは次のように述べています。

「当社の環境に対する取り組みと、持続可能な未来を実現するために用意した大規模なロードマップに私たちは誇りを持っています。制度化された人種差別と気候変動は個別の問題ではなく、個別の解決策で扱われるべきではありません。私たちはより環境に優しく、より公平な経済環境を築き上げる歴史的な局面を迎えていて、そこで私たちは次世代の人々に『我が家』と呼ぶにふさわしい地球を残そうという目標の下、まったく新しい産業界を作り出そうとしています」(2020年7月21日のプレスリリースより)

アップルにおいては、人種差別問題と気候変動問題は「エクイティ」の名のもとにつながっています。より公正で公平な社会を作るという、これからの企業に課せられた使命を、アップルは示しているかのようです。

競争戦略としてのプライバシー保護

個人情報やプライバシーの保護もまた、GAFAなどデジタル・プラットフォーマーやテクノロジー企業が担うべき使命や責務の1つです。彼らは、これまでユーザーの膨大な個人データを蓄積し、それをカスタマーエクスペリエンスの向上や新サービスの開発などに活かしてきました。しかし、個人情報やプライバシーを重視する昨今の社会情勢において、企業によるプライバシー保護には厳しい目が向けられています。

そんな中、「データ・ミニマイゼーション」、つまり、いかに顧客のデータ取得を最低限に抑えるかをプライバシーポリシーの中核に据えているのがアップルです。広告事業を本業としていないアップルは、こうしたプライバシー重視の流れへの対応が高く評価されるとともに、その点がグーグルやフェイスブックなど広告を本業とするメガテック企業に対する競争戦略ともなっています。

アップルは「プライバシーは、基本的人権です」（アップルのコーポレートサイトより）として、クックCEOの方針のもと厳格なプライバシー基準を設け、メガテック企業の中では特別強くユーザー保護をうたってきました。

プライバシー保護の方針を「消費者を運転席に置くこと」と表現し、ユーザーが個人データを自ら管理し、さらには個人データをどのように扱わせるかについて自ら選択するというスタンスを採用しています。「プライバシー・バイ・デザイン」という方針にも則り、エンジニアと弁護士を含むプライバシー・チームがアップルのすべての製品・サービスの開発段階からかかわっています。

さらに、アップルのプライバシー方針の中できわめて重要な位置を占めるのが、先に述べた「データ・ミニマイゼーション」です。アップルの音声認識AIアシスタントSiriでの「データ・ミニマイゼーション」を例に説明しましょう。例えば、ユーザーがSiriに天気予報をたずねる場合、アップルはユーザーがいる場所を広域レベルで把握するだけで、より細かい位置情報は収集しません。一方、ユーザーが近くのレストランをSiriにたずねる場合、アップルは最適なレコメンデーションをするために、ユーザーが位置する緯度・経度といったピンポイントのレベルまで探索します。つまりアップルは、用途に応じて、必要最小限の個人データしか収集しないというわけです。

アップルはプライバシー保護の方針を競争戦略としてとらえ、競合企業にも先駆けてプライバシー保護に取り組んできました。しかし、そんなアップルでさえ、厳しい目を向けられているのが昨今の状況でもあります。それが露わになったのが、CES2020での「チーフ・プライバシー・オフィサー（CPO）」によるパネルディスカッションのときでした。

メディアからアップルのCPOに対して、「この広告は事実に反しているのではないか？」、また「掲示された時点からの改善状況はどのようなものか？」といった質問がメディアから投げかけられたのです。

「この広告」とは、CES2019開催中ラスベガスの街の中心に掲げられた、「iPhoneの中で起こることは、iPhoneの中に残ります。（What happens on your iPhone, stays on your iPhone.）」というアップルによる広告です。これはプライバシー重視の姿勢をアピールする広告で、「旅の恥はかき捨て」というニュアンスの「What happens in Vegas, stays in Vegas」をもじったアップル独特の表現です。「ラスベガス（という街の中）でかいた恥は、そのままラスベガス

（という街の中）に捨てて帰る」になぞらえて、「ｉＰｈｏｎｅというデバイスの中で生成された個人データは、ｉＰｈｏｎｅというデバイスの中にとどめておく」ということです。例えば、ｉＰｈｏｎｅの地図アプリを使った場合に生成される個人データがアップルＩＤに紐付けられることもなく、また利用履歴がアップルのクラウド上に保存されることもなく、あくまでｉＰｈｏｎｅというデバイスの中に残るということです。

「この広告は事実に反しているのではないか？」という質問が投げかけられたのは、次のような理由からです。

確かに、アップルはマップやＡＩアシスタントＳｉｒｉなど個人の特定につながる個人データはデバイス上で保存します。つまり、それらデータがアップルのサーバーやクラウドに保存されることはなく、またアップルＩＤに紐付く氏名や住所など個人情報と紐付いていないため個人が特定されることもありません。しかし、アップルＩＤに紐付いた氏名や電話番号などはサーバーに保存され、個人の設定として写真やヘルスケア情報をアップルＩＤと紐付けてクラウドにバックアップすることも可能です。「この広告は事実に反している」と疑われるのは、その点です。残念ながら、アップルのＣＰＯからは、誰もが納得するような回答はありませんでした。

競争戦略としてプライバシー保護に取り組むアップルでさえ、社会から厳しい目が向けられている。それほどにプライバシー重視を求める世論の声が高まっています。米国では、２０２０年

1月1日にカリフォルニア州消費者プライバシー法（CCPA）が施行されましたが、このようなプライバシー保護にかかわる法規制強化の流れはもはや不可逆です。

プライバシー保護の取り組みをさらに強化

プライバシー保護の強化がさらに求められる中、アップルは、新たな施策を発表しました。本章の結びとして、この取り組みを紹介したいと思います。

アップルは、2021年1月27日、「データ・プライバシー・デー：透明性を向上させ、ユーザーをエンパワーする（Data Privacy Day at Apple：Improving transparency and empowering users）」とするプレスリリースを出しました。それによれば、アップルはiPhoneなど自社デバイス上でのネット広告を制限していくとしています。

具体的には、アップルのデバイスにインストールされたアプリが、ターゲティング広告に利用する「IDFA（Identifier for Advertisers）」と呼ばれるデバイス識別情報を取得しようとする際、ユーザーの事前許可を義務付けるというもの。2020年6月にオンライン開催されたアップルの年次イベント「WWDC2020」で発表されていたプライバシー保護への取り組みですが、アップルはこれを「アプリのトラッキング申告（App Tracking Transparency）」と呼んでいます。

ＩＤＦＡとは、アップルのデバイス1つひとつに一意の異なる文字列が割り振られたものです。広告主、デジタル広告代理店、アドテックベンダーなど事業者がＩＤＦＡに紐付いたユーザーの行動履歴や検索履歴など属性を把握し、デジタル広告の効果を測定したりユーザーのデバイスに最適な広告を表示したりすることに利用します。

そして、ＩＤＦＡに紐づくユーザーの属性は、ユーザー自身がデバイス上で拒否設定をしない限り、アプリをまたいで共有されることになります。つまり、デバイスに一意のＩＤＦＡが割り振られているために、アプリを介してユーザー属性のトラッキングが行われることになります。そうすると、ある事業者は、自らが有するユーザー属性のデータと別の事業者が取得したユーザー属性のデータを突き合わせることによって、ユーザーの特定が可能になるかもしれません。プライバシー侵害のリスクが高まるわけです。

アップルは、従来、アプリ開発事業者が、ｉＰｈｏｎｅなどデバイスに割り振られたＩＤＦＡを、ソフトウェア開発キット（ＳＤＫ）を通して入手できる仕組みにしていました。しかし今後、新バージョンのｉＯＳ14、ｉＰａｄＯＳ14、ｔｖＯＳ14でユーザーの事前許可が必須となります。

アプリ開発事業者はユーザーに対して無料でアプリを使ってもらう代わりに、そのアプリ内にユーザー属性に合わせたターゲティング広告を表示することで収益を得るビジネスモデルをとっていました。しかし、ユーザーがＩＤＦＡ提供を拒否するなら、ターゲティング広告の精度は大幅に低下することになり、そうしたビジネスモデルを維持することは困難になる可能性があります。

アップルは、ブラウザ「サファリ」にはすでにインテリジェント・トラッキング防止機能（ITP）を備え付け、それによってユーザーの行動履歴など属性が第三者に追跡されることはなくなっています。これは「サファリ」では、ウェブサイトをまたいでユーザー属性をトラッキングするサードパーティクッキーがブロックされているということです。このITPは、広告主やアドテックベンダーなど事業者に大きな影響を与えています。

アプリのトラッキング申告は、ITPによる影響と同じように、デジタル広告へ大きな影響を及ぼしていくことになるでしょう。

グーグルも2020年1月、ブラウザ「クローム」において、2年以内に広告目的のサードパーティクッキーの利用を段階的に停止することを明らかにしました。先に述べたようにプライバシー保護にかかわる法規制強化の流れが不可逆であるだけでなく、メガテック企業による「プライバシーテック」への取り組みもより積極的になってきています。

このような中で、アップルは2021年5月に中国・貴州省に建設したデータセンターを正式に稼働させました。インターネットの管理を強化する中国の新規制に基づき建設を進めていたものですが、5月17日付けでニューヨークタイムズは「中国におけるアップルにとってのハードバーゲン」という記事を掲載しています。

同記事は、中国でのこととはいえ、中国の消費者のデータを当局に晒すリスクについて批判。暗号化したデータを復元するデジタルキーも米国から中国に移転され、中国当局がアップルの同意なくユーザーの電子メールや連絡先などにアクセスしやすい状態にあるとも指摘。さらにはティム・クックが政治家のように頻繁に中国を訪問して政府高官と面談していることなども指摘し、中国寄りであることも批判しています。その他の米メディアでもアップルが個人情報の扱いで中国政府に譲歩したのではと報じられており、従来、プライバシー重視の価値観が評価されてきたアップルの姿勢が米中新冷戦の中であらためて問われています。

ここまで、アップルカーにカーボンニュートラル、医療のデジタル化、プライバシー保護と、現在のアップルを象徴するトピックを紹介しました。こうして概観すると、アップルがまさに「デジタル×グリーン×エクイティ」のかけ算に取り組んでいること、テクノロジー業界の垣根を超えて産業界全体をリードする存在になろうとしていることが、ご理解いただけると思います。

もっとも、エクイティやプライバシー重視の価値観においても評価されてきたアップルでも、先に述べた通り中国での対応は万全ではないようです。新たな世界において、どのようにして「公平・公正」を事業と両立させていくのか。アップルの動向から目が離せません。

第4章

セールスフォース

「世界最強のSaaS企業」7つの理由

Salesforce

カスタマーサクセスの代名詞

セールスフォースは１９９９年にオラクル出身のマーク・ベニオフによって創業された企業です。当時はアメリカでも、ＩＴといえば「大企業から受注をしてソフトウェアを開発、納品する」請負型のビジネスが主流でした。しかしセールスフォースは「ソフトウェアを破壊する」として、ＳａａＳ（Software as a Service）を打ち出したのです。まずはＳＦＡ（営業支援）、ＣＲＭ（顧客情報管理）といったクラウドサービスをリリースすると、その後はマーケティングやカスタマーサービス、Ｅコマースなど「ビジネスすべて」をクラウドでサポートする企業へと成長していきました。

現在、セールスフォースの中核となる事業は「カスタマー３６０」と名付けられた統合ＣＲＭプラットフォームです。これは、セールスやマーケティングをはじめとするすべての部門が連携し、顧客をワンストップで支えるというもの。文字通り顧客を３６０度の全方位から取り囲み、顧客情報を吸い上げて一元管理し、最適な解決策へと導くのです。

セールスフォースは、「カスタマーサクセス（顧客の成功）」の代名詞的な企業でもあります。カスタマーサクセスという言葉にまだなじみがない方もいるかもしれません。しかし、セールスフォースのみならず、ＳａａＳ企業ではよく使われるようになっており、その重要性は高まっています。「自社が提供しているサービスによって、顧客が成功する。その結果、契約が更新される、アップセルされる」。それがカスタマーサクセスです。

従来の請負型のビジネスは、高額なソフトウェアを「売っておしまい」でしたが、ＳａａＳは「継続してもらう」ことで初めて収益が得られるビジネスモデルです。そして、継続のためにはカスタマーサクセスが不可欠。サービスを顧客が利用し、その先にいるエンドユーザーとの間で商談が成立したり、売上が向上したりといった成果が上がらない限り、解約されてしまう運命にあるからです。

つまり、顧客が成功しない限り、自社の成功もあり得ない。セールスフォースを含むＳａａＳ企業は自らがやるべきことを熟知しています。彼らが徹底的にカスタマーサクセスにこだわるのは、そのためです。

創業から20年、セールスフォースはカスタマーサクセスを積み上げてきました。トヨタ自動車を超え、ＧＡＦＡにさえ迫ろうとしている時価総額は、その成果といえるでしょう。新型コロナ禍においても、各産業のＤＸが進んだことが追い風となり、目標を大きく上回る業績を叩き出しています。

付け加えるなら、セールスフォースは独自のカルチャーでも注目を集める存在です。「最も働きがいのある会社」ランキングなどでしばしば表彰されていますし、社会貢献にも熱心です。「製品、株式、就業時間の1％を非営利組織の支援にあてる」という仕組みは多くの企業が真似をしているところです。

創業者マーク・ベニオフのキャラクターも、実に強烈です。セールスフォースの成長とは、ＳａａＳ事業の成長であるとともに、ベニオフＣＥＯ自身のユニークな価値観や哲学に共鳴する顧客たちによって形成される「エコシステム」の成長でもあるのです。これについてはのちほど詳述します。

セールスフォースの強さを読み解く上で重要になるポイントは、以下の７つにまとめることができます。

強さの理由❶ 「ミッション×事業構造×収益構造」の三位一体経営

１つ目は、「カスタマーサクセスを中核とする『ミッション×事業構造×収益構造』の三位一体経営です。すなわち、ミッション、事業構造、収益構造の３つが分かちがたく結びつき、「カスタマーサクセス」の実現を志向するものになっているのです（図表４‐１）。

ミッションとして設定しているのは「カスタマーサクセス」そのものです。カスタマーサクセスの意味は前述のとおりですが、セールスフォースのＨＰにある表現を付け加えるなら、カスタ

図表4-1　「ミッション×事業構造×収益構造」三位一体の経営

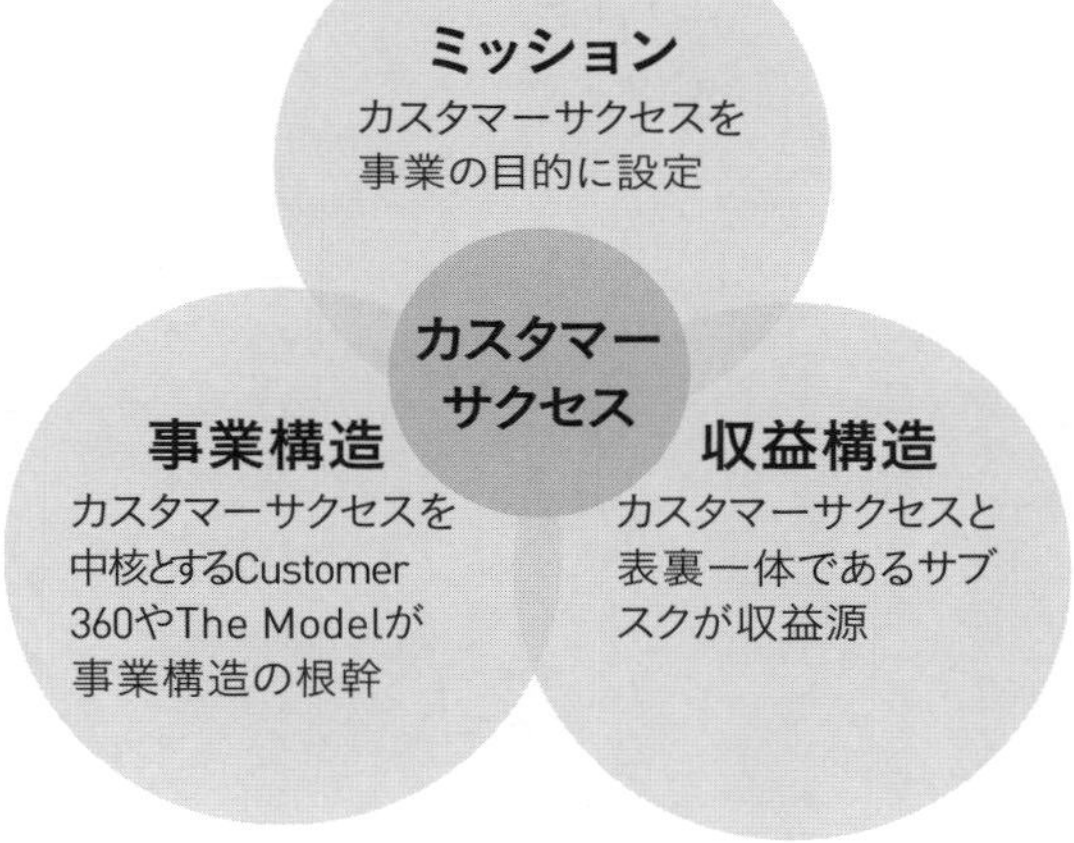
ミッション
カスタマーサクセスを
事業の目的に設定
カスタマー
サクセス
事業構造
カスタマーサクセスを
中核とするCustomer
360やThe Modelが
事業構造の根幹
収益構造
カスタマーサクセスと
表裏一体であるサブ
スクが収益源

（筆者作成）

マーサクセスとは「まずは、顧客の事業を成功へと導き、それによって自社も成功の果実を得る」という概念であり、「顧客の成功が自社の成功に直結する、まさにWin-Winの関係性」のことです。

　事業構造の根幹にもカスタマーサクセスは組み込まれています。カスタマー３６０にも、後述する「The Model」にも、ミッションはカスタマーサクセスに置かれています。

　収益構造においても、契約の「継続」が生命線であるサブスクリプションサービスが中心です。そして継続を促すものこそカスタマーサクセスであることは、すでに説明したとおりです。

　結果として、事業拡大・収益拡大がカスタマーサクセスに、またカスタマーサクセスが事業拡大・収益拡大につながるという、三位一体経営が実現しているのです。

強さの理由❷ エコシステム全体でシェアを拡大

セールスフォースが提供するサービスはどれもプラットフォーム構造をなしており、サードパーティ（第三者）にも開放されています。その特徴が端的に表れているのが「アップエクスチェンジ」です。

これはセールスフォースのプラットフォーム上で使える数千のアプリを提供するもので、アップルの「アップストア」に似た印象かもしれません。また、自社開発のアプリのみを提供するのではなく、サードパーティの参入を促しながらともに成長する一種のエコシステムである点も、アップストアに似ています。

他社との連携の例では、日本では弁護士ドットコムが運営する「クラウドサイン」があります。これは契約作業を「紙とハンコ」なしで、クラウド上で完結できるサービスです。これ自体がＳａａＳですが、セールスフォースと連携すると、セールスフォース上で管理しているお客と契約締結をすることが可能です。

ここで注目したいのは、クラウドサインとセールスフォースが織りなす「エコシステム」です。「紙とハンコ」にとって代わっているのは、特定の代替製品や代替サービスではなく、エコシステムです。

ここで思い出されるのが、ノキアのエピソードです。かつて「携帯電話といえばノキア」「フィンランドの奇跡」「技術の神童」と称賛されていた同社は、iPhoneなどスマホの台頭により倒産の危機に追い込まれました。その際、当時のノキアCEOは全社員に向けてこんなメールを送りました。「競合他社のデバイスが私たちの市場シェアを奪っているのではありません。エコシステム全体で市場シェアを奪っているのです」。ここでの競合他社とはアップルであり、グーグルのことです。

セールスフォースにも同じことが言えます。カスタマー360にしても、単独のサービスではなく、営業支援やCRMなど顧客のビジネスを支えるアプリによって顧客を360度包囲するプラットフォームです。

セールスフォースの狙いは特定の商品サービスでマーケットシェアを拡大することではなく、顧客がビジネスにおいて活用するプラットフォームを「根こそぎ」握ることです。またクラウドサインの事例に見るように、様々なSaaS事業者と連携することでエコシステムを形成し、マーケットシェアを拡大することです。

このようにセールスフォースは、自社だけではなくほかのSaaSベンダーも仲間にしてカスタマー360を実現し、「セールスフォースのプラットフォームに行けば欲しいものがある」という状態を作り出しているのです。消費者にとってのアマゾンのような存在ともいえるでしょう。

まさに、自社だけの世界ではなく、他社も巻き込んだ「エコシステム」の形成。これこそがセールスフォースのビジネス戦略上の強さの理由になっているのだと思います。

強さの理由❸

トレイルブレイザーという価値観

セールスフォース創業経営者のマーク・ベニオフの著書は『トレイルブレイザー』と題されています(『トレイルブレイザー　企業が本気で世界を変える10の思考』東洋経済新報社)。

トレイルブレイザーには「開拓者」の意味があります。「イノベーションを起こすのは、いつもトレイルブレイザーである」とベニオフは言います。顧客企業内でセールスフォースの活用にあたる担当者もトレイルブレイザーです。既存のやり方にとらわれることなく、新しい世界を切り開く。そんな価値観をセールスフォースは大切にしています。

ベニオフ自身がトレイルブレイザーであるのはもちろん、セールスフォースの社員1人ひとりがトレイルブレイザーであり、顧客をもトレイルブレイザーと呼んでいる点が重要です。セールスフォースのカスタマーコミュニティも「トレイルブレイザーコミュニティ」と名付けられています。先ほど私は「セールスフォースはエコシステム全体でマーケットシェアを拡大している」と指摘しましたが、それは「トレイルブレイザーという価値観を共有する人々」によるエコシステムであるともいえるでしょう。

セールスフォースの成長とは、事業の成長のみを指すのではありません。彼らが掲げる「トレイルブレイザー」という価値観によって顧客企業を巻き込むエコシステムとしても、成長を遂げているのです。

強さの理由❹ 4つのコアバリュー（信頼、カスタマーサクセス、イノベーション、平等）

セールスフォースは創業当初から、「信頼」「カスタマーサクセス」「イノベーション」「平等」の4つをコアバリューに掲げています。言葉のみを取り上げれば、珍しいものではないかもしれません。しかし特筆すべきは、自らが開拓者となってこうしたコアバリューを社外にも広げていこうとする意志です。

ベニオフはコアバリューについてSNS上で積極的に発言しています。デリケートな価値観である「平等」についての発言などが「炎上」を招いたこともありますが、ベニオフは動じません。著書『トレイルブレイザー』にもそうした失敗エピソードが豊富に記録されています。

ほかの企業のように当たり障りのないコアバリューを掲げることをよしとしない。摩擦が生じることも恐れず、自身が信じるコアバリューを掲げ、社外にも広げていこうとする。それもまた「トレイルブレイザー」の姿なのです。こうした態度はGAFAの経営者には見当たらないものであり、「トレイルブレイザー」としてのベニオフの姿を際立たせています。

企業が社会での存在価値を高め、ブランドを上げていくために必要なのは、純粋にビジネスが伸びていることや将来性だけではありません。「社会にどう貢献しているか」という視点も重要です。「こういう社会でありたい」「こういう社会に変革していきたい」という願いをコアバリューに込め、それを社員が実践し、社会の文化を創り出す。そういう意志と行動がセールスフォースの価値を高めているのではないかと思います。

強さの理由❺ V2MOMによる徹底的な目標管理

V2MOMとは、セールスフォースが目標管理において重要視する「5つの問い」の頭文字を意味しています。

Vision（ビジョン） 達成したいことは何か？
Values（価値） 達成するうえで大切な信念は何か？
Methods（方法） 達成するためにどうするか？
Obstacles（障害） 達成の妨げになるものは何か？
Measures（基準） 成果をどう測定するか？

図表4-2　目標管理の問いかけ「V2MOM」

Vision	（ビジョン）	達成したいことは何か？
Values	（価値）	達成するうえで大切な信念は何か？
Methods	（方法）	達成するためにどうするか？
Obstacles	（障害）	達成の妨げになるものは何か？
Measures	（基準）	成果をどう測定するか？

（筆者作成）

V2MOMの目的は、ビジョンを従業員1人ひとりに浸透させること。またビジョンの達成度を測定し評価することにあります。セールスフォースは「組織のマネジメントはすべてV2MOMを基盤にしている」として、その効能に「ビジネスの進め方に自信が持てる」「目標を明確にし、筋道を立てて実現する方法を整理できる」「常に進化を追求する姿勢を反映できる」を挙げています。セールスフォースのビジョンが「掛け声」だけで終わらないのは、V2MOMによって日々ビジョンを確認しているからです。

経営学的にいえば、構築した戦略を実行し人や組織を動かしていく際に重要なのはリーダーシップとマネジメントの両輪です。大半のマネジメント手法は数字やリソースなどの管理に主眼を置いていますが、それに対してセールスフォースのV2MOMでは、ビジョンやバリューといったリーダーが発信しなければならない項目が組み合わされています。リーダーシップとマネジメント両方の役割を果たしていることから、非常にバランスが優れているといえます。

このV2MOMはセールスフォースが設立された1999年以来のものです。内容や目的自体も進化させながら、こうしたPDCA指標を当時から運用し続けているおかげで、組織にしっかりと根付いているのだと思います。

強さの理由❻ The Modelと呼ばれる営業プロセス

「The Model」と呼ばれる営業プロセスも特徴的です。これはセールスフォースが活用していたものですが、昨今ではSaaSの世界で一般に使われるようになりました。その特徴は次の2つです（セールスフォースHPより）。

- 営業プロセスを切り分け、各段階での情報を数値化・可視化する
- 各段階を担当する部門間が連携することで、顧客満足の向上を図る

図表4-3　営業プロセスの「The Model」

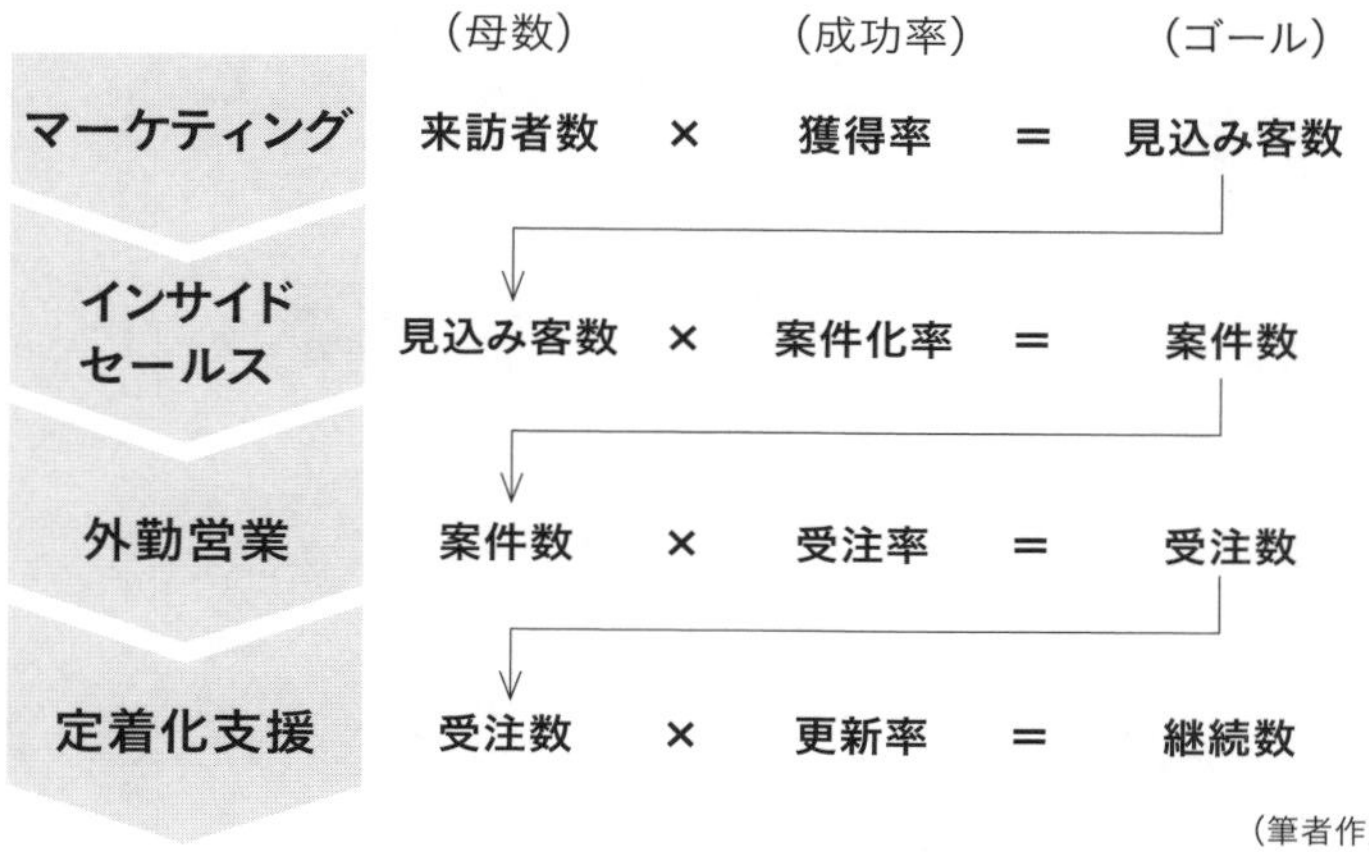

（筆者作成）

具体的には図表４‐３のような仕組みです。まず営業プロセスをマーケティング、インサイドセールス、外勤営業、定着化支援の４段階に分けます。また、各段階において「母数」「成功率」「ゴール」を数値化します。ここで重要になるのは、各段階のゴールが、次の段階のプロセスの母数になるということです。

この図の４段階目にある「定着化支援」が狭義のカスタマーサクセスにあたります。つまりThe Modelとは、カスタマーサクセスを実現するためのＫＰＩを設定したものともいえます。

そのほかのメリットとして、セールスフォースは「営業プロセスの中の弱点が見える」「分業化すれば、専門性を高められる」「情報を共有して他部門との連携が強まる」「リサイクル可能な失注案件も見えてくる」を挙げています。

もとはいえば、ベニオフがオラクルで経験した営業プロセスなのですが、今ではセールスフォースの強みになっています。

興味深いのは、セールスフォースがこのメソッドを顧客企業に紹介し、導入を支援していることです。顧客企業にもＳａａＳが多いため、セールスフォースと同じノウハウが通用することは想像に難くありません。それがまた、セールスフォースを中核とするエコシステムの拡大を助けています。

「自社だけのもの」と閉じておくのではなく、ほかの企業に開放してＳａａＳマーケットを広げるとともに、それらの企業をセールスフォースのプラットフォームに取り入れ、よりエコシステムを強靭なものにする。つまり、同社のエコシステムを拡大するためのビジネスモデルが、このThe Modelだともいえるでしょう。ここにも、セールスフォースが自社だけでなくパートナー企業とともにマーケットを広げていくという使命感が投影されていると思います。

強さの理由❼ ベニオフのセルフブランディング

企業のブランディングやリーダーシップは、創業経営者のセルフリーダーシップやセルフブランディングを色濃く反映します。創業経営者が事業にかける想い、哲学、こだわりが企業の細部にまで浸透し、やがて社外にまで広がります。

セールスフォースも例外ではありません。４つのバリュー、トレイルブレイザー、The Modelなどは、ベニオフ自身にルーツを持っています。それらに対するベニオフのこだわりの強さは大変なもので、従業員に、顧客に、そしてソーシャルに拡散されていくことが、そのまま企業としての成長につながっています。

ここまで触れてきたセールスフォースの強みを「理想の世界観」実現ワークシートに落とし込んだものが、図表４‐４です。

あらためて整理してみると、セールスフォースの最大の特徴は、カスタマーサクセス、「顧客のビジネスの成功」を徹底的に追求していることだと思います。これは、創業者のマーク・ベニオフの強いこだわりだと思いますが、「顧客中心主義」の徹底が背景にあることは見逃せません。

その表れが、事業構造と収益構造がカスタマーサクセスと連動していることです。事業構造でいえば、ＣＲＭ（顧客情報管理）やＳＦＡ（営業支援）ツールの開発・販売から始めた事業基盤は、顧客の要望に合わせてどんどん拡大し、今ではカスタマー３６０の名のもとに、企業のビジネスを支える様々なソリューションをラインアップしています。また単純に「売ったら終わり」とせず、導入前、導入直後、１カ月後、３カ月後、半年後などといったスパンで、ユーザー企業の導入ステータスごとに顧客のビジネスを支援しています。また、ソリューションの使い方をサポートするだけでなく、業務改善などにも踏み込んでいます。

図表4-4 セールスフォースの「理想の世界観」実現ワークシート

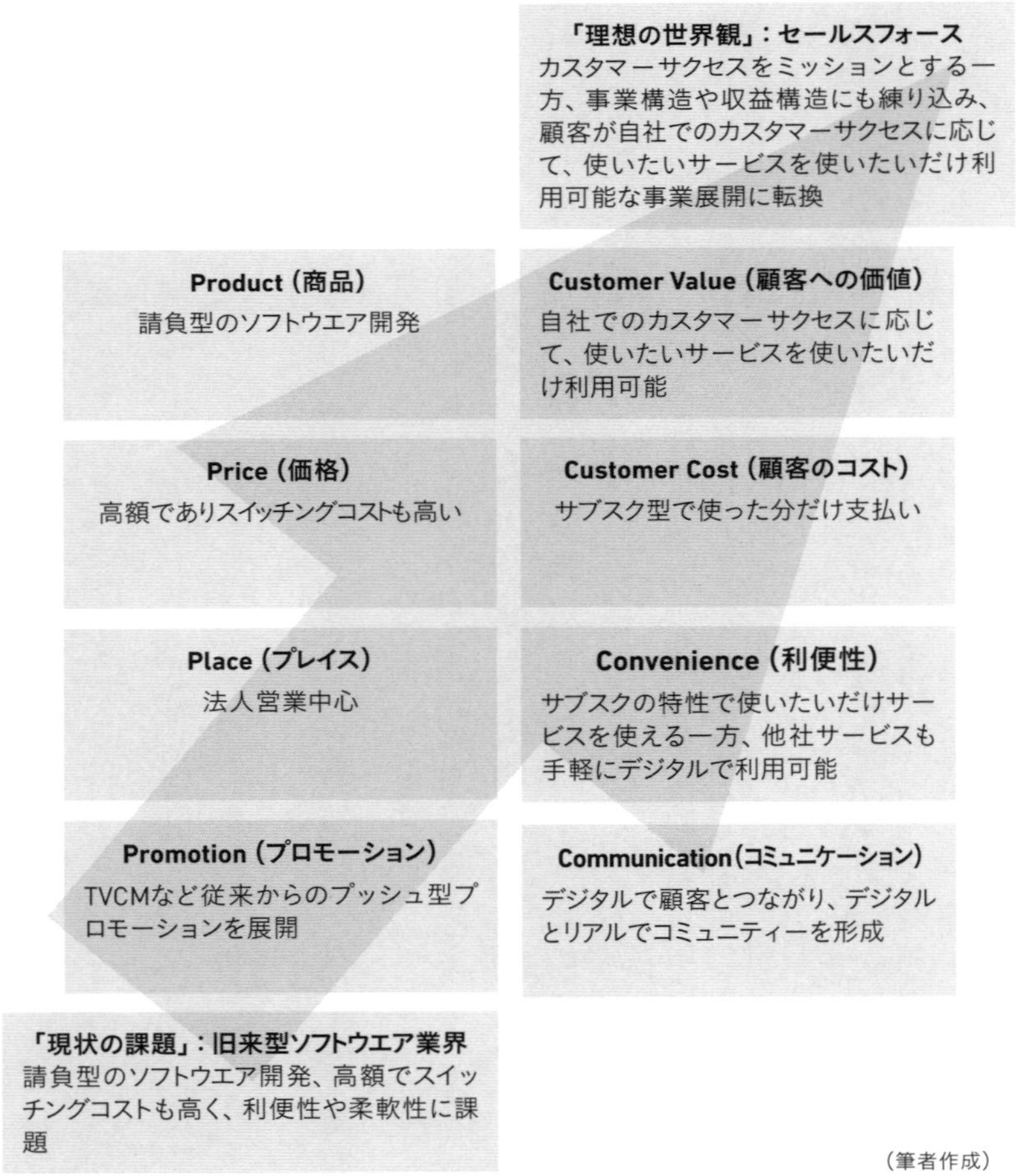
「理想の世界観」：セールスフォース
カスタマーサクセスをミッションとする一方、事業構造や収益構造にも練り込み、顧客が自社でのカスタマーサクセスに応じて、使いたいサービスを使いたいだけ利用可能な事業展開に転換
Product（商品）
請負型のソフトウエア開発
Customer Value（顧客への価値）
自社でのカスタマーサクセスに応じて、使いたいサービスを使いたいだけ利用可能
Price（価格）
高額でありスイッチングコストも高い
Customer Cost（顧客のコスト）
サブスク型で使った分だけ支払い
Place（プレイス）
法人営業中心
Convenience（利便性）
サブスクの特性で使いたいだけサービスを使える一方、他社サービスも手軽にデジタルで利用可能
Promotion（プロモーション）
TVCMなど従来からのプッシュ型プロモーションを展開
Communication（コミュニケーション）
デジタルで顧客とつながり、デジタルとリアルでコミュニティーを形成
「現状の課題」：旧来型ソフトウエア業界
請負型のソフトウエア開発、高額でスイッチングコストも高く、利便性や柔軟性に課題

（筆者作成）

一方、収益面では、設立当初からサブスクリプションモデルだけでビジネス展開しています。創業当時、ソフトウェアの機能を一括買取り型で販売する企業が圧倒的に多かった中、セールスフォースはあえてサブスク1本で勝負しました。

サブスクは、企業が手軽に導入できるので受注しやすい一方、月額や年額など期間契約のため解約もされやすいというリスクを抱えています。セールスフォースのソリューションが多くの企業に一時的に売れ、セールスフォースのビジネスが拡大しても、ユーザー企業のビジネスが伸びなければ解約される可能性は高まります。その場合、セールスフォースのビジネスも縮小してしまうのです。

このように法人向けのサブスクの成否は、顧客のビジネスの成否にかかっています。それを承知でこの収益モデルを選んでいることからも、セールスフォースがカスタマーサクセスを重んじていることがうかがえます。

私は企業の競争力を分析するとき、ミッションと収益構造と事業構造が三位一体になって機能しているかどうかを見ます。セールスフォースはそれがしっかりと実現できている優れた企業であると思います。

あなたの会社におけるミッション、事業構造、収益構造はどのようなものになっているでしょうか。「ミッション×事業構造×収益構造」の三位一体経営が実現できているでしょうか。

国籍、業界、業種を問わず、これからはカスタマーサクセスを真に願い、それを実際の事業や製品・サービスに練り込んでいる真にカスタマーセントリックな企業でないと、もはや生き残れない時代に突入しています。セールスフォースの強さの理由を、自社の強さをより高めていくためのヒントにしていただけたら幸いです。

第5章

マイクロソフト

クラウド大逆襲の次は「アンビエントコンピューティング」

Microsoft

4つ目のプラットフォーム「MR（複合現実）」

コロナ禍によるデジタルトランスフォーメーション（DX）の加速、人々の働き方や暮らし方の変化が追い風になり、マイクロソフトの業績が絶好調です。2021会計年度の第2四半期は、売上高が前年同期比17％増の431億ドル、純利益が155億ドルで、いずれも過去最高の数字となりました。

「はじめに」にも書きましたが、CES2021のセッションでは「新型コロナを機に、2年分のデジタル変革が2カ月でやってきた」というサティア・ナデラCEOの発言が紹介されました。ナデラCEOは、現在の成長を社会のDXやクラウド化によるものだと分析しています。例えば在宅勤務が増加したことでクラウド需要が増加し、同社のクラウドコンピューティングサービス「Microsoft Azure（以下、アジュール）」は前年同期比50％増でした。

振り返ってみると、PCの時代には、マイクロソフトは基本ソフト「ウィンドウズ」によって半導体メーカーのインテルとともにウィンテル連合を形成し、市場を支配していました。しかし、デバイス分野の成長市場がPCからスマートフォンへ移行すると、ウィンテル連合はその覇権争いに敗れ去りました。

そうしたマイクロソフトの「失われた10年」を引き継ぐ形で2014年にCEOに就任したの

が、クラウドコンピューティング部門出身のサティア・ナデラ氏でした。ナデラCEOは事業や企業文化の改革を断行し、マイクロソフトを時価総額でアップルなどと競い合うテクノロジー業界のリーダーへと再び押し上げたのです。

現在のマイクロソフトは、「インテリジェントなクラウドプラットフォームを構築する」を戦略の柱に据え、クラウドサービスのアジュールを最重点分野の1つに位置付けています。その戦略については、ナデラCEOが実行した改革の内容と併せて後述します。

そして現在、クラウドとともに重きを置いてきているのが、「複合現実（MR：Mixed Reality）」です。

MRとは、リアルの世界とバーチャルの世界を融合させるテクノロジーです。馴染みのある仮想現実（VR：Virtual Reality）、拡張現実（AR：Augmented Reality）との対比で説明します。

まずVRとは、自分自身がバーチャルの世界に実際に入り込んだような体験ができるテクノロジーです。例えば、地球に侵攻してきた宇宙人を撃退するようなVRのシューティングゲームでは、CGの3D映像で作られた侵攻の場面や戦場といったバーチャルな世界に、リアルな自分が戦士として入り込むことになります。

一方、ARとは、リアルの世界にバーチャルの世界を重ね合わせるテクノロジーです。例えば、スマホアプリ「ポケモンGO」は、リアルの世界に現れるバーチャルなポケモンキャラクターをリアルの世界のプレーヤーが捕獲するゲームです。

MRは、ARでのリアルとバーチャルの「重ね合わせ」をより密接な「融合」にまで発展させたテクノロジーととらえればよいでしょう。例えば、リアルの世界の東京、バンコク、ロンドン、ニューヨークそれぞれにいるエンジニアが、バーチャルに映し出される開発中のEVのモーターやパワートレインなどホログラフィック映像を見ながら、その場で設計や製造について議論したり、それに触ったり、設計変更したりすることができるといったものです。つまりリアルの世界にいる多地点の複数の人が、バーチャルの世界を同時に「体験する」「触る」「加工する」ことなどが可能になるのです。リアルとバーチャルがまさに「融合」するわけです。

近年VRやARは私たちに身近になってきていますが、5Gの拡大とも相まって、今後、MRもゲームやエンターテインメント、ビジネスはもちろん、医療・介護や学術研究、日常生活に至るまで様々な分野での活用が期待されています。CES2021においてもMRは注目を浴びました。

マイクロソフトはこのMRを、1970年代の「メインフレーム」、1990年代の「PC」、2000年代の「スマートフォン」に続く4つ目のプラットフォームと位置付けています。

マイクロソフトは2016年、ARやMRに対応したゴーグル型ヘッドマウントディスプレー「ホロレンズ」の販売を開始しました。2019年には、「ホロレンズ」の次世代機でMR体験ができる「ホロレンズ2」を発売していました。詳しくは後述しますが、「ホロレンズ2」は単なる

MRデバイスの「ホロレンズ2」

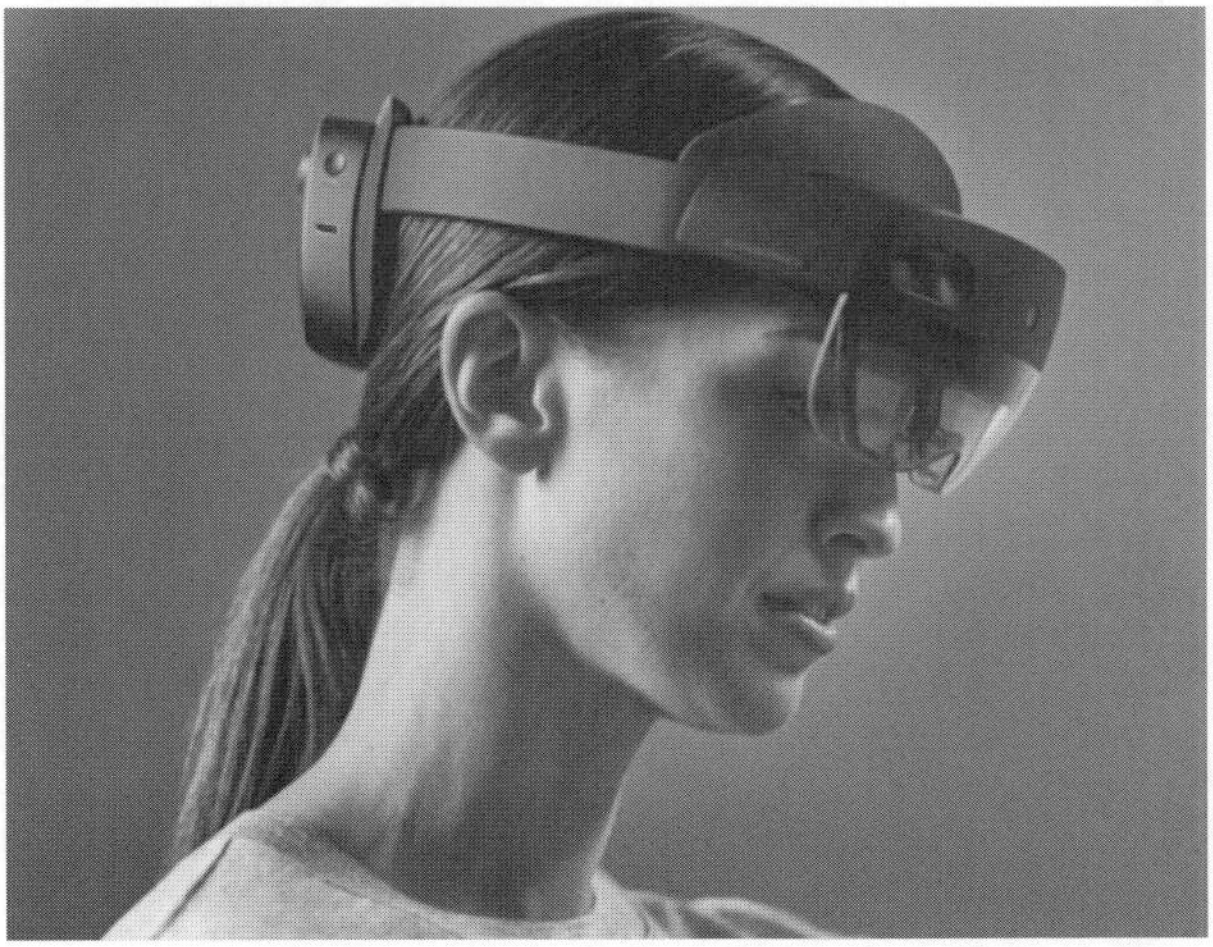

（ソース；マイクロソフトのコーポレートサイト）

MRデバイスと言うより、ウィンドウズも搭載されていて、それ自体がコンピューターです。ホログラフィックコンピューターと言ってよいでしょう。ワイヤーや外付けパックなどの行動を制限する取り付けがなく、もちろんWi-Fi接続が可能です。「ホロレンズ2」を装着したまま自由な動きや移動をすることができます。

MRプラットフォーム戦略の核「Microsoft Mesh」

そして、2021年3月3日にライブ配信されたイベント「Microsoft Ignite（マイクロソフト・イグナイト）」で発表されたのが、マイクロソフトのMRプラットフォーム戦略の核とも言うべき「Microsoft

Mesh（以下、メッシュ）」です。

「メッシュ」は、マイクロソフト自身やサードパーティ事業者が、アジュールを基盤としたMRアプリを開発し、さらにはMRアプリを利用するためのデバイスやハードウェアを開発するための技術プラットフォームです。マイクロソフトの新しいサービスではありますが、ホロレンズ2のように直接的に顧客に販売するというものではなく、スマホ向け基本ソフトの「iOS」や「アンドロイド」、あるいは中国のバイドゥが構築している自動運転プラットフォーム「アポロ」と同じような概念と考えればよいと思います。そして、メッシュはアジュールの機能の1つとして提供されるという仕掛けになっています。

現時点では、マイクロソフト・イグナイトで活用されたように、メッシュのMRアプリは、会議共有やコミュニケーションの「オルトスペース」、またそのデバイスはホロレンズが中心です。しかし、メッシュは技術プラットフォームですから、今後多様なサードパーティ事業者をプラットフォーム内へ取り込みながら、様々なMRアプリやMRデバイスに対応していくことになるでしょう。まさにメッシュは、マイクロソフトのMR戦略の核となるわけです。

ライブ配信されたマイクロソフト・イグナイトでのメッシュのプレゼンテーションでは、ナデラCEOによるクラウド戦略についての基調講演の後、〝ホロレンズの父〟ともいわれるテクニカル・フェローのアレックス・キップマン氏がリード役をつとめました。キップマン氏はプレゼンテーションの冒頭で「1人で夢を見るだけなら、それは夢に過ぎない。しかし、ともに夢を見る

マイクロソフト・イグナイトのキップマン氏とキャメロン氏

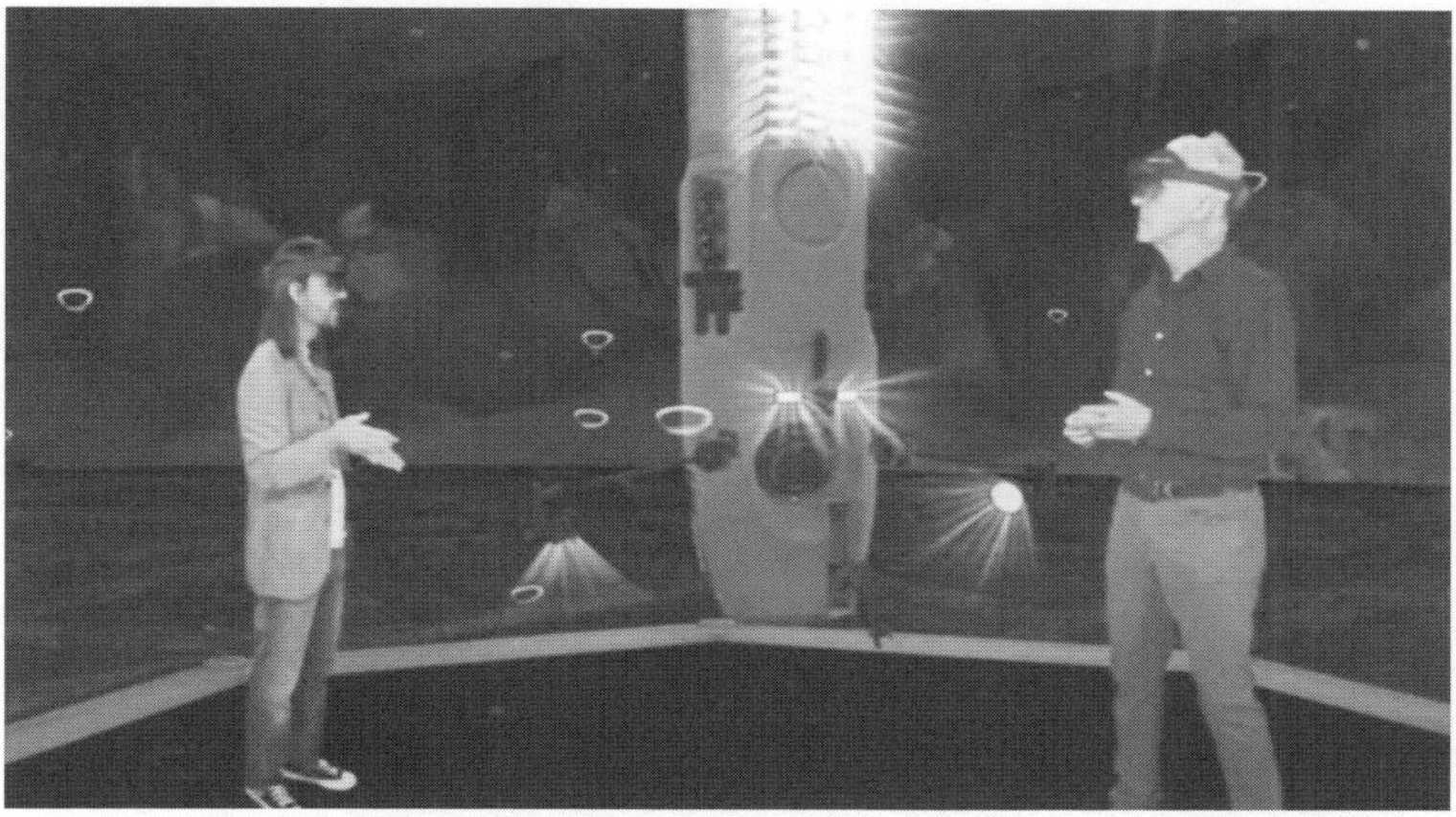

（ソース：マイクロソフト・イグナイトの配信動画）

なら、それは現実と呼ぶ」と語り、メッシュの理念を紹介しました。そして、「どこからでも接続できる」「存在を感じる」「ともに体験する」という3つのコンセプトで、マイクロソフトが提供するMR体験を説明しました。

キップマン氏のプレゼンテーションでは、「ポケモンGO」のデモや外科手術、遠隔診療、海洋学研究などMR活用のユースケースが紹介されました。また、『タイタニック』（1997年）や『アバター』（2009年）などの映画プロデューサーで海洋探検家でもあるジェームズ・キャメロン氏も、ニュージーランドからイベントに〝MR参加〟しました。

「メッシュ」のコンポーネント

マイクロソフト・イグナイトでは、キップマン氏のセッションとは別に、メッシュの技術プラットフォームについての概要説明も行われました。

そこでは、マイクロソフトが想定するMR体験として、「遠隔で専門技術やノウハウを提供する」「一緒に学習したり練習したりする」「イベントや会議に同時に参加する」「その場で情報を取得する」「一緒に設計したりデザインしたりする」「一緒に接続して創造する」の6つが提示されています。そして、こうしたMR体験を成り立たせるための技術的な課題として、次の4つが挙げられています。

- MR空間でリアリティのある人々を適切に表現すること
- 時間やデバイスの種類にかかわらず、共有されるMR空間でホログラムを安定させること
- 顧客の持つそれぞれのファイル・フォーマットをサポートし、現実の人やモノに忠実な3DモデルをMR空間に作ること
- 離れた場所にいる人々が参加するMR空間でのセッションで、人々の動きや表現を同期させること

いずれの課題も、リアルとバーチャルを「融合」させるMR体験には欠くことのできないものです。メッシュではこうした一連の課題を解決し、より精緻化された技術環境を目指していくと

図表5-1　MRアプリ開発の仕組み

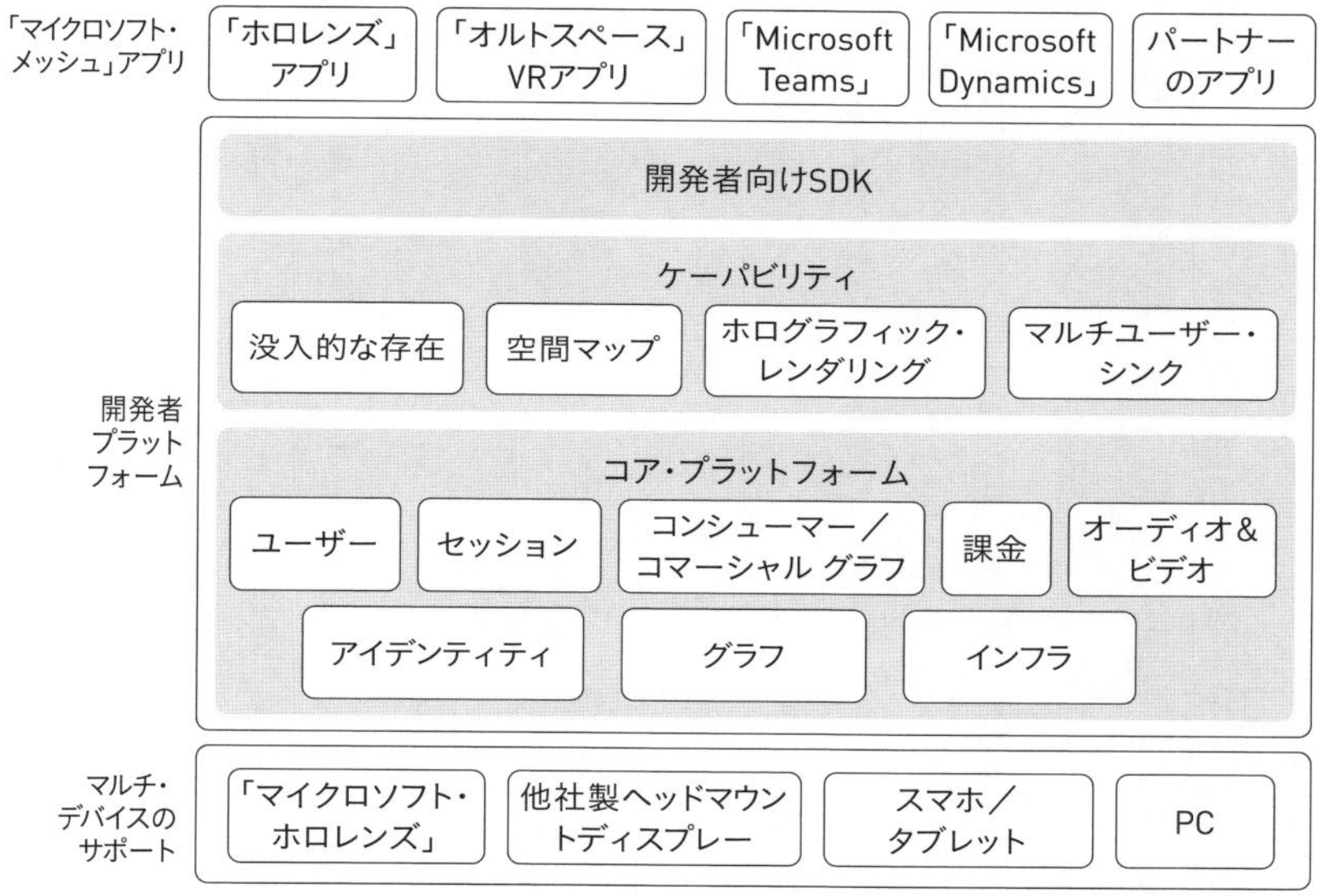

（ソース：マイクロソフトのコーポレートサイト「Microsoft Mesh—A Technical Overview」、和訳は筆者）

しています。そしてサードパーティがMRアプリを開発するための仕組みを説明しているのが、図表5-1です。

MRアプリ開発のためのコンポーネントは3層になっています。

第1層は「マルチ・デバイスのサポート」です。ユーザーは、マイクロソフトの「ホロレンズ2」はもちろん、HPやフェイスブックのオキュラスが提供するゴーグル型ヘッドマウントディスプレー、iOSやアンドロイド搭載のスマホ、PCといった幅広いデバイスを使ってMR体験ができる仕組みになっています。

第2層は、メッシュの中核で、開

発者のための機能とツールがおさめられた「開発者プラットフォーム」です。

「開発者プラットフォーム」の基盤となる「コア・プラットフォーム」は、アジュールの機能として提供されます。IDサービスによって正式な認証を受けたユーザーを安全かつ信頼されたセッションへ導く機能、ユーザーのコネクションやコンテンツ、環境設定の持ち込みを許可する機能、課金・決済やオーディオ・ビデオ伝送、ライブ状態管理に関するインフラ機能が備えられています。

この「コア・プラットフォーム」の上に、AIを活用した「ケーパビリティ」があります。これは先に挙げた技術的な課題へ対処し、メッシュで具体的にどのような体験ができるのかという、能力や特性を定めるものです。「ケーパビリティ」として、「没入的な存在」「空間マップ」「ホログラフィック・レンダリング」「マルチユーザー・シンク」の4つが挙げられています。

「没入的な存在」では、アバターを用いて3Dの存在感を提供するとともに、ホロポーテーションを可能にします。ホロポーテーションとは、「ホログラム」と「テレポーテーション」が組み合わさった造語です。立体的に再生されている被写体（ホログラム）を目の前に移動させて浮かび上がらせること（テレポーテーション）を可能にするテクノロジーです。

「空間マップ」は、地理的空間やデバイスの垣根を越えて持続可能なホログラムを配置します。

「ホログラフィック・レンダリング」は、現実の人やモノに忠実な3Dモデル化をします。なお、レンダリングとは、データ集合をもとに処理を行って画像や映像、音声などを生成することです。「マルチユーザー・シンク」は、MRセッションへの参加者のポーズの更新、動き、表現、空間で発生しているホログラフィックの移動をすべて同期させるというものです。この同期は参加者がどこにいるかに関係なく0・1秒以内の遅延に収まるとされており、同じ空間を共有する感覚を持つことができるでしょう。

これによって、リアルの世界にいる多地点の複数の人が、バーチャルの世界を同時に「体験する」「触る」「加工する」ことができるわけです。

メッシュは、以上の「コア・プラットフォーム」と「ケーパビリティ」の機能を活用するために「開発者向けSDK」を提供しています。これによって、開発者は自らが選択したプラットフォームとデバイスをターゲットにしたアプリを作ることができるわけです。

第3層は「メッシュが実現するアプリ」です。ここに様々なMR体験やMR活用を可能にするアプリケーションが配置されることになります。現在はマイクロソフトのホロレンズ2アプリやマイクロソフト・イグナイト開催にも活用されたVR会議アプリ「オルトスペース」などに限定されていますが、今後、マイクロソフトの「Teams」「Dynamics 365」が追加される予定であるほか、サードパーティ事業者による様々なアプリも加わってくるでしょう。

マイクロソフトは「MR開発者プログラム」を用意しています。もしサードパーティ事業者が

ＭＲ活用シナリオを持っていて、プレビューなどを確認したり議論したい場合、このプログラムに参加することで、パイオニアのサポートを受けながらＭＲアプリを開発することもできます。

以上からわかるように、マイクロソフトが新しく打ち出したメッシュは、単なるＭＲ体験サービスではありません。それは、ユーザーだけでなく、アプリ開発やデバイスでサードパーティ事業者も取り込んでいく戦略的な枠組みとしてとらえる必要があります。

クラウドコンピューティングのアジュールを技術基盤にしていること。サードパーティ事業者がＭＲアプリを開発できるよう「開発者プラットフォーム」が中核にあること。その「コア・プラットフォーム」の機能として課金・決済の仕組みもあらかじめ組み込まれていること。自社製品のホロレンズ2に限定されないマルチ・デバイス対応であること。これらの特徴からして、メッシュはまさにＭＲプラットフォームといえるのです。

「アンビエントコンピューティング」でハードの操作を不要に

マイクロソフトの次なる一手として注目されるＭＲは「アンビエントコンピューティング」を実現する技術でもあります。

新型コロナ禍は、私たちが暮らす社会に深刻な傷痕を残しながらも、一方でテレワークなどの新しい働き方やライフスタイルを実現させる好機をもたらしました。アフターコロナの兆しはいまだ見えませんが、遅かれ早かれ、存在感を増していくであろうテクノロジーが、アンビエントコンピューティングだと私は考えています。

アンビエントコンピューティングとは、一言でいえば、デバイスを意識することなくコンピューターを利用する技術です。

これまでコンピューターによる情報処理は、ＰＣやスマホなどハードウェア（製品）の存在が欠かせませんでした。しかしアンビエントコンピューティングの技術が発達すれば、ハードウェアの操作が不要になるのです。

アンビエントとは「環境の」「周辺の」といった意味合いがあります。ＩｏＴやスマートスピーカー、クラウド、ウエアラブルコンピューター、ＡＲ・ＶＲなど様々な技術がオーバーラップすることで、ユーザーのやりたいことを先回りして認識し、自動的に実現してみせるのです。

もしこれが実用化されれば、ＰＣやスマホといったデバイスありきの業界構造を一変させる威力を持つ可能性があります。２０２０年初頭にラスベガスで開催された「ＣＥＳ２０２０」では一大テーマとして扱われていました。

このアンビエントコンピューティングが実現するのが、まさにＭＲです。

私自身、アンビエントコンピューティングを目の当たりにする幸運に恵まれました。２０１９

年5月29日、東京のホテルでマイクロソフトのカンファレンス「de:code 2019」が開催されましたが、そこに登壇したのが、マイクロソフト・イグナイトでメッシュのプレゼンテーションのリード役を務めたキップマン氏でした。1979年にブラジルで生まれた彼は、2001年にマイクロソフトに入社しました。100以上の特許の主要開発者であり、2011年には米『TIME』誌で「世界の100人」に選ばれる実績を残しています。同社の「Hall of Legends（伝説の殿堂）」の1人に名を連ねる最高峰のエンジニアです。

この日、キップマン氏はホロレンズ2について説明するにあたり、圧巻のデモンストレーションを行いました。ホロレンズ2には10本の指を認識する機能「ハンドトラッキング」が搭載されており、宙空に現れるホログラフ上のアプリを指で操作することができます。

キップマン氏は、カンファレンス会場に用意された画面に自身のアバター（化身）を登場させました。そして現実のキップマン氏が英語で語り始めると、画面上のアバターが流暢な日本語で語り始めたのです。つまりこれは、現実のキップマン氏（彼は日本語を話せません）が英語を話すと、リアルタイムで日本語に変換され、離れたところに「日本語を話すキップマン氏」が出現する、というデモなのです。

例えば遠方にいる職場の同僚たちとの会議に自分のホログラムを転送し、「まるでその場に自分がいるかのような」感覚を、自分とそこにいる人々にもたらすことができる。しかも、そこには言語の壁にすらならない。私はデモを見て、このようなMRのアプリケーションが実用化されれば、仕事のやり方を含めて社会のあり方そのものが変わっていくのではと思いました。メッシュではこのようなMR体験がすでに可能になってきているのです。

もうお気づきかと思いますが、これはまさにコロナ禍を機に浸透したテレワークにうってつけの技術ではないでしょうか。

ホロレンズ2については、いくつかのデモがユーチューブでも公開されています。初めて見た人は、その新しい世界観に圧倒されることでしょう。例えば、画面にピアノを映し出し、ハンドトラッキングすることで、その場でバーチャルのピアノを奏でることができます。

そのほか、工場の製造現場での製造工程をホログラフで補佐する、といった用途も想定されるでしょう。あるいは、医療現場でも外科手術を補佐して、実際の工程をホロレンズの画面で確認したり、患部の映像を大画面に映し出したりする、といった用途です。ビジネスの世界にすでに浸透し始めているこのホロレンズは、早晩、一般社会にも進出してくるに違いありません。

映画「マイノリティ・リポート」が現実のものに

このホロレンズが社会実装されたら、どのような世界が現れるのか。ちょっと想像してみましょう。

MRはバーチャルの世界と現実世界をミックスした世界です。人々が活動するバーチャルの世界とリアル世界が融合した3次元空間においては、あらゆるデータが目の前に現れ、AIはそのデータを駆使してこれから起こることを予測します。あるいは映画『マイノリティ・レポート』で描かれた世界のように、犯罪を未然に防ぐことすら可能になっているかもしれません。

人々が持ち歩くデバイスも様変わりします。具体的には、スマホからゴーグルへと、主役の座が移ることでしょう。誰もが当たり前に使用しているスマホですが、スマホには「片手の動きが制限されてしまう」という欠点があります。ゴーグルならば、両手が自由になります。両手で別の作業をしながらデバイスを操作することが、新しい「当たり前」になります。両手を使わないのですから、「操作している」感覚さえ、薄れていくかもしれません。

作業をしながら様々なデータにアクセスして活用できるホロレンズは、製造業や医療現場に浸透し始めています。それは、デバイスを身につけていることすら感じさせない、アンビエントコンピューティングの世界が実現していることを意味しています。

一般社会に浸透すれば、例えば漢字の書き取りをしながら、ホロレンズ上に現れる辞書を使って漢字の検索をする、ホロレンズで資料を参照しながらブラインドタッチで文章を書く、といった使い方も当然可能になります。街で遭遇するあらゆる商品・製品の情報はゴーグルの画面上で検索が可能となり、やがては、道案内をしてくれるナビ機能や、交通事故につながるリスク情報が常時、画面上に届けられることになるでしょう。

さらにIoTによってあらゆるものとつながることで、冷蔵庫の中身や洗濯機の状況、お風呂の湯加減までホロレンズを介して情報が届けられ、会社に居ながらにして自宅の家電を操作できるようになります。冷蔵庫の中身を補充したければ、ホロレンズを通じてアマゾンに即座に注文できるというわけです。

そして、コロナ禍がいまだ収まらない現在、何よりこの技術に期待したいのは、「テレプレゼンス」が可能になるということです。テレプレゼンスもアンビエントコンピューティングのキーワードで、ホログラフを用いて遠隔地に存在を転送する技術のことです。目の前にいないはずの人が突然現れ会話ができるのですから、物理的な距離が離れていることは、もう問題になりません。

マイクロソフトのナデラCEOは「グローバリゼーションの第3の波はテレプレゼンスが実現する」と語っています。なにしろテレプレゼンスは、ほとんどテレポーテーションのようなものです。自宅に居ながら会議に参加し、自宅に居ながらにして対面時と同様の濃密な打ち合わせが可能です。

しかも、キップマン氏のデモのように、あらゆる言語がリアルタイムで翻訳可能となれば、東京の自宅に居ながらにして、中国、アメリカ、ブラジル、アフリカのパートナーのもとへテレポーテーションし、会議やパーティに出席することができるのです。ナデラCEOの言うとおり、世界との距離は限りなく近くなり、グローバリゼーションが一気に進むことになるに違いありません。

アンビエントコンピューティングは、最近になって現れた用語ではなく、コンピューターの世界では古くから使われてきた言葉ではあります。それがCES2020以降では注目のキーワードになりました。その背景には5G時代の到来があります。4Gと比べ約100倍の速度で大容量の通信が可能となる5Gにより、あらゆるものがつながるコネクティッドフリーの世界の実現は近づいています。それと同じように、アンビエントコンピューティングが当たり前になる世界も、すぐそこまで来ています。

デジタルの進化とサービスの進化

デジタルトランスフォーメーション（DX）は、「オンライン化」から「AR／VR／MR化」へ、さらに「アンビエント化」に向かっています（図表5‐2）。

ウィズコロナ／アフターコロナでの社会的な要請や気運とも相まって、オンライン化が一段と進みました。オンライン会議、オンライン授業、オンライン飲み会などをはじめ、日本でも従来認められていなかった初診患者のオンライン診療が期間限定ながら可能になりました。

さらに、多くの場面でAR／VRは身近になり、ここまで述べてきたようにMR体験もいよいよ現実のものになってきつつあります。現時点ではAR／VR／MRともにゴーグル型ヘッドマウントディスプレーの装着が求められることが多いですが、デバイスは数年でメガネ方式となり、

図表5-2　WithコロナとAfterコロナのサービスの進化

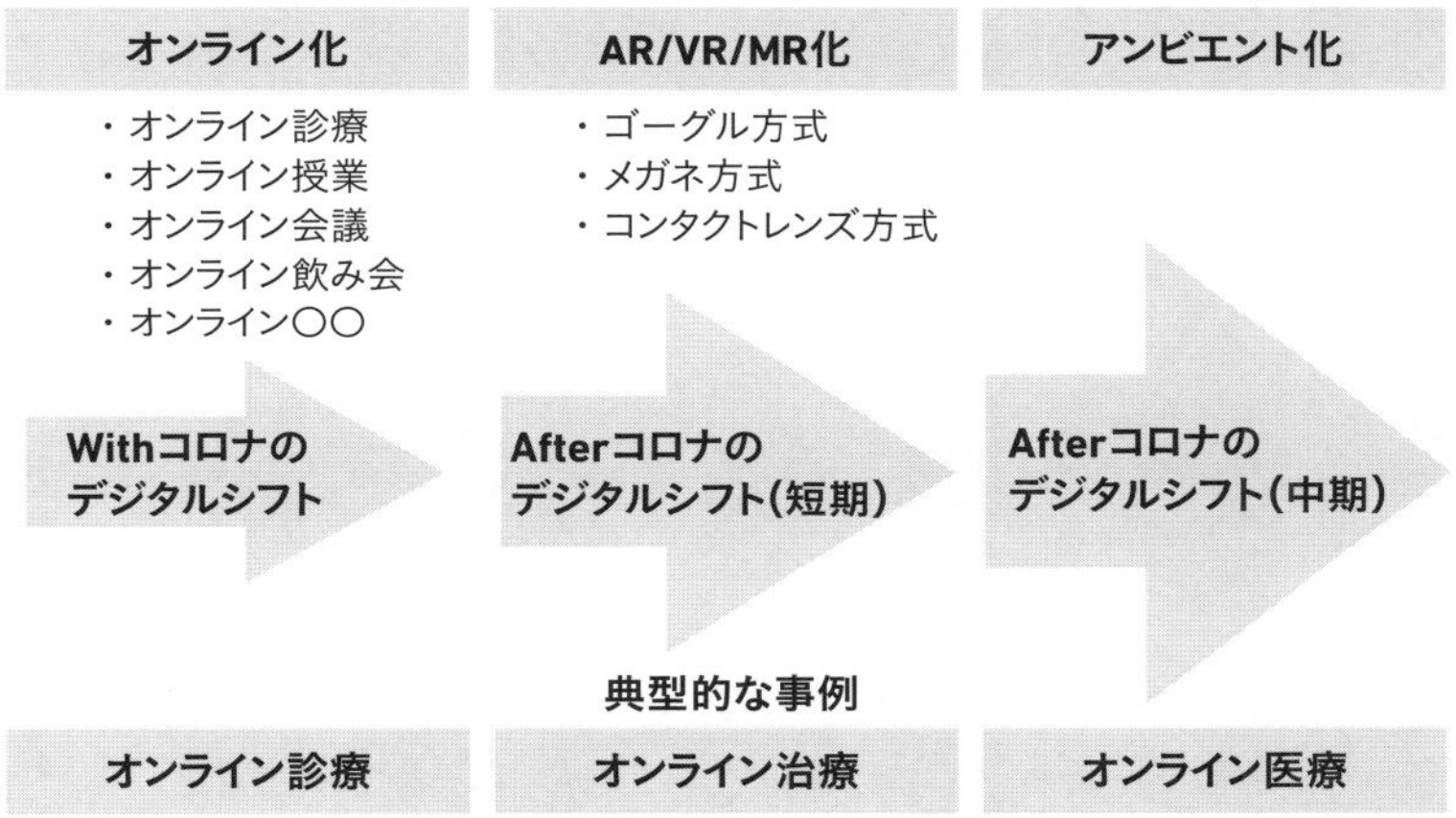

（筆者作成）

さらに3～5年スパンではより小型化されコンタクトレンズ方式になるともいわれています。

そうして、デバイスを意識することのない、デバイスに縛られることのないコンピューティングが普及していくことになります。

併せて、こうしたＤＸのトレンドは、「自然な」サービスへと進化もしていきます。例えば医療分野では、「オンライン診療」から「オンライン治療」、そして「オンライン医療」へと、実際に顧客に対して提供されるサービスやソリューションとして社会へ浸透していくでしょう。ＤＸの進化は社会のあり様をシフトさせる効果を持っていますが、そこで重要なのは、ユーザー本位のサービス構築がされているかということです。それこそが、ＤＸの本質なのです。

クラウド化・モバイル化でGAFAに敗北

マイクロソフトはコロナ禍の中で株式市場に高く評価された企業の筆頭でもあります。時価総額は1兆9000億ドルを超え、アップルなどと時価総額の世界トップ争いを繰り広げています。業績も好調です。その主たる要因はクラウド事業です。

マイクロソフトといえば、PCのOS（基本ソフト）で圧倒的なシェアを獲得している「ウィンドウズ」の会社であり、「IT業界の盟主」である。そんなイメージを長年変わらずお持ちの方も多いかもしれません。

しかし、ほんの数年前までマイクロソフトは停滞期にありました。ウィンドウズやワード、エクセル、パワーポイントなど、ビジネス向けのアプリケーションをまとめたパッケージソフト「Office」を収益の柱として成長を続ける一方で、モバイル化、クラウド化という技術革新の波に乗り遅れ、GAFAの台頭を許したのです。

マイクロソフトはGAFAの台頭を手をこまねいて眺めていたわけではありません。2000年代初頭にはモバイル用OS「ウィンドウズ モバイル」を開発し、モバイル進出を画策しました。

しかし「ウィンドウズ モバイル」はPDAと呼ばれる携帯情報端末への搭載が進んだものの、スマホ対応は遅れました。2011年には、当時携帯電話市場で首位だったフィンランドのノキアと提携し、「ウィンドウズ モバイル」を搭載したスマホ「ウィンドウズフォン」を発売しましたが、時すでに遅し。すでにスマホ市場はアップルの「iOS」とグーグルの「アンドロイド」によって席巻された後のことでした。当時のCEOスティーブ・バルマーは2013年にノキアを買収し、アップルとグーグルに戦いを挑みましたが、これも戦局を変えるには至らず、引責辞任を余儀なくされました。

クラウド事業においては、アマゾンの後塵を拝しました。アマゾンがAWSをリリースしたのは2006年のことです。当時は競合サービスがなく、AWSはまたたく間に市場シェアを獲得しました。

マイクロソフトのクラウドサービス「ウィンドウズ・アジュール」がリリースされたのは、アマゾンに遅れること4年の2010年。しかも当時のマイクロソフトは、クラウド事業に消極的でした。

理由はマイクロソフトのビジネスモデルにあります。当時のマイクロソフトの収益の柱は、パソコンにOSとしてインストールされるウィンドウズのライセンス料と、1本当たり数万円で販売されるパッケージソフト「Office」の販売でした。クラウド上でこうしたアプリケーションを提供し始めると、これまで主力だったパッケージソフトの存在意義が失われてしまいます。いわば、新規事業と既存事業が売上を奪い合う「カニバリズム」が起こるのです。

しかし「PCからモバイルへ」「パッケージソフトからクラウドへ」という時代の流れはもはや不可避なもの。それは誰の目にも明らかでした。こうしてマイクロソフトは存在感を失い、IT

業界の盟主の座をＧＡＦＡに明け渡したのです。

事業戦略と企業文化を１８０度転換した「ナデラ改革」

帝国の没落。マイクロソフトはもう終わった。そんな声も囁かれる中、２０１４年にマイクロソフトの３代目ＣＥＯとして就任したのがサディア・ナデラでした。結論からいえば、ナデラＣＥＯの施策により、マイクロソフトは大復活を遂げるのです。

ナデラＣＥＯは「マイクロソフトは『モバイルファーストとクラウドファースト』という世界を見据えた、『生産性とプラットフォーム』カンパニーである」というビジョンを掲げ、あらゆるサービスのモバイル化とクラウド化を推し進めました。

中でも特筆すべきは、看板商品であるＯｆｆｉｃｅのクラウド版をリリースしたこと、そしてｉＯＳやアンドロイドなどスマホＯＳ上でもＯｆｆｉｃｅが動くようにしたことです。これによりマイクロソフトは「自社ＯＳ（ウィンドウズ）にこだわり、ＯＳと一緒にソフトを売る」という従来の戦略を１８０度転換したことになります。またクラウド版のＯｆｆｉｃｅにサブスクリプションを導入し、月額あるいは年額で利用できるようになりました。

ここでのマイクロソフトの変革を「理想の世界観」実現ワークシートに落とし込んだのが、図表５‐３です。ソフトウェア販売に固執していたマイクロソフトから、クラウドファーストのマ

図表5-3　マイクロソフトの「理想の世界観」実現ワークシート

「理想の世界観」：改革後のマイクロソフト
デジタルファースト、クラウドファーストに転換し、顧客はサブスクにより必要なサービスだけを利用可能に、顧客とデジタルでつながり各種サービスを展開、AIでコミュニケーション

Product（商品） ソフトウエアを購入	**Customer Value（顧客への価値）** サブスクにより必要なサービスだけを利用
Price（価格） 一括購入で割高	**Customer Cost（顧客のコスト）** サブスクで毎月定額で様々なサービスを利用可能
Place（プレイス） パソコンの事前インストールで、あとは適宜更新	**Convenience（利便性）** デジタルで購入・利用が可能
Promotion（プロモーション） 従来からのプッシュ型プロモーションを展開	**Communication（コミュニケーション）** 顧客とデジタルでつながり各種サービスを展開、AIでコミュニケーション

「現状の課題」：改革前のマイクロソフト
高いマーケットシェアを武器にソフトウェア販売に固執する一方、固定的なサービス展開に顧客や市場は不満

（筆者作成）

イクロソフトへ。これによりマイクロソフト帝国は復興を果たしたのです。

「ナデラ改革」のもう1つ重要なポイントは、事業変革のみならず、企業文化の変革にも手をつけたことです。会社を変えるにあたって「事業」でも「組織」でもなく「考え方」を変えようとしたのです。このことはマイクロソフトの大復活を考える上で、きわめて重要です。それこそが「PCからモバイルへ」「パッケージソフトからクラウドへ」という、痛みを伴う改革を断行できた理由だからです。

ナデラCEOはマイクロソフト停滞の原因の1つが「固定マインドセット」にあると考えていました。固定マインドセットとは、ごく簡単にいえば「そんなこと、もう知ってるよ」という態度のことです。これは学びを怠り現状維持をよしとする態度、変化を恐れる態度でもあります。

前CEOスティーブ・バルマーの時代のマイクロソフトは、部門間にバトルが生じていたといわれます。部門と部門の間のコミュニケーションをはばむ壁ができており、部門間のコラボレーションも生まれず、他部門や他者からの学びがありませんでした。

ナデラCEOは自著の中でこう書いています。

「かつてのマイクロソフトの文化は柔軟性に欠けた。社員はほかの社員に対し、自分は何でも知っており、そのフロアの中で最も優秀な人間だと絶えず証明しなければならなかった。期日に間に合わせる、数字を達成するといった責任を果たすことが何よりも重視された。会議は型どおりで、すでに会議の前に詳細が余すところなく決まっていた。直属の上司よりも上の上司との会議はできなかった。上層幹部が組織の下のほうにいる社員の活力や創造力を利用したい場合には、その人間の上司を会議に呼ぶだけだった。階級や序列が幅を利かせ、自発性や創造性がおろそかにされていた」(『ヒット・リフレッシュ　マイクロソフト再興とテクノロジーの未来』日経BP)

1つ面白いエピソードがあります。当時のマイクロソフトには「開封した牛乳を置きっぱなしにするカルチャー」が蔓延していた、というのです。

「マイクロソフトの社員は、冷蔵庫から8オンス(約240ml)の牛乳パックを取り出して開封すると、ほんの少しの牛乳をコーヒーに注ぎ、次の人がすぐ使えるようにと、開封した牛乳パックをそのまま置きっぱなしにした。だが、いつ開封されたのか分からない、安全かどうかも分からない牛乳を使いたい人はいなかった。次の人は新しい牛乳パックを開け、同じように置きっぱなしにした。このサイクルは続いた」(ビジネスインサイダー2017年10月3日)

1つのやり方に固執し、変化や成長を拒絶する思考、既得権益にしがみつく思考。ナデラ改革とは、この固定マインドセットを「成長マインドセット」に変えようとするものでした。成長マインドセットとはすなわち「すべてを成長という視点でとらえる」思考法のことです。

例えば、ミスから学ぶこと。リスクを取って、よい結果につながらなかった場合、それを責めることなく教訓にすること。絶対的な正しさを求めるのではなく、常にオープンで様々な考え方に対して前向きに取り組むこと。チャレンジや変化を促し、新しい取り組みを恐れないこと。これらが、人が組織の成長を促していく、というのです。

「固定マインドセットを成長マインドセットにアップデートする」。私が言い換えるとするなら「知的正直」です。それだけのことが、没落しつつあったマイクロソフト帝国再興の足がかりとなりました。牛乳パックの一件も、次のような決着を見せています。

「同社はこのサイズの牛乳パックの使用をやめ、代わりに1リットルパックを導入して、この問題を解決したようだ。社員はコーヒーに牛乳を入れると、次の人のためにパックを冷蔵庫に戻す。問題は無事、解決だ」(同)

アマゾンAWSを猛追

現在のマイクロソフトの主事業を整理しておきましょう。引き続きPCの基本ソフトでは75%以上という圧倒的な世界シェアを持っています(2021年3月、StatCounter)。Office製品をクラウド&サブスクリプションサービスとして提供する「Office365」も成長しています。クラウドサービス「アジュール」では、アマゾンのAWSを猛追しています。そのほか、「Xbox」や「Xクラウド」といったゲームプラットフォーム、ハードウェア端末の「サーフェス」、ビジネス特化型SNS「リンクトイン」、開発者のためのソースコード共有プラットフォーム「GitHub」を手掛けています。

以上を、マイクロソフトのミッションを起点として整理すると、次のようになります。

ミッションは「地球上のすべての個人とすべての組織がより多くを達成できるようにエンパワーする」ことです。そのためにナデラCEOは次の3領域に注力すると宣言しました。

「プロダクティビティとビジネスプロセス」を再発明する
「インテリジェントなクラウドプラットフォーム」を構築する
「よりパーソナルなコンピューティング」を創造する

この3領域に沿ってマイクロソフトの主事業を整理すると、次のようになります。

（1）プロダクティビティとビジネスプロセス

- Microsoft Office 365
- Skype、Outlook、OneDrive
- リンクトイン
- Microsoft Dynamics（ERP、CRM、Cloud based……）

(2) インテリジェントなクラウドプラットフォーム

- クラウドサービス
- Microsoft SQL Server、Windows Server、アジュール、GitHubなど
- サポート
- コンサルティング

(3) よりパーソナルなコンピューティング

- ウィンドウズ（OEMライセンシング、クラウド）
- IoT、MSN
- Microsoft Surface、その他デバイス
- ゲーム関連ハードウェア、ソフトウェア（Xbox）
- 検索エンジン（Bing）

マイクロソフトは各セグメントにおいて「プロダクト」と「サービス」から収益を得ています。ここでいうプロダクトは、OSやアプリケーション、ソフトウェア、ハードウェアあるいはコンテンツです。サービスはクラウドにかかわるソリューションの部分やコンサルティング、一部広

告料、それからリンクトインもサービスに含まれます。

中でも成長ぶりが目立つのはクラウドサービスのアジュールです。調査会社のガートナーが2020年8月に発表したところによると、クラウド市場のシェアは、2019年の時点でAWSが45%、アジュールが17・9%、3位がアリババの9・1%でした。AWSの牙城を崩すには至っていませんが、年間成長率はアマゾンの29%に対してマイクロソフトは57・8%で、その差は急速に縮まりつつあるといえます。

また2019年秋に行われた米国防総省「共同防衛インフラ事業」の入札において、マイクロソフトがアマゾンに勝って落札したこともニュースになりました。その事業規模は100億ドルにのぼる見通しです。さらにマイクロソフトは、米通信大手AT&Tとクラウド事業で提携し、ウォルマートも顧客としています。ソニーと協働でゲームのクラウド化を進める計画もあり、グーグルに対抗すると見られています。

ナデラ改革が牽引したマイクロソフトの復活。しかし、今なおクラウドサービスは1兆ドル規模に達すると言われる市場で成長を続けています。そのかたわらで産声をあげようとしているアンビエントコンピューティングの世界。これらは、マイクロソフトの成長余地が多分に残されていることを示唆しています。マイクロソフト復活は、まだ始まったばかりなのかもしれません。

第6章

ペロトン

フィットネスの巨大プラットフォーム

Peloton

「売って終わり」から「サブスク」へ

ペロトンはフィットネスバイクのＤＸによってフィットネス業界にイノベーションをもたらしている企業です。ペロトンという言葉には、マラソンや自転車競技などの走者の一団、集団、グループ、仲間といった意味があります。

ペロトンの事業領域は多岐にわたりますが、まずはフィットネスバイクの製造、販売が挙げられます。他社製品がせいぜい5万円程度のところ、ペロトンのフィットネスバイクは２２４５ドル（約24万円）という高付加価値製品です。

もっとも、ペロトン最大の特徴はフィットネスバイクというハードを「売って終わり」ではないことです。ペロトンはＳａａＳ企業でもあります。ニューヨークのスタジオからエクササイズ番組を24時間ストリーミング配信し、また７０００以上のクラスをオンデマンド配信しています。これによりユーザーは「自宅に居ながらにしてフィットネスのクラスが受けられる」のです。月額料金は39ドル（約４２００円）。３１０万人（２０２０年6月30日現在）の会員を集める、世界最大のインタラクティブ・フィットネスプラットフォーム、それがペロトンです。

ペロトンの急成長ぶりは株式市場からも評価されています。２０１９年9月にニューヨーク証

300万人超の会員を抱える

（写真：Ezra Shaw / Getty Images）

券取引所に上場し、２０２０年４月頃までの株価は20ドルから30ドルで推移していましたが、５月に入ると上昇を始め、10月には１３０ドル台に達しました。背景には新型コロナウイルスの影響があります。「ステイホーム」により自宅でのフィットネス需要が爆発し、有料会員が増加したのです。

もっとも、ペロトンの成功は新型コロナによる追い風のみが理由ではありません。まず指摘したいのは、ペロトンがフィットネスバイクという事業の本質をＤＸしたこと。裏を返せば、ＤＸすべき本質を誤らなかったことです。

フィットネスバイクの本質とは何でしょうか。私が思うにそれは「自宅で手軽に運動できる」という点です。これをＤＸにより「サブスク型オンラインレッスン」へとアップデ

図表6-1　高額のハードを売ってサブスクでサービス提供

エアロバイク **2245ドル** （約24万円）	**ランニングマシン** **4295ドル** （約46万円）
動画 **ストリーミング** **月額39ドル** （約4200円）	**動画** **ストリーミング** （バイク以外のヨガなどのクラス） **月額20ドル** （約2200円）

NYのスタジオからエクササイズを24時間ライブ配信
7000のクラスをオンデマンド配信

ートさせたのがペロトンです。

「SaaS + a Box」というビジネスモデルもキーワードです。Ｂｏｘとはハードのこと。ペロトンがフィットネスバイクの製造・販売をしていることがこれにあたります。ＳａａＳは月額制のストリーミングサービスを指しています。アップルならｉＰｈｏｎｅがハードに、アップルミュージックやアップストアなどがＳａａＳに相当します。ハードを売って終わりにするのではなく、ＳａａＳのみに注力するのでもなく、ハードを起点にサブスクリプションモデルを展開しているのです。これは日本が誇る製造業＝ものづくりの強みも活かせる新たなＳａａＳの形としても、注目に値します。

　ただし、ここで私が論じたいのは、ペロトンが「SaaS + a Box」というビジネスモデル

図表6-2　「Saas + a Box」でフィットネスバイク事業をアップデート

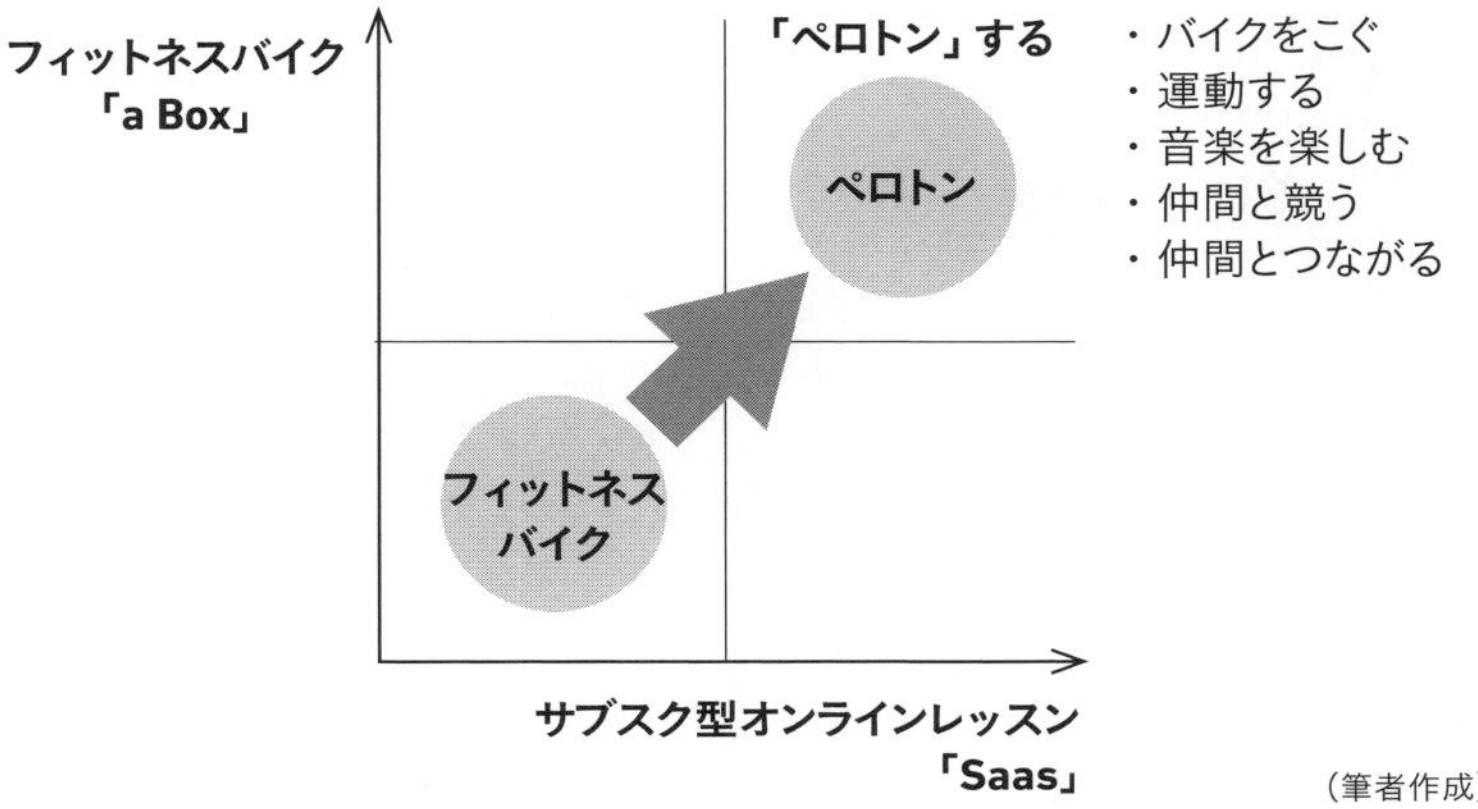

（筆者作成）

を選んだ理由です。

ペロトンのビジネスモデル

ペロトンは2012年に創業されました。現在は、創業者の1人のジョン・フォーリーがCEOを務めています。彼はハーバード・ビジネス・スクールを卒業し、米国最大の書店チェーン、バーンズ・アンド・ノーブルのEC部門責任者を務めたという経歴の持ち主です。彼のカスタマーエクスペリエンスにかけるこだわりは相当なものです。「SaaS ＋ a Box」というビジネスモデルを選んだ理由の1つも、そこにあります。

フォーリーがカスタマーエクスペリエンスにかけるこだわりの強さは、ペロトンの事業領域の広さにも表れています。同社の「上場目論見書」では、10の機能を持つ会社として自社を定義しています。すなわち、テクノロジー、メディア、ソフトウェア、プロダクト、エクスペリエンス、フィットネス、デザイン、リテール、アパレル、ロジスティクス、です。

フィットネスバイクの会社がアパレルでもあり、ロジスティクスでもあるとは、どういうことでしょうか。不思議に思われるかもしれませんが、これは紛れもない事実です。ペロトンは、フィットネスバイクを購入するところから派生する顧客の欲求を満たすため、幅広い領域の事業を手掛けているのです。

つまり、こういうことです。まず上質なフィットネスバイクを開発（プロダクト、デザイン）します。また有料会員にストリーミング番組を提供し、エクササイズ・ミュージックも提供します（フィットネス、ソフトウェア、メディア）。そのためにペロトンは2018年に音楽配信会社を買収しました。エクササイズにはスポーツウェアや水分補給のためのボトルなどが必要です（アパレル、リテール）。それらを配送する物流網も不可欠です（ロジスティクス）。

ペロトンはテクノロジー企業でもあります。そこで得られた顧客情報（ビッグデータ）はAIで分析され、顧客のニーズをくみ取り、顧客に合ったプログラムをレコメンドします。「フィットネス業界のネットフリックス」とは、ペロトンのことです。

これらの事業が垂直統合されている点も見逃せません。音楽もロジスティクスも、ペロトンがすべて一気通貫で提供しているのです。

特に私が驚いたのは、自社の配達員が顧客に対してフィットネスバイクのセットアップ、ハード・ソフトの使い方まできめ細かく説明する、という話です。なぜ、そんなことをするのでしょうか。経済合理性という視点だけなら、ＳａａＳの企業がわざわざハードを手掛ける必要も、ロジスティクスまで自前で行う必要も皆無です。

しかしペロトンは垂直統合を実行しました。なぜなら、それが優れたカスタマーエクスペリエンスを提供するために最適な方法だったからです。垂直統合というと生産性向上ばかりを目的にする日本の大企業とは、発想が違うのです。

繰り返すように、ペロトンのビジネスは「売って終わり」ではありません。むしろ「継続して愛用してもらう」ことに力点が置かれています。

顧客はペロトンのフィットネスバイクを起点として、様々なサービスを手にできます。フィットネスバイク自体は、次々と便利な経験（エクスペリエンス）を積み重ねていくための入り口に過ぎない、とも言えます。

わざわざリテールを展開するのも、カスタマーエクスペリエンスのためにほかなりません。ペロトンはＤ２Ｃでオンライン販売するだけではなく、全米24のモールにリアル店舗を展開しています。それは、フィットネスバイクを売るためではありません。顧客とのリアルな接点を作り、

図表6-3 「2つの重要な円が交差する企業は3社しかない」

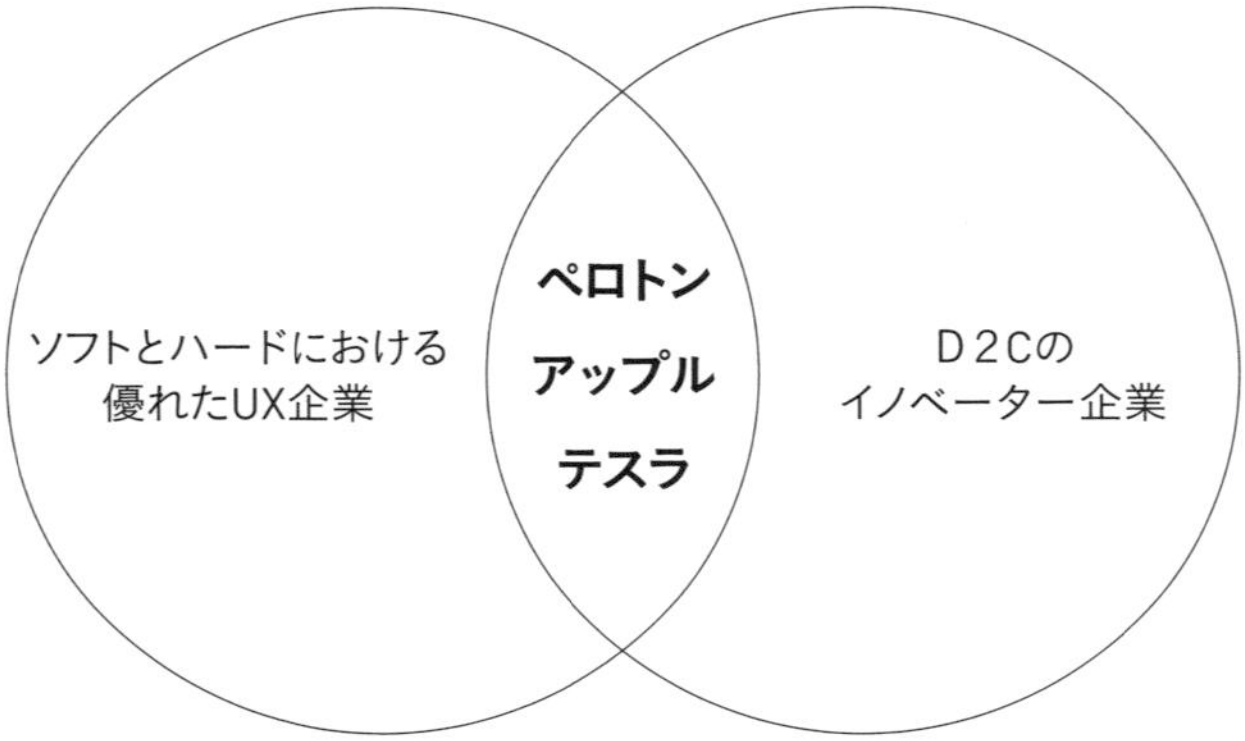

（フォーリーCEOの資料をもとに筆者作成）

試乗体験などを通じて優れたカスタマーエクスペリエンスを提供するためです。

現に、ペロトンのＮＰＳ（ネット・プロモーター・スコア）は全米でテスラに次ぐ第2位です。フォーリーＣＥＯは、ＮＰＳが高い企業の共通点を「自前の店舗を持っていること」だと指摘しています。確かにテスラもＤ２Ｃでありながらリアル店舗を持つ企業であり、垂直統合にこだわる企業なのです。

「２つの重要な円が交差する企業は３社しかない」とフォーリーＣＥＯは胸を張ります。すなわち、ビジネスモデルのイノベーションによって成功している企業は数あれど、自動車やスマホなどソフトとハードにおける優れたＵＸ企業と、ＥＣなどで消費者に直接モノを販売するＤ２Ｃのイノベーター企業、そのどちらの領域にも属する企業は、アップルとテスラ、そしてペロトンしかいない、というのです。

ペロトンが生み出した「新しい居場所」

フォーリーCEOは次のようにも語っています。

「宗教を代替するようなコミュニティの創造がミッション」

ユーザーの間では、「ペロトンする」という動詞が使われています。これはペロトンが最強のブランド力を手に入れた証だといえるでしょう。マーケティングの大家フィリップ・コトラーは、「本物のブランドになるには文化ブランドになることが不可欠だ」と語りました。文化ブランドとは社会的課題に対峙して、その成果が人々に受け入れられることを意味しています。

それでは、ペロトンが対峙する社会的課題とは何か。フォーリーCEOは「アメリカで宗教コミュニティに属する人がどんどん減っている」と指摘しました。このままでは、従来の宗教コミュニティが人々に提供していたものが失われてしまう。フォーリーCEOは、「導き、儀式、帰属、コミュニティ、内省、霊性、祭式、音楽の価値を提供しようと考えている」と宣言しました。

宗教を代替するとは実に壮大なミッションですが、フォーリーCEOは本気です。それはすでに現実のものになろうとしています。

フィットネスバイクをDXによって進化させ、サブスク型のオンラインレッスンで全米に浸透させたペロトン。さらに各地域にリアル店舗を配置したことで、オフラインの「ペロトン・コミュニティ」も生まれつつあります。

こうなると、ペロトンは単なる商品とはいえません。もちろん顧客は「自宅で運動がしたい」というシンプルな動機でペロトンのフィットネスバイクを購入するはずです。しかし、ペロトンが「生活になくてはならないもの」になるまで時間はかからないでしょう。

フィットネスバイクが自宅に運ばれ、セットアップされ、物流スタッフから手厚い説明を受ける。インタラクティブなオンラインレッスンを受け、新しい仲間とともに、成果を競い合う……。

その結果生まれたのが「ペロトンする」という言葉です。それこそ、ペロトンが顧客に提供している価値の正体なのです。「ペロトンする」とは、バイクをこぐことだけを指してはいません。コミュニティに所属する、音楽を楽しむ、学ぶ、仲間とつながる。そこには、宗教的な要素が多分に含まれているのです。

コロナ禍で在宅フィットネス需要が増加したことを追い風に、急成長を遂げたペロトン。しかしコロナは成長のきっかけに過ぎません。ここで強調すべきはペロトンがフィットネスバイクという事業の本質を見誤らずDXしたこと。「売って終わり」にせず顧客と繋がりコミュニティを形成すること。モノづくりのみならずカスタマーエクスペリエンスの追求そのものに「徹底的なこ

図表6-4　ペロトンの「理想の世界観」実現ワーク

「理想の世界観」：ペロトン
「Saas + a Box」×「垂直統合」で顧客に優れた体験価値を提供、「Pelotonする」ーバイクを漕ぐ、運動する、音楽を楽しむ、仲間と競いつながるなどの価値を提供し、デジタルとリアルで顧客とつながる

Product（商品） 自宅用エアロバイク	**Customer Value（顧客への価値）** 「Pelotonする」ーバイクを漕ぐ、運動する、音楽を楽しむ、仲間と競う、仲間とつながるなどの価値を提供
Price（価格） 2万～3万円前後で価格訴求の商品	**Customer Cost（顧客のコスト）** 24万円強のエアロバイクと月額4000円強のオンラインレッスン
Place（プレイス） ネット通販やTV通販が主流	**Convenience（利便性）** D2Cの代表格でリアル店舗も展開、自宅で気軽に「Pelotonする」ことが可能に
Promotion（プロモーション） 従来からのプッシュ型プロモーションを展開	**Communication（コミュニケーション）** デジタルとリアルで顧客とつながり、コミュニティーも形成

「現状の課題」：自宅用エアロバイク
ネット通販やTV通販が主流、2万～3万円前後で価格訴求の商品、商品戦略なども同質化競争に陥っている

（筆者作成）

だわり」があること。ここには、ＤＸで立ち遅れている日本の製造業が学ぶべき点が凝縮されています。

第7章

DBS銀行

「世界一のデジタルバンク」が挑む次なる変革

DBS

「なぜデジタル化するのか?」を数字で証明

シンガポール政府系の開発銀行として設立されたDBS銀行は、経済・社会やテクノロジーの変化を機敏に感じ取り、それを自らの経営に戦略的に取り入れることに長けた金融機関と言えます。

「世界一のデジタル銀行」と呼ばれるようになったDBS銀行は、いかにしてその称号を手に入れたのか。さらには、使命感を持って新しい世界の価値観にどのように対応しようとしているのか。本章では、いま世界中の金融関係者から注目を集めるDBS銀行のトランスフォーメーションを論じます。

現在のDBS銀行は、東南アジア最大の事業規模を誇る商業銀行であり、リテールバンキングやコーポレートバンキング、プライベートバンキング、証券仲介、保険など金融サービス全般を主事業とします。東南アジア(シンガポール・インドネシア)、グレーターチャイナ(中国・香港・台湾)、南アジア(インド)など18の国に280以上の拠点を構え、従業員数は2万9000人超。売上高は1兆1940億円、総資産は53兆1789億円、法人顧客は24万社以上、リテール顧客は1070万人以上にのぼります。

もっとも、事業規模だけ見るなら、従業員数、売上高、総資産などは米欧日のグローバル金融機関には遠く及びません。DBS銀行の「強さ」は、米銀や日本のメガバンクと財務内容を比べたときに明らかとなります。以下は、DBS銀行の持ち株会社DBS Group Holdings Ltd.と米欧日の名だたる8行(JPモルガン・チェース、バンクオブアメリカ、CITI、ゴールドマン・サックス、HSBC、MUFG、SMBCグループ、みずほFG)の財務内容の比較です。

【収益性】
売上高税引前利益率：36・79%(9行中1位)
1人当たりの税引き前利益：13・73米ドル(9行中3位)
1人当たりの純利益：12・16万米ドル(9行中2位)

【資本効率】
株主資本利益率(ROE)：8・71%(9行中3位)

【市場評価】
株価純資産倍率(PBR)：1・00倍(9行中4位)

【安全性】

自己資本比率（普通株式等Tier 1比率）：13・90％（9行中3位）

このようにDBS銀行は、事業規模は小さいながらも、資本効率や市場評価、安全性を示す指標ではトップクラスの高い競争力を誇ります。時価総額を見ても、みずほFGや三井住友FGを上回りました。そんなDBS銀行の強さの秘密が、ほかならぬDXです。

言い換えれば、DBS銀行は、あるときを境にDXによって生まれ変わった銀行であり、DXの成果を定量的に証明した銀行です。DBS銀行は、「なぜ今DXなのか？」「何のためのDXなのか？」を考える上で、非常に大きな示唆を与えてくれる事例なのです。

次に挙げる数々のアワードも「DXの成果を定量的に示した」ことが評価されてのことです。

金融専門情報誌『ユーロマネー』はDBS銀行に対して、「ワールド・ベスト・デジタルバンク」の称号を2016年と2018年に、そして2019年にはデジタルの枠を超えて「ワールド・ベストバンク」、2020年には「アジア・ベスト・バンク・2020」の称号を与えています。

『グローバル・ファイナンス』誌が選ぶ「ワールド・ベスト・バンク・2018」「ワールド・ベスト・バンク・2020」にもDBS銀行は選出されました。

図表7-1 「小さくても強い銀行」規模の比較

■ 総資産

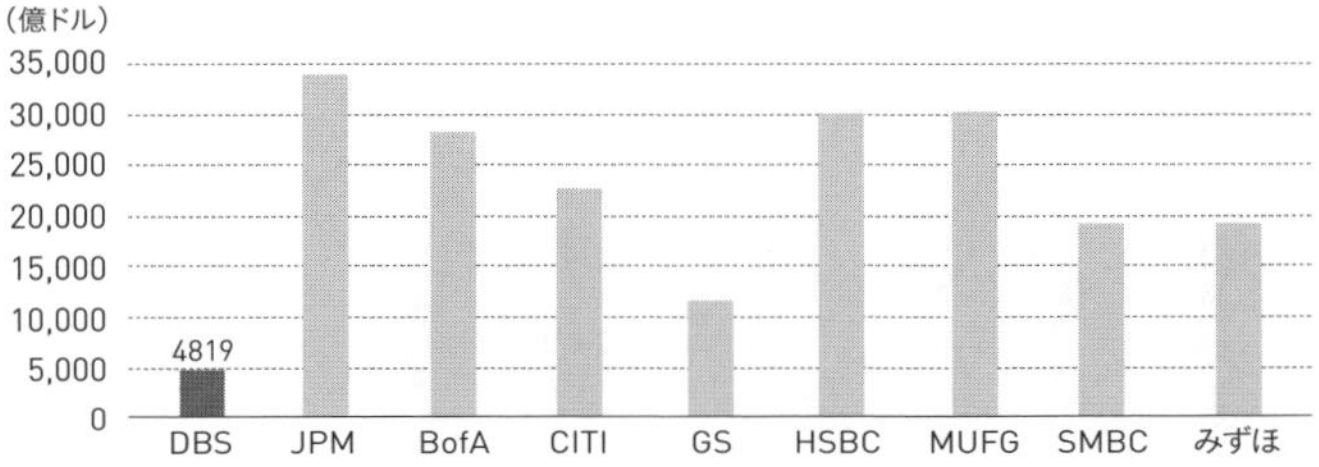

■ 売上高・税引前利益

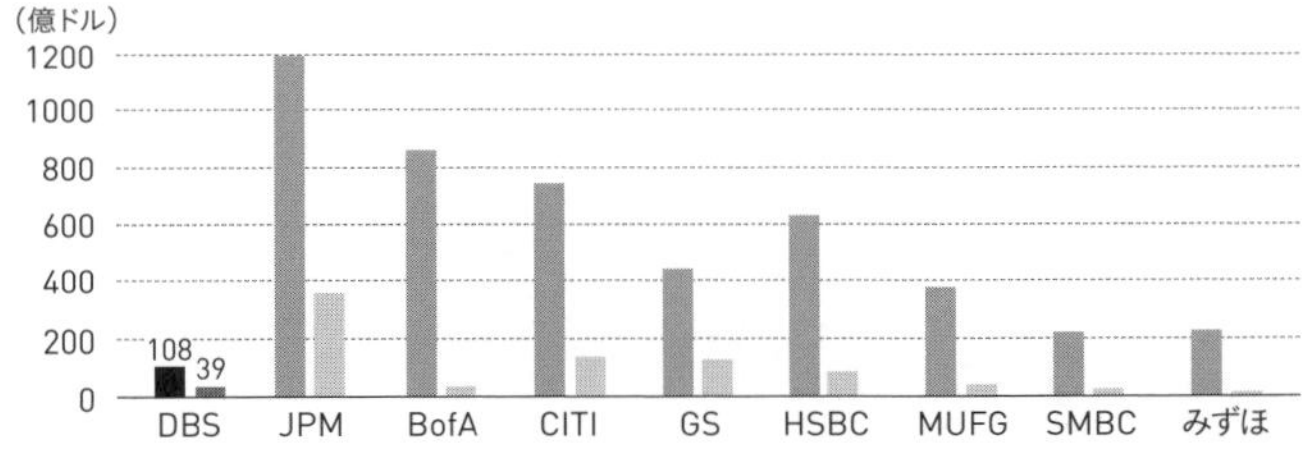

■ 従業員数

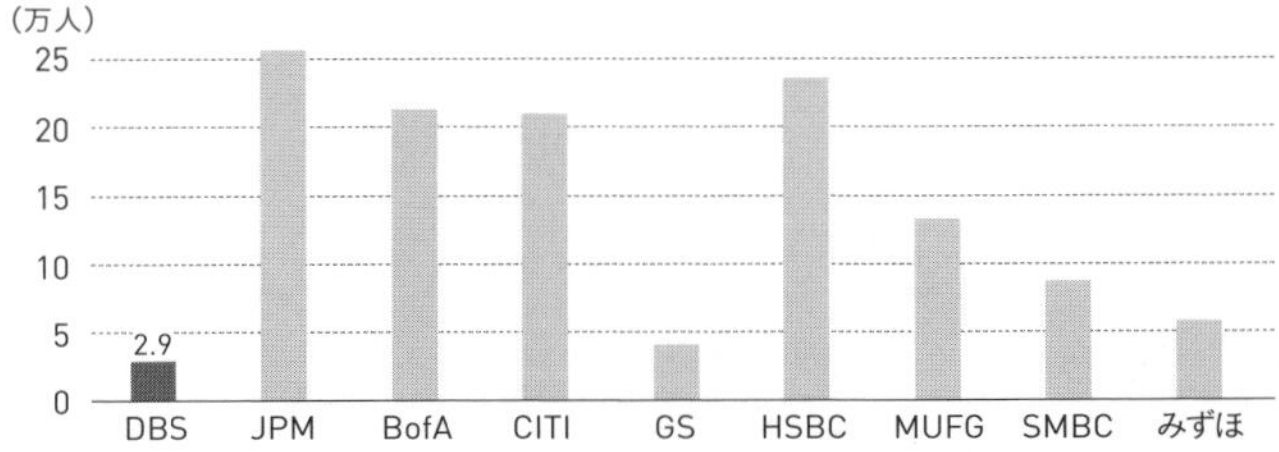

■ 時価総額（2021年3月30日現在）

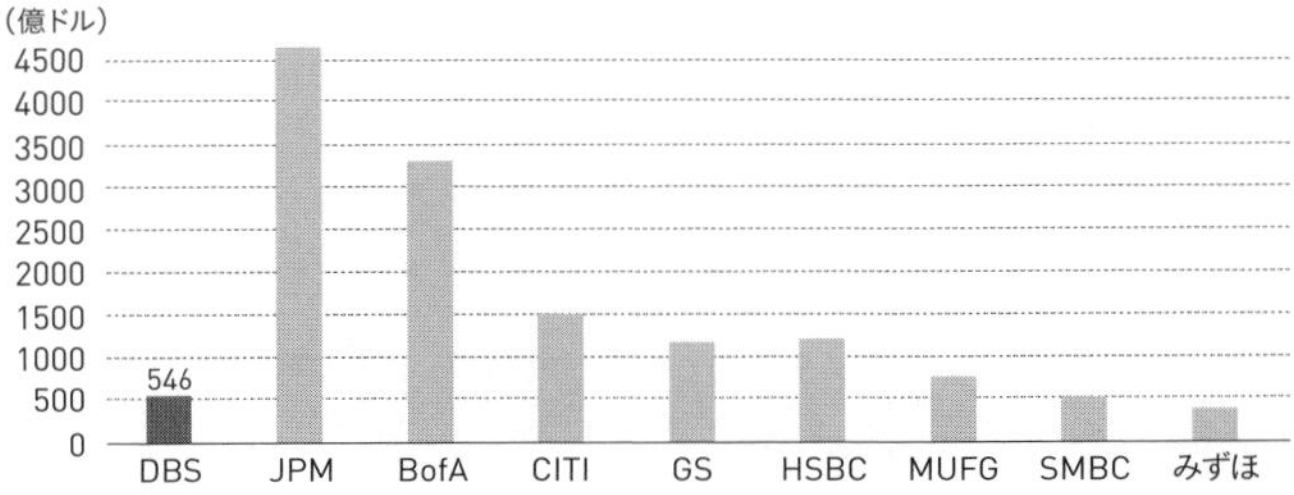

■ 自己資本比率（普通株式等Tier1比率【CET1比率】）

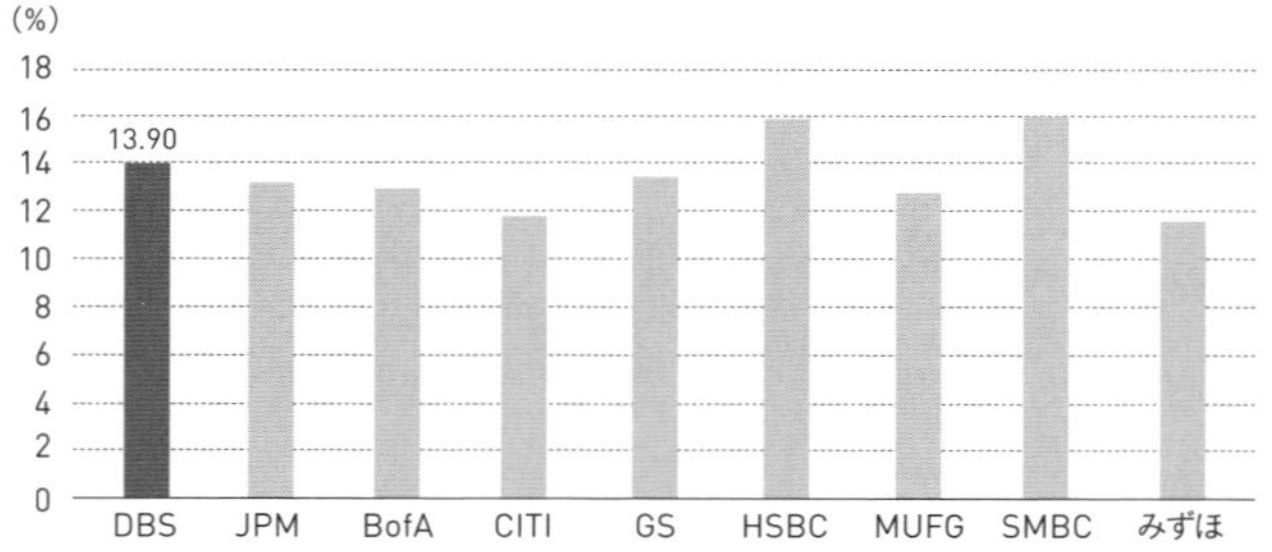

■ PBR（＝時価総額÷資本）

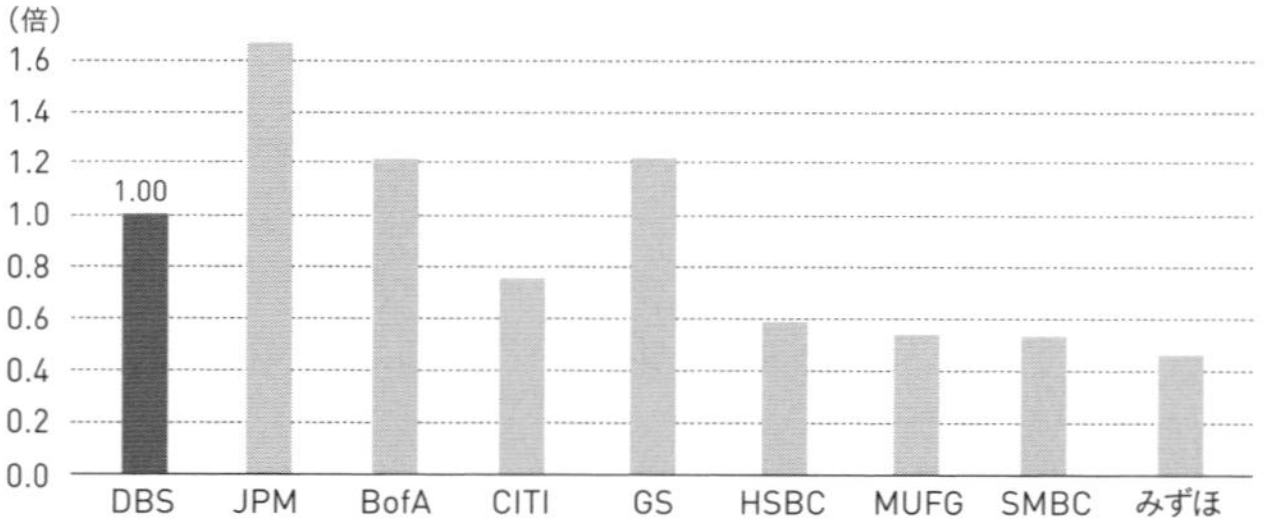

・売上高（Total income）、税引前利益（Profit before tax）、純利益（Net profit）、総資産（Total asset）、資本（Total equity）、株主資本（Shareholder' s fund）：ＤＢＳ及び欧米銀行は「2020年1月1日～2020年12月31日」の会計年度の財務諸表の数値を使用。日本の３行は「2019年4月1日～2020年3月31日」の会計年度の財務諸表の数値を使用。なお、日本の３行の財務諸表は米国証券取引委員会（SEC）へ提出された「FORM 20-F」に記載の財務諸表を使用。
・時価総額・外国為替レート：2021年3月30日時点の株価、およびレートを使用。
・売上高：「純金利収入（Interest income）」と「非金利収入（Non interest income）」の合計額。
・1人当たりの税引前利益・1人当たりの純利益：それぞれ「税引前利益÷従業員数」、「純利益÷従業員数」にて計算。
・売上高税引前利益率：「税引前利益÷売上高」にて計算。
・株主資本利益率（ROE）：上記の財務諸表に記載された数値を使用し、「純利益÷株主資本」にて計算。
・PBR：上記の時価総額および財務諸表に記載された数値を使用し、「時価総額÷資本」にて計算。
・自己資本比率：2020年12月末時点の普通株式等Tier1比率（CET1比率）を使用。普通株式等Tier1比率（CET1比率）は「（普通株式などTier1資本に係る基礎項目の額ー普通株式などTier1資本に係る調整項目の額）÷リスクアセットの額の合計額」にて計算。
・会社名：JPM＝JPモルガン・チェース、BofA＝バンクオブアメリカ、GS＝ゴールドマン・サックス

図表7-2　「小さくても強い銀行」 収益性・資本効率・安全性・市場評価の比較

■1人当たりの税引前利益・1人当たりの純利益

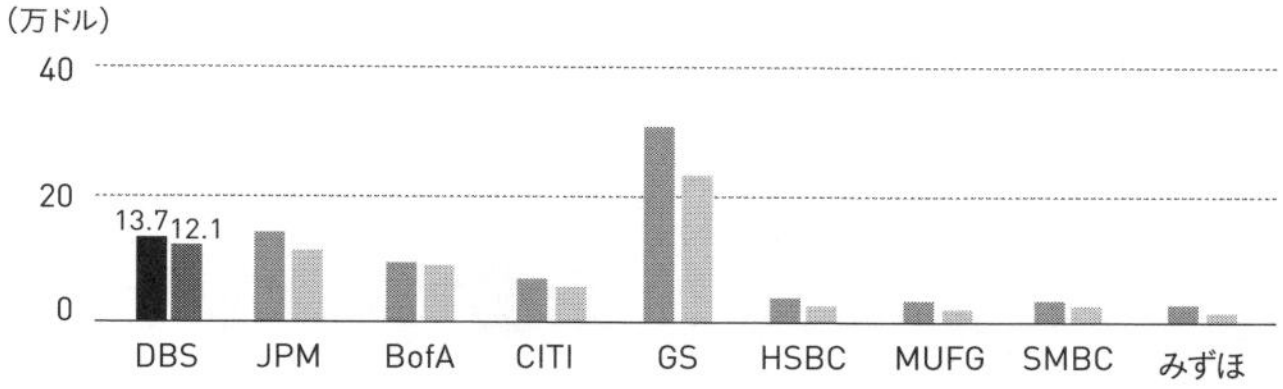

■ 売上高税引前利益率（＝税引前利益÷売上高）

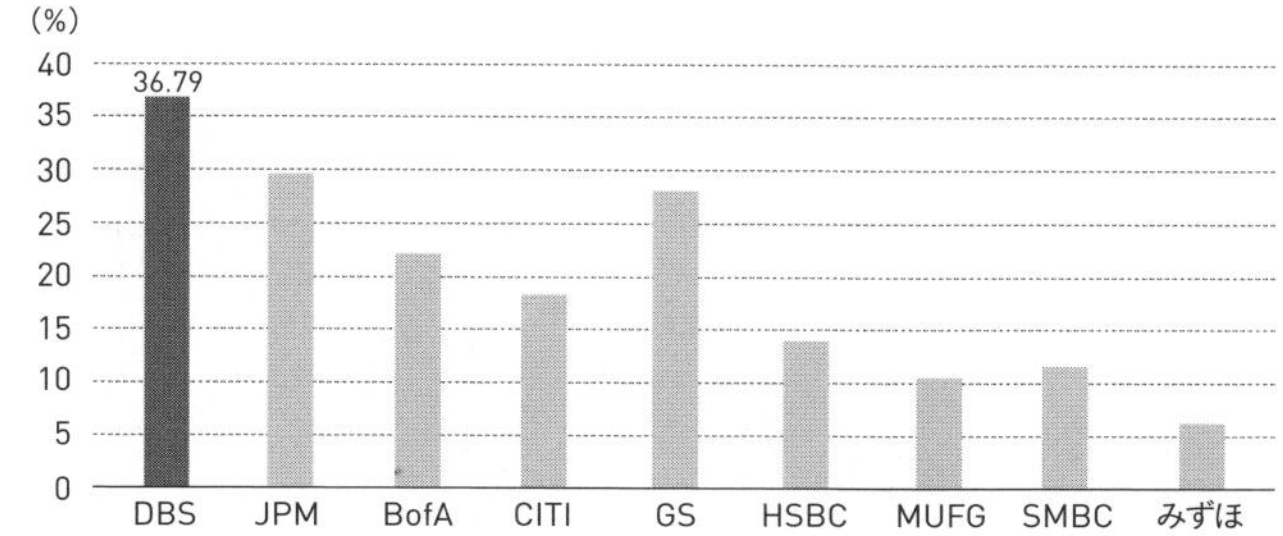

■ 株主資本利益率（ROE）（＝純利益÷株主資本）

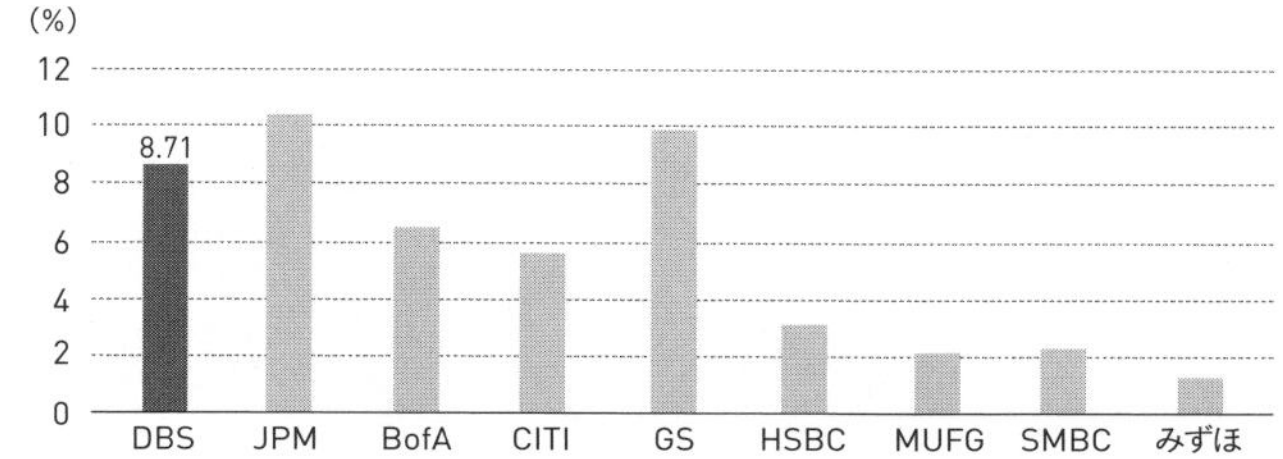

以下、少し長くなりますが、『ユーロマネー』誌の評価を引用します。DBS銀行の何が特別なのか、具体的に示されています。

「DBS銀行は、2017年11月、あまり目立たないながらも革新的なことを行いました。それは、デジタル戦略についてただ語るのではなく、デジタル化が収益性にどのような意味を持つのかを定量的に示したことです。――それによると、DBS銀行でデジタル取引を行う顧客は、店舗を訪れる伝統的な顧客と比べて、2倍の売上をもたらし、より多いローンと預金も保有する。デジタル取引の顧客の獲得にかかる費用は、伝統的顧客を獲得する費用に比べて57％も低い。デジタル取引の顧客は、伝統的顧客と比べて16倍も多く自発的に取引を行う。そして、伝統的な顧客の取引から19％のROEが得られるのに対して、デジタル取引の顧客の取引からのROEは27％にも上る。――実際、まるで『ジェフ・ベゾス』のようなピユシュ・グプタCEOに関するコメントと一緒に、これら事実が開示されると、市場アナリストのDBS銀行に対する評価はアップグレードされ、その当日の株価は4％も跳ね上がったのです。これは、デジタル化についてはっきりと言えることが示す力といえるでしょう。グプタCEOは、〝ディスラプション（破壊）に対峙する最善の方法は、先んじて自らを破壊すること〟と強く主張してきました。しかし、デジタル化への道が、いかにして、そしてなぜ利益をもたらすのかを説明することに勝るものはありません。2017年、DBS銀行の時価総額は44％上がりました。DBS銀行の株式は、テクノロジー企業の株式として市場で評価され始めたのです」

顧客獲得コストの減少、取引数の増加、ROEの改善、時価総額の上昇。DXがもたらした恩恵とは、それほどに明らかなものです。

しかし注目したいのは、数字以上に、伝統的金融機関であったDBS銀行がどのようにそれをなし得たか、です。引用したユーロマネー誌の評価には、「ジェフ・ベゾスのようなCEO」「自らを破壊すること」「DBS銀行の株式は、テクノロジー企業の株式として市場で評価され始めた」など、重要なキーワードが含まれています。

結論からいえば、DBS銀行は「もし、ジェフ・ベゾスが銀行をやるなら、何をする?」という大胆な問いのもとに自らを破壊し、デジタルバンクへと生まれ変わりました。彼らがベンチマークしたのは競合する金融機関ではなく、アマゾンをはじめとする数々のテクノロジー企業だったのです。

『ユーロマネー』誌の「ワールド・ベストバンク・2019」を受賞した際、ピユシュ・グプタCEOは、次のようなコメントを残しています。

「私たちは『ほかの銀行が何をするのか?』という考え方から離れなければなりませんでした。代わって、私たちが考え始めたのは『メガテック企業は何をするのか?』ということでした」

「自らを破壊しなければ生き残れない」DBS銀行の危機感

DBS銀行のDXの経緯を振り返ってみましょう。そもそもなぜ、DBS銀行はDXに踏み切ったのでしょうか。DBS銀行のDXがスタートしたのは2009年のこと。当時のDBS銀行は決して悪い経営状況にはありませんでした。むしろ、売上高の年平均伸び率は7%以上、当期純利益の平均伸び率は13%と、好調を維持していたのです。それにも関わらずDBS銀行の経営陣は「自らを破壊しなければ生き残れない」との危機感をつのらせていました。

その背景には、1つはシンガポールという国を取り巻く地政学的な要因があります。東南アジアのど真ん中という立地にあるシンガポールは、その地の利を活かして交易の拠点となり、海外から産業・企業・テクノロジーを積極的に取り込んできた歴史を持ちます。東京23区と同程度の国土面積しか持たず、天然資源にも恵まれないシンガポールが、1人当たりのGDPで日米を上回るほどの目覚ましい経済発展を遂げたのは「貿易立国」政策のため。シンガポールという国は「海外に打って出なければ生き残れない国」であるとも言えます。

そのためシンガポールは宿命的に、外国市場の動向やテクノロジーのトレンドに対してセンシティブかつ柔軟にならざるを得ません。象徴的なのは、リー・シェンロン首相が2016年8月の施政方針演説において、テクノロジーの進化に伴いシンガポールが直面している「破壊」に言及しつつ、政策として「破壊」を推奨すると宣言したことです。

その際、リー・シェンロン首相が例として取り上げたのは、タクシー業界の強力なライバルとしてシンガポールに進出してきたウーバーとグラブです。これにより既存のタクシー業界が淘汰されるのも時代の変化に追いつくため、また国民がより大きな便益を得るためなら歓迎する、というわけです。これは、ウーバーをはじめとするライドシェアをまるごと「禁止」している日本とは、対照的な態度です。

また自動運転車（AV）に対して広く門戸を開いたのも、世界に先駆けてのことです。「ラッシュ時の自家用車通勤に年間1万5000ドル弱の課徴金を課す一方、『自動車には人間の運転者が必要』という規定は廃止した。住宅地の開発に当たっても、あえて道幅を狭くし、縁石を高くし、駐車場を減らすなどのルールを設け、AVに優しくマイカーに厳しい街づくりを促している」（ニューズウィーク日本版、2019年2月19日号）

そしてDBS銀行にとり直接的な脅威となったのは、中国に出現した強力な「金融ディスラプター」たちです。具体的には「アリペイ」のアリババであり、「ウィーチャットペイ」のテンセントです。アリババといえば、2020年に予定されていたグループの金融サービス企業「アント・グループ」の上場延期が記憶に新しいところです。上場延期になったとはいえ、IPOによる調達額は史上最大となる350億ドル規模とも噂され、あらためて「アリババの金融サービス」の巨大さが印象付けられた一件でした。

ここでは、アリババもテンセントも出自がテクノロジー企業であり金融事業が本分ではない点にご注目ください。

アリペイは世界で13億人ものユーザーを抱える決済アプリ「アリペイ」を顧客接点とし、EC・小売、物流、メディア、エンターテインメントなど生活全般に及ぶアリババサービスを束ねるプラットフォームとして拡大しています。

テンセントはコミュニケーションアプリ「ウィーチャット」を顧客接点とし、オンラインゲーム、メディア、決済、ユーティリティ、小売など、やはり生活サービス全般のプラットフォームとして拡大しています。月間アクティブユーザーは12億人以上にのぼります。

このように一般的にはテクノロジー企業とされる両社が「金融ディスラプター」と呼ばれるのは、彼らが決済・金融仲介・信用創造といった銀行業務をDuplicate（擬似的に創造）し、あまつさえ金融サービスの種類や品質でも既存金融機関を凌駕しつつあるからです。また、もともと圧倒的多数のアクティブユーザーを抱えているため金融サービスの顧客獲得コストが低いこと、本業が別にあるため金融サービスそのもので利益を得る必要がないことも、既存金融機関にはない彼らだけの強みです。

そんな金融ディスラプター2社がターゲットとする市場が、DBS銀行がターゲットとする市場（中国、香港、シンガポール、中華圏）とバッティングするのです。この眼の前に差し迫る強敵に対し、DBS銀行が抱いた危機感はいかばかりか。こうしてDBS銀行は「DXしなければ死あるのみ」とばかりに、自らもテクノロジー企業となるべく、DXに着手したのです。

「会社の芯までデジタルに」

前述のとおり、DBS銀行がDXに着手したのは2009年のことです。同年に入社したグプタCEOと、その前年に入社したデビット・グレッドヒルCIOが牽引役です。彼ら経営陣は、印象的な3つの標語を掲げました。

「会社の芯までデジタルに」
「自らをカスタマージャーニーに組み入れる」
「従業員2万2000人をスタートアップに変革する」

それぞれが指すところを見ていきましょう。

「会社の芯までデジタルに」とは、オンラインサービスやモバイルサービスを提供するといったフロントエンドの表面的なデジタル化にとどまらず、バックエンドの業務アプリケーション、ソフトウェア、ミドルウェア、ハードウェアやインフラのレベルまで、さらには経営陣・従業員のマインドセットや企業文化まで、組織のすべてを例外なく見直すことを意味しています。

「自らをカスタマージャーニーに組み入れる」は、銀行としての自身の存在意義を問い直す中で、次世代金融産業において目指すべきプレイヤー像を示したものです。すなわち、預金、貸出、為替といった「銀行目線」のトランザクションジャーニーから、ユーザー1人ひとりのライフスタイル、生活パターン、ニーズに寄り添う「顧客目線」のカスタマージャーニーへの転換です。

DBS銀行は「簡単、シームレス、目に見えない（simple, seamless, and invisible）」というコンセプトを提示していますが、これも顧客目線です。カスタマージャーニーにおいてシンプルかつシームレスなサービスを期待する顧客に対し、銀行が存在感を示す必然はどこにもありません。顧客満足を追求するため、DBS銀行は「目に見えない（invisible）」存在になろうというのです。

「従業員2万2000人をスタートアップに変革する」とは、いわばマインドセットの転換です。つまり、銀行目線のトランザクションジャーニーから顧客目線のカスタマージャーニーを重視するマインドへ。そのために社内にハッカソンなど学びの機会を用意したり、スタートアップと協業したりと、新たなマインドを養成する取り組みに着手しました。

「バックエンド×フロントエンド×人・企業文化」の三位一体改革

さらに具体的に見ていきましょう。DBS銀行のDXは2つのフェーズに分けることができます。グプタCEOが就任した2009年から2014年が第一フェーズです。この時期は、デジタルバンクを構築するための「基礎固め」の段階にあたります。例えば、銀行システムの脆弱性を解消するためにデータセンターを増設し、セキュリティーオペレーションセンターやモニタリングセンターも設置。エンジニアリングやテクノロジーのアウトソース依存からの脱却に積極的に取り組み、85%の内製化を実現しました。

またチャンネル、プロダクト・サービス、イネーブラー（経営情報システムなど社内のシステムやインフラ）ごとに不必要なアプリケーションを売却し、必要なアプリケーションを購入することによって、2014年までにデジタルバンクになるためのインフラやプラットフォームを構築しました。

第二フェーズは2014年から2017年。ここからがデジタルバンクを構築する時期にあたります。この段階では「プロジェクト型組織からプラットフォーム型組織へ」「アジャイルな開発チームの編成」などのテーマで組織改革が行われたほか、次に挙げる4つの目標が定められたことが重要です。

(1)クラウド・ネイティブになる

DBS銀行のデジタルトランスフォーメーションとは、第一に「クラウド・ネイティブ」になることでした。これはハードウェア、ソフトウェア、アプリケーションなどすべての階層がクラウドへ移行することを指しています。これによるコスト削減効果は多大で、DBS銀行はクラウド化によってハードウェア、ソフトウェア、アドミ（管理部門）の人件費の8割以上を削減しました。またクラウド化により、銀行システム全体の弾力性・拡張性も強化され、銀行としての信頼性も増したのです。

2020年にリリースされた「アニュアルレポート2019」に、直近までの成果が示されていました。

「現在既存アプリケーションの93％が新しいクラウド環境で動作しているが、そこではアプリケーションの99％が自前の物理サーバーから仮想プライベートクラウドに移行された。移行によって、物理サーバー数とデータセンター設備規模が削減された。例えば、シンガポールにおけるセカンダリー・データセンターは、その物理的フットプリントは75％削減され、容量は10倍に増加。アプリケーションをクラウドと物理サーバーの両方で同時に実行できるようにすることで、システムのレジリエンスと信頼性が強化された」

（2）APIによってエコシステムのパフォーマンスを上げる

オープンAPIとは、DBS銀行がカスタマーエクスペリエンス志向、顧客中心主義のサービスを提供するために構築するエコシステムのカギとなるものです。会計ソフト「Xero」やERPソフト「Tally」との連携など、1000以上を通じて外部の事業者とのエコシステムが構築されています。オープンAPIについては、詳しくは後述します。

(3)データ・ドリブン、カスタマーサイエンス、計装と実験に基づく顧客中心主義を徹底する

これは端的に、顧客接点のデジタル化を意味しています。例えば、DBS銀行での口座開設は「いつでも、どこでも」とうたわれ、店舗を訪れる必要はなく、オンライン上で可能です。すでに口座を保有している場合なら、ほんの数秒でオンライン上の手続きが完了します。口座を保有していない場合でも、シンガポール国籍を持っている人なら、シンガポール政府が構築した「MyInfo」と呼ばれる個人情報プラットフォームを通して申込みをすれば、やはり数秒で口座開設が承認されます。

また、自動車・不動産物件・旅行・ショッピング・教育・電気といったオンラインマーケットプレイスを提供するほか、アリペイやウィーチャットペイに対抗するサービスも開始しました。モバイル決済システム「PayLah!」、メッセンジャー上で注文ができる「Foodster on FB Messenger」、子供がいつどのようなお金を使ったかをスマホアプリで確認する「POSB Smart Buddy」などです。

オフラインバンキングとオンラインバンキングが統合した「Click and Mortar」により、「お気に入りのカフェに行くように銀行に行く」という新しいカスタマーエクスペリエンスの創出にも努めています。

プライベートバンキング部門でも、数々のサービスがリリースされています。例えば、オンライン資産運用プラットフォーム「iWealth」、オンライン財務・資金管理シミュレーションプラットフォーム「Treasury Prism」。コーポレートバンキング部門では、オンライン・コーポレート・バンキング・プラットフォーム「DBS IDEAL」、中小企業向けに事業に関する専門アドバイスやサービスを提供するネットワーキングコミュニティ「ビジネスクラス」などのサービスを提供しています。

インドでは、ERPソフト「Tally」とAPI連携することで、Tally利用者がDBS銀行のサービスを利用することができる仕組みを構築しました。店舗設備を持たないスマホ銀行「digibank」は、成長著しいインドとインドネシアでリテールバンキングを提供し、305万人の顧客を獲得しています。

(4)人とスキルに投資する

DBS銀行は人・企業文化の強化にも乗り出しました。前述した「従業員2万2000人をスタートアップに変革する」との標語はこれを示しています。スタートアップのようなイノベーティブなマインドセットを植え付けるべく、5つの指針が打ち出されました。「徹底した顧客中心主義」「データ・ドリブン」「リスクを取って実験に挑む」「アジャイル型」「学ぶ組織になる」です。

このうち「学ぶ組織になる」の方針のもとでは、学びのための「スペース、ツール、パートナー」を用意しました。例えば「DBSアカデミー」や、スタートアップ企業とのコラボスペース「DBSアジアX」といった場所では、ハッカソンやワークショップなど各種のイノベーションプログラムが実施されました。スタートアップ企業やインキュベーター、アクセラレータとの交流も、大きな学びの機会となっています。

興味深いのは、従業員1人当たりの学習時間をKPIに設定していることです。2019年のアニュアルレポートによると、2018年度が36・6時間だった学習時間が、2019年度には38・7時間、2020年度には38・9時間へと伸びています。

このように、プロダクトやサービスなど技術的・物理的なサービスの変革にとどまらず、人・企業文化の改革まで徹底しているのを見れば、「会社の芯からデジタルに」という言葉も納得でしょう。バックエンド（テクノロジーの内製化、ハードウェアやシステムのクラウド化）、フロントエンド（商品・サービス、オープンAPI、エコシステム）、そして人・企業文化の三位一体による変革が、DBS銀行のDXだと言えます。

ガンダルフ・トランスフォーメーション

これまで見てきたように、矢継ぎ早に施策を打ち出し、PDCAを回していく様子そのものが、伝統的な金融機関ではなくテクノロジー企業を思わせます。

ここであらためて、DBS銀行は最初から「メガテック企業なら何をするか?」「もしジェフ・ベゾスが銀行をやるなら何をするか?」という大胆な問いかけからスタートしたことを思い出しましょう。DBS銀行はこれを「ガンダルフ・トランスフォーメーション」と呼び習わしています。

ガンダルフ(GANDALF)とは、グーグル、アマゾン、ネットフリックス、アップル、リンクトイン、フェイスブックといったメガテック企業の頭文字にDBS銀行の頭文字Dを加えたものです。DBS銀行がこれらメガテック企業と肩を並べる存在になる、との決意の表れであることは、言うまでもありません。そして各社から次のような特質を学ぼうとしたのです。

G:グーグルのオープンソースソフトウェア志向

A:アマゾンのAWS上でのクラウド運用

N:ネットフリックスのデータを利用したパーソナル・レコメンデーション

D:DBSが「ガンダルフ」の〝D〟になる!

A:アップルのデザイン思考

L:リンクトインの「学ぶコミュニティーであり続ける」こと

F:フェイスブックの「世界中の人々への広がりを持つ」こと

ちなみにガンダルフとは、映画『ロード・オブ・ザ・リング』に登場する魔法使いの名でもあります。「魔法のような力で銀行からテクノロジー企業へと刷新する」。そんな想いが込められているのかもしれません。

「会社の芯までデジタルに」「自らをカスタマージャーニーに組み入れる」「従業員2万2000人をスタートアップに変革する」という3つの標語にしても、「もしジェフ・ベゾスが銀行をやるなら何をするか？」という視点から導かれたものです。

そしてDBS銀行がベゾスから学んだ最大のものは、そのプラットフォーム戦略だと思われます。特に「自らをカスタマージャーニーに組み入れる」という標語は、アマゾン創業以来のビジネスモデルとも一致します。

ここでいうアマゾンのビジネスモデルとは、次のようなものです。すなわち、品揃えを増やす→お客様の満足度が上がりカスタマーエクスペリエンスが向上する→トラフィック（アマゾンドットコムへの来店客数、出品するショップ、ＡＷＳを利用する企業など）が増える→アマゾンで物を売りたいという販売者が集まる→品揃えが増えお客様の選択肢が増える→お客様の満足度が上がりカスタマーエクスペリエンスがさらに向上する→さらにトラフィックが増える……。

図表7-3　DBS銀行のビジネスモデル

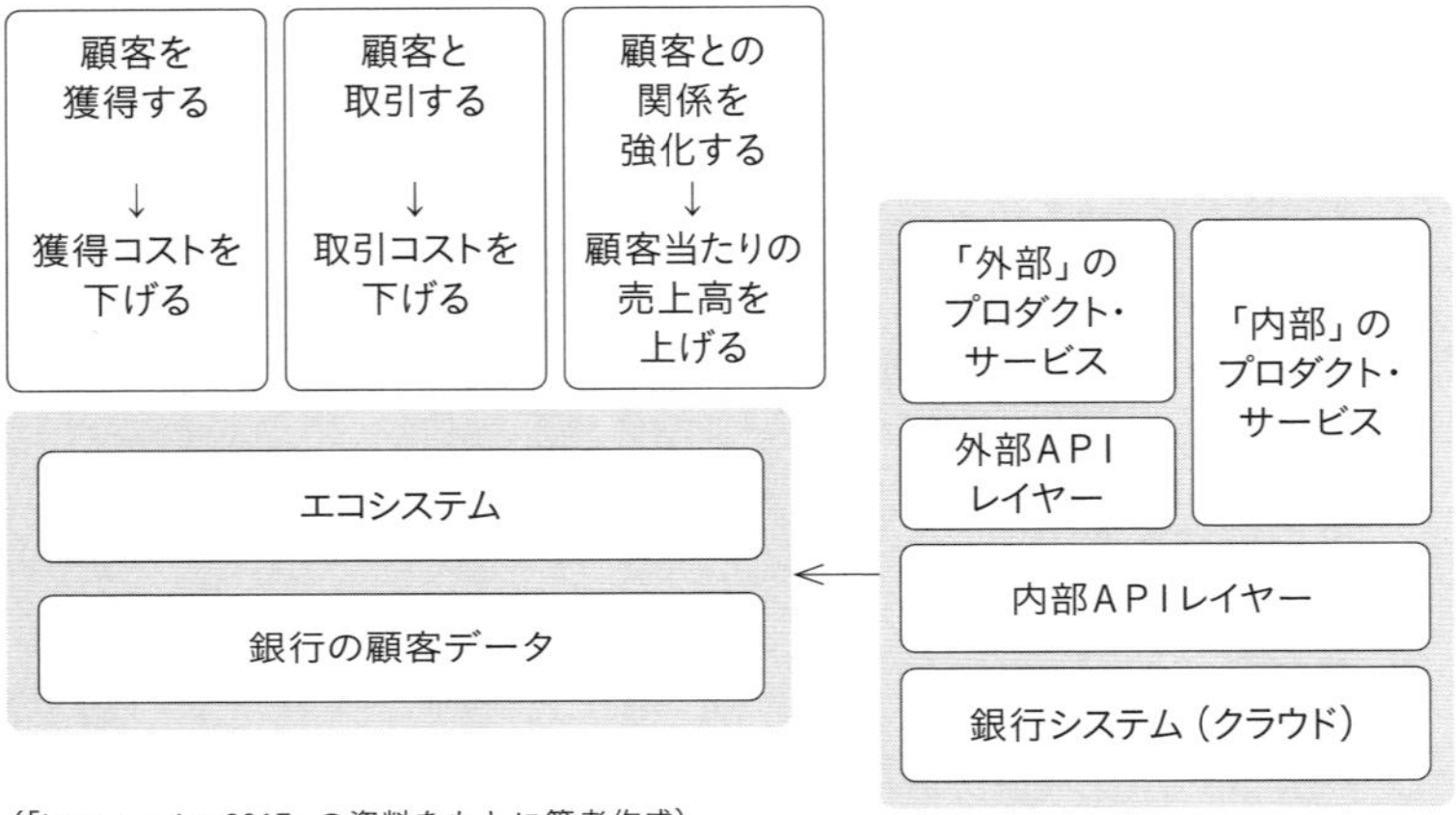

（「Investor day 2017」の資料をもとに筆者作成）

ジェフ・ベゾスはアマゾン創業時、紙ナプキンにこのビジネスモデルをメモしたといわれています（巻末のワークショップを参照）。以来アマゾンは、オンライン書店の枠を超えて、世界最強の「エブリシングストア」へと成長した今に至るまで、この成長サイクルを回し続けているのです。

ここでは「低コスト」体質が前提になっていることも重要です。アマゾンのビジネスモデルにおいては、カスタマーエクスペリエンスの手前に低価格と品揃えが置かれており、「顧客は第一に低価格と品揃えを求める」というベゾスの認識が示されています。低コスト体質がなければ、低価格も品揃えも実現できないからです。

一方、DBS銀行のビジネスモデルは図表7-3が示すとおりです。顧客を獲得する↓顧客と取引する↓顧客との関係を強化する。

一連の業務プロセスは、DBS銀行が有する顧客データ及び顧客データをもとにしたDBS銀行内外のプロダクト・サービスのエコシステムの上に成り立っています。そのエコシステムを構成しているのが、ここまで紹介してきたクラウド化された銀行システムであり、社内外向けのAPIです。

このビジネスモデルにおいては、「顧客データ＋エコシステム」が拡大するほどに、顧客獲得コストと顧客取引コストが下がり、また顧客当たりの売上高は上がっていくという好循環が生じます。

アマゾンのビジネスモデルと共通するのは、カスタマージャーニーを前提とし、外部の第三者とともにエコシステムを構築している点、そして顧客が金融サービスに限らない様々な生活サービスを享受できるプラットフォームを整えた点にあります。また、そのプラットフォームは、クラウド・ネイティブ化により低コスト体質が実現されています。

これにより、DBS銀行においても、サービスの品揃えが増えれば顧客満足度が上がり、カスタマーエクスペリエンスが向上するとトラフィックが増加し、エコシステムに加わる第三者・事業者も増えるのです。顧客が享受できる生活関連サービスの品揃えや選択肢も増え、顧客満足度やカスタマーエクスペリエンスがさらに向上し、トラフィックも増大していくという、アマゾンと同様のビジネスモデルが実現することとなったのです。

オープンAPIが創出する「目に見えない銀行」

DBS銀行のビジネスモデルにおけるオープンAPIの重要性を指摘しておきます。APIとは、あるアプリケーションの機能や管理するデータなどを他のアプリケーションから呼び出して利用するための接続仕様・仕組みのことです。中でも第三者に公開されているものをオープンAPIといいます。

金融にかかわるオープンAPIの例としては、外部である第三者・事業者が内部たる銀行の顧客口座情報などを照会する「照会型API」と、第三者・事業者が銀行の顧客に対してサービスを直接提供する「実行型API」があります。DBS銀行でいえば、先に挙げた会計ソフト「Xero」やERPソフト「Tally」、またモバイル決済システム「PayLah!」などが実行型APIにあたります。

この実行型APIこそ、DBS銀行が第三者・事業者とのエコシステムを構築し、「目に見えない銀行」としてカスタマージャーニーに入り込むカギです。

銀行がAPIをオープンにすることで、第三者・事業者は銀行の顧客口座データを利活用し、銀行では提供できない多様なサービスを銀行の顧客に対し直接提供できるようになります。第三者・事業者はビジネスチャンスの拡大、銀行の顧客は利便性の高い金融サービスというメリットを享受するわけですが、むろんDBS銀行にとってもメリットがあります。第三者・事業者と連携して、サービスの高度化、カスタマーエクスペリエンスの高度化が図れるほか、銀行だけでは取得できない顧客に関する行動データや位置データなども入手でき、より顧客のニーズに合った銀行サービスを提供する手がかりが得られるからです。

DBS銀行は、2015年のアニュアルレポートの表紙に「銀行を意識することなく、生活を楽しもう」というコピーを掲げました。まさにそれが実行型APIにより実現されたのです。

それでは「目に見えない銀行」としてのDBS銀行が目指すものは何でしょうか。それは「顧客との継続的で良好な関係性」を構築し、さらなるカスタマーエクスペリエンスの向上を実現することです。そして、それこそがGAFAなどテクノロジー企業の専売特許でもあります。

テクノロジー企業（金融ディスラプター）はITの世界における「当たり前」を金融産業に持ち込みました。「銀行は不便でわかりにくい」「ATMに並ばないといけない」といった旧来の当たり前を、「便利であること」「手間や時間がかからないこと」「わかりやすいこと」「フレンドリーであること」「楽しいこと」「存在を感じさせないこと」といったITの世界の「当たり前」によって、塗り替えたのです。

それを可能としたものが、「顧客との継続的で良好な関係性」です。テクノロジー企業が構築したECやソーシャル・顧客コミュニケーションといった生活サービスのプラットフォームの中に顧客を囲い込み、そこで得られたビッグデータとＡＩを活用して優れたカスタマーエクスペリエンスを創出します。同時に、ビッグデータをさらなる新しい金融サービスの開発に活かし、顧客満足度を向上させるとともに、より強固に顧客を囲い込んでいるのです。

このように「顧客との継続的で良好な関係性」をゲームのルールとし、同じルールで戦うことができない旧態依然としたプレイヤーを破壊しようとしているのが、金融ディスラプターにほかなりません。

従来の銀行とは一線を画す「世界一のデジタルバンク」ＤＢＳ銀行のビジネスモデルを「理想の世界観」実現ワークシートに落とし込んだものが、図表７‐４です。

ＤＢＳ銀行は、自らを脅かす金融ディスラプターたちと同じことを、大胆きわまりない「自己破壊」を通じて体現してみせました。すなわち、顧客の商流、物流、金流にかかわるビッグデータを、バックエンド、フロントエンド、人・企業文化に練り込みながらエコシステムを拡充し、優れたカスタマーエクスペリエンスと金融サービスを創出しながら、「顧客との継続的で良好な関係性」を築いていく。このサイクルを回していくことが、ＤＢＳ銀行が推し進めるＤＸの本質なのです。

図表7-4　DBS銀行の「理想の世界観」実現ワークシート

「理想の世界観」：DBS銀行
デジタルによって、銀行サービスを受けていることを感じさせない自然さと快適さを提供、富裕層顧客が受けてきたサービスをデジタルで手軽に低コストで利用可能、スマホの中で申込・利用などまで完結

Product（商品） 店舗を中心にしながらも徐々にオンラインでも商品提供を拡充	**Customer Value（顧客への価値）** 銀行サービスを受けていることを感じさせない自然さと快適さ
Price（価格） 商品知識が乏しいと価格の妥当性もよくわからない	**Customer Cost（顧客のコスト）** 富裕層顧客が受けてきたサービスをデジタルで手軽に低コストで利用可能
Place（プレイス） 店舗でのサービスは不便、オンラインでのサービスも使いづらい	**Convenience（利便性）** スマホの中で申込・利用などまで完結
Promotion（プロモーション） TVCMなどで大量にプッシュ型のプロモーションを展開	**Communication（コミュニケーション）** デジタルで顧客とつながり、スマホの中で顧客とのコミュニケーションが完結

「現状の課題」：銀行
不便、時間がかかる、わかりにくいなど、「お役所的サービス」の代名詞になり下がっている

（筆者作成）

デジタルトランスフォーメーションの成果

ＤＢＳ銀行のＤＸは、市場の評価としても表れています。持ち株会社DBS Group Holdingsの株価は２００９年当初と比較して約３・５倍、また２０１７年当初との比較でも約2倍に上昇しています。

また、ＤＢＳ銀行がＤＸ推進に際して最重点セグメントと位置づけたのはシンガポール・香港のリテールと中小企業取引ですが、このセグメントでの主な経営指標を見ても、その成果は明確に表れてきています（図表７－５）。

２０１５年、このセグメントの売上高は全売上高の38％を占めていましたが、このうち49％がオンラインやモバイルなどデジタル取引からの売上でした。それが２０１７年は、同セグメント売上高は全売上高の44％（２０１５年比で6ポイントアップ）を占めるに至り、そのうち63％がデジタル取引からの売上となっています。デジタル取引と非デジタル取引の勢いの差はそれぞれの売上伸び率を見ても明白です。非デジタル取引売上の年平均伸び率はマイナス４％であるのに対して、デジタル取引売上の年平均伸び率は27％です。デジタル取引の増加が、同セグメントの全売上高に占めるシェアを押し上げた格好です。

２０１８年は、同セグメント売上高の全売上高に占めるシェアは46％に上昇しました。そのうちデジタル取引売上は、前年から5ポイント増加し68％を占めています。そこでの非デジタル取

図表7-5　DBS銀行のデジタルトランスフォーメーションの成果
全売上高に占めるシンガポール及び香港市場のリテール・中小企業取引の売上高の割合（推移）

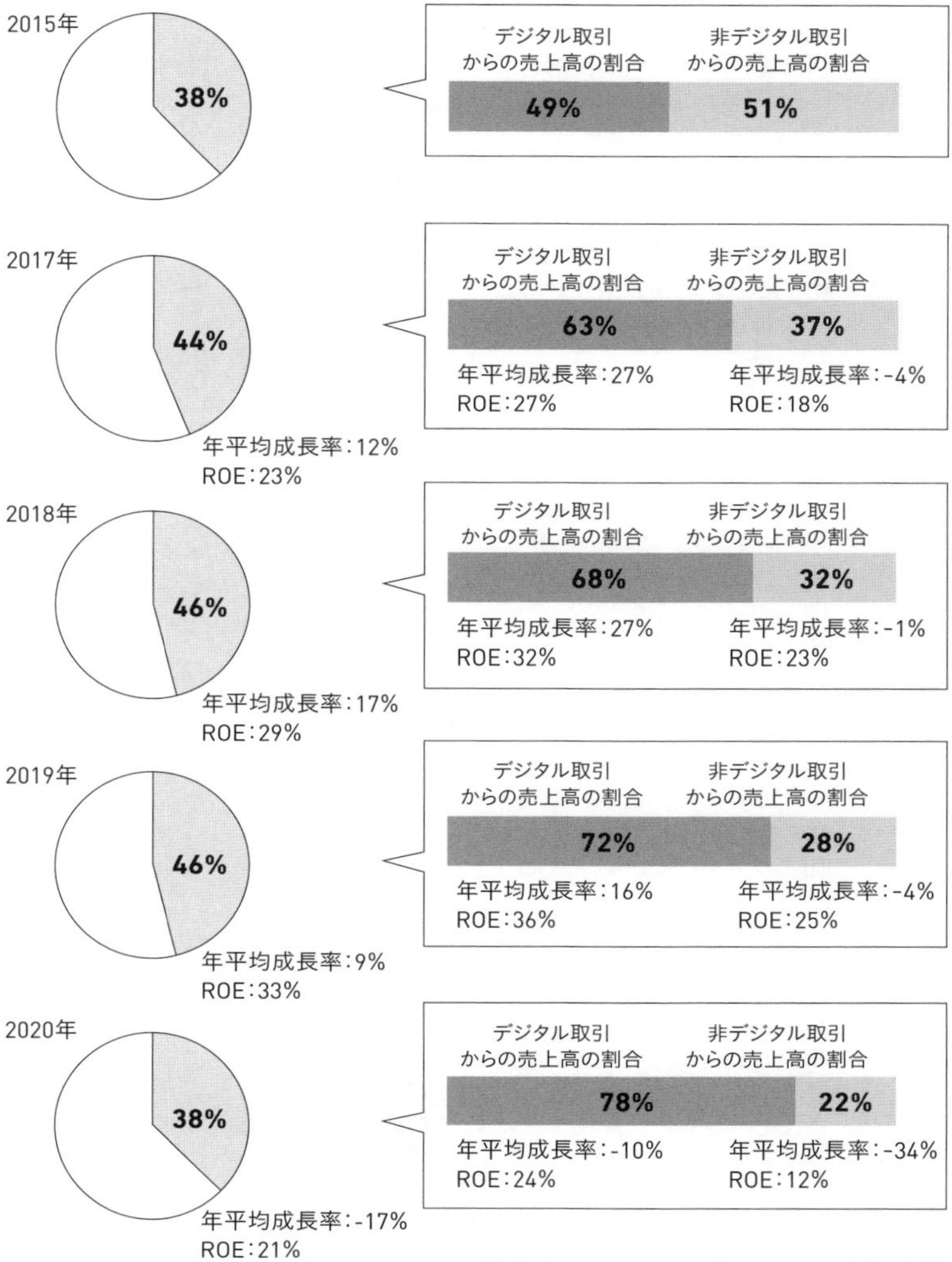

（各年度のアニュアルレポートをもとに筆者作成）

引売上の年平均伸び率がマイナス1％であるのに対して、デジタル取引売上は27％の年平均伸び率を記録しています。

２０１９年は同セグメント売上高の全売上高に占めるシェアは46％のままですが、そのうちのデジタル取引売上の割合が72％へ前年比４ポイントアップしました。

２０２０年はコロナ禍による影響の中、同セグメント売上高のシェアは38％へ低下したものの、そのうちのデジタル取引売上の割合は78％に上昇し、前年比6ポイントアップとなっています。

売上高だけでなく株主資本利益率（ＲＯＥ）を見ても、ＤＢＳ銀行の最重点セグメントにＤＸが確実に浸透し、デジタル取引に確かな収益性が備わってきていること、そして効率よく利益を上げる仕組みができてきていることが見て取れます。

世界一のデジタルバンクの新たなミッション

こうした成果から、ＤＢＳ銀行は金融業界におけるＤＸの牽引役になってきました。しかし近年、ＤＢＳ銀行はデジタル化を進展させつつも、新たなミッションに向かいつつあるように見えます。

このことが見て取れるのが、ＤＢＳ銀行の持ち株会社DBS Group Holdings Ltd.が毎年発行するアニュアルレポートの表紙に記された標語です。2015年以降の標語を見てみましょう。

2015年「銀行を意識することなく、生活を楽しもう（Live More, Bank Less）」
2016年「バンキングを再イメージする（Reimagine Banking）」
2017年「開発銀行からデジタル銀行へ（Digital Bank of Singapore）」
2018年「目に見えない銀行（We're making banking invisible）」
2019年「より大きい善の追求へ（Pursuing the greater good）」
2020年「ともにより強く（Stronger Together）」

2018年の標語までは、ここまで論じてきたように、デジタルをキーワードにして「銀行としていかにトランスフォーメーションするか」を短い表現に凝縮していることがわかります。一方、2019年と2020年の標語からは、より社会性を帯びた、また使命感が込められたメッセージを感じ取ることができます。それぞれ、詳しく見ていきましょう。

まず、2019年の「より大きい善の追求へ」（Pursuing the greater good）とは一体どのようなものか。DBS銀行は次に挙げる3つの指針を示しています。

(1) よりよい事業環境を築く(Building better buisinesses)
「中小企業を支援」「持続可能な未来への支援」「社会起業精神や事業の支援」などを通じて、デジタル及び低炭素経済への移行を促します。

(2) 人々へ力を与える(giving power to the people)
「金融包摂の促進」「金融サービスの民主化」など、イノベーションやテクノロジーによる金融へのアクセスを促進します。

(3) 持続可能なムーブメントを引き起こす(catalysing a sustainability movement)
持続可能な社会の実現のため、顧客、従業員、サプライヤー、パートナー、パブリックを巻き込んでいきます。

これだけではまだ具体性に欠けるきらいがありますが、すでに明らかになっている取り組みもいくつかあります。

例えば、(2)にある「金融サービスの民主化」について。『ユーロマネー』誌がDBS銀行を「アジア・ベスト・バンク・2020」に選出した際の評には、次のようにあります。

「昨年(2019年)の『DBSデジポートフォリオ』の立ち上げを挙げることができます。これは、わずか運用資産額1000シンガポールドル（720米ドル）の個人顧客が投資し、DBSのウェルス・マネジメント・ストラテジストが提供する分析とアドバイスにアクセスすることができるハイブリッドな『ヒューマン・ロボ投資サービス』です。つまり、DBSはデジタルの力を利活用して、金融サービスの民主化を進めています」

従来なら大口顧客しか享受できなかった資産運用サービスが、AIにより小口の一般顧客でも受けられるようになった。「金融サービスの民主化」の一例です。

次の一文も、同じく『ユーロマネー』誌による評です。こちらは（3）の「持続可能な社会の実現」に関することです。

「台湾、シンガポール、香港とともに、中国、インドネシア、インドという世界全体の成長の40～50％を占める3市場にも重点を置いています。

これは、持続可能性、及び環境・社会・ガバナンス（ESG）の原則にまで及んでいます。2019年11月、DBSは東南アジアにおいて最初に『エクエーター原則（赤道原則）』に署名した銀行になりました。2019年通年で、合計50億シンガポールドル相当の35件の持続可能な資金調達取引を完了しています。

そして、コロナ危機が発生したとき、グプタCEOは、銀行の一部門であるPOSBに、シンガポールに滞在する経済的に排除された移民労働者ができるだけ早く銀行サービスを利用できるように命じました。4月だけでも、4万1000人の労働者がPOSB Jollyアカウントを開設するためにサインアップしました。これにより、アカウント所有者は海外に送金したり、SMS経由でプリペイドSIMカードにチャージしたりできます」

『エクエーター原則(赤道原則)』とは、金融機関による開発プロジェクトなどへの融資にあたって、そのプロジェクトが地球環境や地域社会へ及ぼす影響に配慮していることを確認するための国際的枠組みです。DBS銀行を評価する声は、「デジタルバンク」としてのDBS銀行のみならず、新型コロナ禍における迅速な対応など、「より大きい善」を追求する姿勢にも及んでいることが、ここからもわかります。

そして、こちらは『ユーロマネー』誌が「ワールド・ベスト・バンク・2019」にDBS銀行を選出した際の評です。

「編集チームは、未来の銀行とはどのようなものかを検討するために多くの時間をディスカッションに費やしてきました。その1つの特徴は、より広く社会で真にその役割を果たし、企業責任を事業の中心に据える銀行であることです。それは、単なる約束ではなく、従業員とそのクライアント、顧客に対する『責務』です」

「DBSは、COVID-19感染拡大の間、デジタルバンキングサービスへの需要急増への準備が十分にできていました。過去10年間、デジタルトランスフォーメーションに多額の投資を実行し、包括的で効率的な銀行カルチャーを生み出してきました。これらの投資は、不確実性と信用リスクが増大する時期に成果を上げてきており、銀行のレジリエンスを強化、デジタルへの顧客ニーズが高まっている時期に銀行を強化するのに役立っています」

さらに、2020年の標語「ともにより強く」(Stronger Together) は、こうしたDBS銀行の社会的役割をもう一歩前に打ち出したものになっています。標語には、「パンデミックの中でのパーパスのあるバンキング」(Banking with purpose amid pandemic) というサブタイトルが付けられています。

「パーパス」とは通常「目的」という意味で使われますが、ここでは企業の存在意義、事業の目的、ミッション、使命ととらえればよいでしょう。2020年1月のダボス会議でも、企業は自社利益の最大化だけではなく、これまでの資本主義が招いてきた環境破壊や社会の不平等に対して向き合うべきという趣旨で、この「パーパス」という言葉が使われました。

DBS銀行の2020年アニュアルレポートに掲げられた標語とサブタイトルには、先に挙げた「よりよい事業環境を築く」「人々へ力を与える」「持続可能なムーブメントを引き起こす」という3つの指針に基づいて自らの「パーパス」をより確かなものにしていく、そしてステークホルダーとともに「ともに強く」進んでいくという決意が込められているかのようです。

2020年のアニュアルレポートでは、前年までのアニュアルレポートには見られなかった「サステナビリティ／パーパス・ドリブンのハイライト」の指標として、「中小・零細企業への融資70億シンガポールドル」「社会起業家への支援・支出90億シンガポールドル」「低所得の移民や世帯への食糧提供450万食」「従業員によるボランティア5万7000時間」などの実績が示されています。また、「顧客」「従業員」「コミュニティー」それぞれのステークホルダーに対して、次の取り組みも紹介されています。

顧客（Customer Hope）

「多くのお客様がパンデミックの際に大きな打撃を受けました。DBS銀行は、流動性不足に陥ったお客様に対して資金を提供し、ローン・モラトリアムを延長し、あるいは企業や個人が安全なオフィスや自宅に居ながらにして銀行を利用することができるよう多様なデジタルソリューションの提供を促進しました」

従業員（Employees Grit）

「銀行業務が不可欠なサービスであることを認識し、従業員に対して在宅勤務など様々な対策を施しました。これによって、パンデミック期間中も、お客様は十分なサービスを受けることができました。また、従業員の心身の健康を守るとともに、将来に向けてのスキル取得に関する施策も展開しました。DBS銀行は雇用維持に努めるだけでなく、パンデミックの中での雇用強化、新しい雇用の創出に向けても取り組みを行いました」

コミュニティー（Community Purpose）

「DBS銀行は、パンデミックによって深刻な悪影響を受けたコミュニティーに対して多様な手段で支援を行ってきました。食糧や医療機器の提供、社会事業に対する助成や融資、移民労働者など金融サービスを利用することが困難な層に対するバンキングの提供、従業員によるボランティア活動を通した社会的孤立解消への取り組みなどです」

思えば、本書で取り上げる企業は、独自のトランスフォーメーションを進めることで業界の牽引役となりながら、事業を成功させるだけでは飽き足らず、新たな価値観、新たな世界観を社外に謳い、浸透させている点でも共通しています。それがまた社内外の評価を集め、企業を成長させる原動力になっています。

DBS銀行は、2020年12月16日付プレスリリースで、世界銀行、グーグルクラウド、シンガポール国立大学などと共同で、炭素クレジットの信頼強化を目的とするプログラム「サステインテック・エクセレーター（Sustaintech Xcelerator）」を立ち上げたと発表しました。プレスリリースによると、「サステインテック・エクセレレーター」は、炭素隔離や生物多様性にかかわるリモートセンシング、AIやIoT、気候科学のテクノロジーやソリューションを開発し、自然を基盤とする気候変動解決策（NbS：Nature-based Solutions）への信頼を高める事業者を支援していくとしています。

「国連気候アクション・サミット2019」では低炭素推進機関投資家イニシアティブ「Investor Agenda」による共同声明「Global Investor Statement to Governments on Climate Change」が出され、また国連環境計画金融イニシアティブ（UNEP FI）による国連責任銀行原則「Principle for Responsible Banking」が発足するなど、機関投資家や金融機関は気候変動を経営リスクとしてとらえるようになってきています。「サステインテック・エクセレレーター」は、そうした中でのDBS銀行による気候変動問題への取り組みです。

DXを促進する金融機関として「大きな善の追求」を掲げたDBS銀行が、コロナ禍という危機の中でステークホルダーと「ともに強く」進んでいくために、どのような価値観を投げかけていくのか、金融機関として今後も具体的にどのような施策を打ち出していくのか、引き続き注目したいと思います。

第8章

アマゾン

「ベゾス後」は製造業とヘルスケアのDX覇権を握る

Amazon

「re:Invent 2020」で示されたAWSの決意

2020年12月、アマゾン・ウェブ・サービス(AWS)は年次イベント「re:Invent 2020」を開催しました。「re:Invent 2020」は例年、米国ラスベガスで開催される大規模イベントですが、2020年はコロナ禍の影響を受け、オンライン開催を余儀なくされました。

聞き慣れない「re:Invent」という言葉について、最初に触れておきましょう。このイベント名には、直接的には2つの意味が込められています。

英語の「re:」は「〜に関して」の意味。そして「Invent」は発明する、イノベーションを起こす、の意味です。そしてアマゾンといえば、創業以来「地球上で最も顧客中心主義(カスタマーセントリック)の会社」というビジョンを掲げる会社であり、ベゾスはカスタマーセントリックを「聞く(Listen)」「発明する(Invent)」「パーソナライズ(Personalize)」という3つの動詞で定義しています。すなわち、顧客の声に耳を傾け、それを実現するサービスを生み出すこと。また、画一的なサービスをよしとせず、顧客1人ひとりを誰よりも尊重して徹底的にパーソナライズされたサービスを提供すること。それがアマゾンにとっての顧客中心主義です。

こうした一連の定義を踏まえると、「re:Invent」はまず、発明やイノベーションに関するカンファレンス、と理解できます。

同時に、このイベント名は「reinvent」にもかけているはずです。reinventには、再発明、最初から作り直す、といった意味があります。

最初から作り直す。このイベント名からは、ベゾスがあらゆる機会で語り続けている「DAY1」という言葉が想起されます。

ベゾスの話には必ずといっていいほど「DAY1」という言葉が出てきます。これは「アマゾンにとってはいつでも今日が創業日だ」というメッセージです。

アマゾンはイノベーションを武器に時価総額世界一を競うメガテック企業に成長しましたが、DAY1の精神を忘れてしまえば、スタートアップ企業のようにスピーディな企業文化は失われてしまう。そのことを忘れないために、ベゾスは徹底的に「DAY1」という言葉を繰り返しているのです。

スタートアップ企業のようにスピーディな企業文化を象徴する名詞が「DAY1」であるとするなら、動詞が「reinvent」。いつでもDAY1の精神で、顧客の声に耳を傾け、イノベーションを生み出し続ける。そのようなメッセージを私はこのイベント名から受け取りました。

イベント初日の基調講演において、AWSのCEOであり、2021年第3四半期にはベゾスの後を継いでアマゾン本体のCEOに就任するアンディ・ジェシー氏が登壇し、「仮想マシン」「コンテナー/サーバーレス」「ストレージ」「データベース」「機械学習」「コンタクトセンター」「製造IT」「ハイブリッドIT基盤」の領域で約30の新サービスを発表しました。

このうち、特に注目すべきは、製造業における予知保全や品質管理に機械学習を活用する5つのサービスを発表したことです。

すなわち、外付けのIoTセンサーからデータを吸い上げ、AIによって産業機械の異常を検出するという一連の予知保全システムを提供する「Amazon Monitron」、すでにセンサーを設備している顧客向けに予知保全システムを実現する「Amazon Lookout for Equipment」、一般的なネットワークカメラを監視デバイスに変える「AWS Panorama Appliance」と「AWS Panorama Device SDK」、そして画像から欠陥品を検出する「Amazon Lookout for Vision」です。

これら5つのサービスを紹介したアンディ・ジェシー氏は「製造業などの産業分野の企業は、機械学習の活用で顧客体験や工場に変革をもたらせることは分かっているが、そのための技術や人材が不足している。この課題を解決するために開発したのがこれらのソリューションだ」(「MONOist」2020年12月3日)と語りました。

またAWSで機械学習担当のバイスプレジデント、スワミ・シヴァスブラマニアン氏は次のように述べています。

「産業分野や製造業の顧客は常に、コストの削減、質の改善、コンプライアンスの維持を行うよう株主や顧客、政府、競合他社に迫られている」
「産業用途の新たな5つの機械学習サービスを提供することを喜ばしく思う。インストール、デプロイ、起動、実行を素早く行うことが容易であるとともに、クラウドとエッジをつなぎ、産業分野の顧客に未来のスマートファクトリーを提供するものとなる」
（「ZDNet Japan」2020年12月2日）

なぜ、これら5つのサービスが注目に値するのか。日本では大きく報道されなかった発表ですが、これら5つのサービスは、事実上「アマゾンが製造業DXへの進出を本格的に果たした」という点で、きわめて大きな意味を持っているからです。

製造業DXとしての「アマゾン・モニトロン」

製造業DXへの進出を本格的に果たしたアマゾンの戦略をご理解いただく上で、ここでは、一般向けの提供が始まろうとしている「Amazon Monitron（アマゾン・モニトロン）」について解説します。

アマゾン・モニトロンは、簡単にいえば、機械学習の活用で産業機械の異常な動作を検出するサービスです。モーターやギアボックス、ポンプ、ファン、ベアリング、コンプレッサーなどの産業機械にセンサーを取り付け、AWSにデータを吸い上げることで機器を監視（モニタリング）し、「予知保全」プログラムを行うものです。何らかの異常を検知したら、担当者のモバイルアプリにアラートを送信します。故障や異常が発生してから対応を行う「事後保全」とは異なり、機器の状態を監視し、障害が発生する以前にメンテナンスを行うことで、計画外のダウンタイムを削減します。

従来、生産現場における予知保全は、特定の人の経験に頼るか、高価なセンサーを導入することで行われてきました。しかし、どちらも容易ではありません。アマゾン・モニトロンのサービスサイトには、次のように書かれています。

「センサーの設置、データ接続、ストレージ、分析、およびアラートに必要なインフラストラクチャは、予知保全を可能にするための基本的な要素です。しかし、これを機能させるために、企業はこれまで、これらの要素をゼロから組み合わせて複雑なソリューションを実現するために、熟練技術者とデータサイエンティストを必要としてきました。これには、各社のユースケースに適したタイプのセンサーを特定して調達し、それらをIoTゲートウェイ（データを集約して送信するデバイス）と接続することが含まれていました。その結果、予知保全を成功裏に実装できた企業はほとんどありません」

アマゾン・モニトロンは、ここに挙げられた製造業の課題を解決するものです。

「アマゾン・モニトロンには、機器から振動と温度のデータを取得するセンサー、AWSにデータを安全に転送するゲートウェイデバイス、機械学習を使用して機械の異常パターンのデータを分析するアマゾン・モニトロンサービス、およびデバイスをセットアップし、機械の動作についてのレポートと機械の潜在的な障害についてのアラートを受け取るためのコンパニオン・モバイルアプリが含まれています。開発作業や機械学習の経験がなくても、機器の正常性のモニタリングを数分で開始でき、アマゾン・フルフィルメントセンターで機器をモニタリングするために使用されているのと同じテクノロジーを使用した予知保全が可能になります」

アマゾン・モニトロン導入のメリットが、ここに集約されています。「故障前に異常を検知できる」ことに加えて、ハードウェアの先行投資額を抑えながら、データ分析にまつわる手間や熟練技術者の知識も、不要となるのです。加えていうなら、導入も簡潔で、次の4つのプロセスがあるのみです。

(1) モーター、ギアボックス、ファン、ポンプなどの回転機器にワイヤレス・アマゾン・モニ

トロン・センサーを取り付け、振動と温度を測定

（2）センサーデータは、アマゾン・モニトロン・ゲートウェイを使用して自動的かつ安全にAWSに転送

（3）センサーデータは、機械学習を使用して自動的に分析され、メンテナンスが必要な可能性のある異常な機器を検出

（4）異常が検出されたときにモバイルアプリから端末にプッシュ通知を送信

こうした日々の運用は、スマホ上で済んでしまいます。

わずか715ドルから始まる生産現場のDX

生産ラインや倉庫などの現場で、各種の産業機械の予期しない故障が起こったときのダメージは甚大です。タイミング次第では、ビジネスへ深刻な影響をもたらしかねません。

通常、こうしたトラブルを回避するために、次のような戦略を組み合わせることがよくあると、AWSのHPに書かれています。

（1）**故障まで実行**：正しく動作しなくなるまで、メンテナンスをせずに機器を操作させる。修

理の完了後、機器を稼働状態に戻す。ただし、機器の状態は不明で、故障は制御不能です。

（2）**計画的保守**：状態に関係なく、事前定義された保守作業が定期的または計量の基準で実行される。計画的なメンテナンス活動の有効性は、メンテナンスの指示や計画するサイクルの良し悪しに依存します。機器のメンテナンスが過剰だったり、あるいは不十分だったりする場合に、不必要なコストが発生したり、故障が発生したりする危険性があります。

（3）**状態基準保全**：監視対象コンポーネントの状態が定義済みのしきい値を超えたときにメンテナンスを完了させる。耐性、振動、温度などの物理的特性を監視することは、より適切な戦略です。これにより、メンテナンスの必要性やメンテナンスコストを低減できます。

（4）**予知保全**：コンポーネントの状態を監視し、潜在的な障害を検出し、障害の発生を追跡する。メンテナンスは、将来予想される障害発生の前に、かつメンテナンスの総コストが最も効率の高いときに計画します。

状態基準保全と予知保全では、重要な機器にセンサーを設置する必要があります。これらのセンサーは、温度や振動などの物理量を測定し、取得します。その変化は、潜在的な故障または悪化状態の先行指標となります。

ＡＷＳのＨＰでは「ご想像のとおり、このようなメンテナンスシステムの構築と導入には、特注のハードウェア、ソフトウェア、インフラストラクチャー、プロセスなどが必要で、長期的かつ複雑でコストのかかるプロジェクトになる可能性があります。お客様から支援を求められ、この事業に取り組みました」と続きます。

仮に、製造業を営む中小企業が、自社工場に予知保全を行うインフラを導入しようとすると、いくらかかることでしょう。生産設備に取り付けるセンサーと、センサーからデータを吸い上げ、AIで分析、異常を検出するという一連の作業に必要なインフラを開発・導入するには、数百万円単位、数千万円単位の投資金額では、おそらく足りません。数億円単位の投資コストがかかることは、想像に難くありません。

ところが、アマゾン・モニトロンの価格は、センサー5個とゲートウェイ、ACアダプターのセットになったスターターキットが715ドル、追加用センサーも5個で517ドルと、破格の安値です。実際の導入にあたっても、センサー及びゲートウェイの1回限りのデバイス購入費用と、使用中のアマゾン・モニトロン・センサーごとの継続的な従量課金制のサービス料金の両方が発生し、追加の前払い金や長期契約はないといいます。

このような事業を、「お客様から支援を求められ」て形にしてみせたのが、アマゾン・モニトロンなのです。「アマゾンが製造業に進出」というと新奇なものに聞こえるかもしれませんが、カスタマーセントリックというミッションのもと、顧客の声に耳をかたむけ、数々の新事業を生み出してきたアマゾンらしい、最新のイノベーションだといえるでしょう。

アマゾン・モニトロンを、「理想の世界観」実現ワークシートに落とし込むと、図表8－1のように整理できます。

導入企業の声も集まりつつあり、その一部がAWSのHPに掲載されています。いずれも生産現場でどのようにアマゾン・モニトロンが活用され、どのような課題を解決しているのか、私たちに教えてくれるものです。

例えば、世界的楽器メーカーであるフェンダー社の事例です。

「この1年間、製造業における成功のために重要でありながら見過ごされがちな部分、すなわち、機器の状態を把握することについての開発を促進するために、AWSと協力してきました。世界中のメーカーにとって、機器の稼働時間の確保は、当社がグローバル市場で競争力を維持する唯一の方法です。機器が確実に稼働しているようにし、突然の故障に驚かないようにすることで、機器を最大限に活用できます。故障の性質としてその都度の対応が必要となるため、計画外のダウンタイムは、生産と労働の両方の損失の点でコストが増大します。アマゾン・モニトロンの状態モニタリングシステムは、大企業と「零細企業」の両方に、壊滅的な故障によって機器が

図表8-1　アマゾン・モニトロンの「理想の世界観」実現ワークシート

「理想の世界観」：アマゾン・モニトロン
中小企業の工場でも低価格のコストで「製造業のDX」が実現できる
(工場の生産性を高めるために故障前に異常を検知するシステムを低価格のコストで導入できる)
Product（商品）
故障前に異常を検知するセンサー×AIのIoTプラットフォームサービス
Customer Value（顧客への価値）
故障前に異常を検知し、工場の稼働がストップすることをあらかじめ阻止したい
Price（価格）
ハード、ソフト、センサー、データマネジメント、AI等が必要で高価格
Customer Cost（顧客のコスト）
必要な機能について必要な分だけ導入可能かつサブスク
Place（プレイス）
自社用にカスタマイズして低価格で提供してもらうことは困難
Convenience（利便性）
取得データから自動で分析できるため開発作業やAIの知識等が不要
Promotion（プロモーション）
専門的な媒体でプロモーション
Communication（コミュニケーション）
AWSによる一連のクラウドサービス、AIサービスからのコミュニケーション
「現状の課題」：工場の生産性向上
工場の生産性を高めるために故障前に異常を検知するシステムを導入したいが、導入するためのコストが高くノウハウがない(AIなども必要)

（筆者作成）

シャットダウンする前に機器の障害を予測する機能を提供し得る機能を備えています。これにより、機器が壊れる前に、スケジュールに基づく修理が可能になります」

あるいは、GEガスパワー社です。

「当然のことながら、簡単に、かつ、コストをかけることなく、これらの資産を大規模にインターネットに接続してモニタリングできれば、メンテナンスコストとダウンタイムの両方を低減できます。さらに、高度なアルゴリズムを利用して、現在の状態だけでなく、将来の正常性を予測し、異常な行動を検出したいと考えています。これにより、時間ベースのメンテナンスから予測的で規範的なメンテナンスの実践に移行できます。アマゾン・モニトロンを使用することで、センサーを利用することで資産を迅速に改良し、AWSクラウドのリアルタイム分析に接続できるようになりました。これは、深い技術的なスキルも、独自のITおよびOTネットワークの設定も必要としません。振動しやすいタンブラーについての最初の使用を開始してから、このビジョンが驚くべき速さで実現するのを目にしています。オペレーターとメンテナンスチームによる操作の容易性、シンプルさ、および大規模に実装できる能力は、GEにとって極めて魅力的です。パイロット期間中、センサーに物理的に触れることなく、リモートのOTA (Over the Air) ファームウェアアップグレードを介してワンクリックでセンサーを更新する機能の便利さも実感しました。規模の拡大に伴って、これは大量のセンサーをサポートおよび維持できるようにするための重要な機能です」

製造業も「プロダクトの戦い」から「エコシステムの戦い」へ

もっともアマゾン・モニトロンは、アマゾンによる製造業DXの第一弾に過ぎません。いま、すべての産業で「競争の条件」が変化していることは、ほかの章でも再三述べてきたとおりです。製造業も例外ではありません。かつては携帯電話が、そして自動車がそうなりつつあるように、ついには製造業全般にDXが及ぼうとしています。その象徴がアマゾン・モニトロンであり、アマゾンはアマゾン・モニトロンを皮切りに製造業DXの覇権を握ろうとしている。私はそう考えています。

従来、製造業における競争は、「製品」の領域が舞台でした。ハード、ソフトなどが安価で良質であることが、競争力の源泉でした。ところがアマゾン・モニトロンの登場により、製造業の現場にも「プラットフォーム」という概念が誕生しました。すなわち、設備故障を事前予測するセンサー機器などとAIによる分析をセットにしたIoTプラットフォームです。

この先、アマゾンは、さらにエコシステムの覇権まで握ろうとしてくるでしょう。いわば、ソフトとサービス全般に及ぶ、スマートファクトリーのエコシステムです。

製品ではなく、プラットフォームでありエコシステムで勝負をしかけてくるのが、GAFAの

図表8-2　競争の条件の変化（製造業DX）

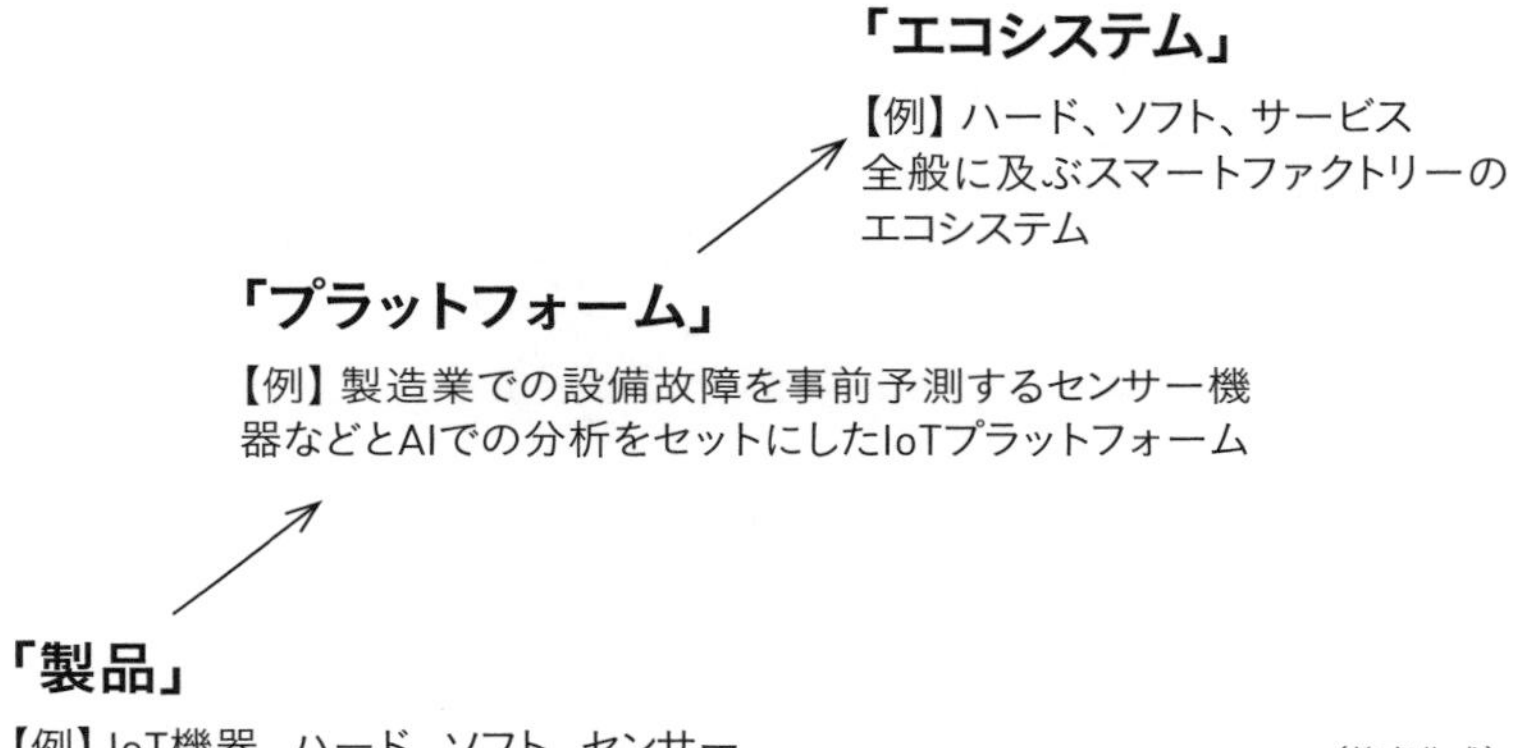
「エコシステム」
【例】ハード、ソフト、サービス
全般に及ぶスマートファクトリーの
エコシステム
「プラットフォーム」
【例】製造業での設備故障を事前予測するセンサー機
器などとAIでの分析をセットにしたIoTプラットフォーム
「製品」
【例】IoT機器、ハード、ソフト、センサー

（筆者作成）

戦い方です。アマゾンにおける事例としては、生活サービスのエコシステムとして音声認識ＡＩの「アマゾン・アレクサ」を、またスマートホームのプラットフォームとしての人工知能スピーカー「アマゾン・エコー」を構築したことが挙げられます。アマゾン・エコーを顧客接点としつつ、アマゾン・アレクサは様々な商品・サービス、コンテンツを外部から取り込みながら拡大を続け、ＡＷＳがカバーする広範囲の法人顧客網や、次世代自動車の車載システムの領域にまで及ぶ、大きな生態系を形作りました。

同じことが、アマゾン・モニトロンを第一弾とするＡＩ×ＩｏＴプラットフォームを起点としたスマートファクトリーの領域で、起ころうとしているのです。

これまで日本の製造業は、数々のテクノロジー領域でＧＡＦＡに覇権を握られていく光景を見ながら、

図表8-3　製造業DX（IoTプラットフォーム）のレイヤー構造

アプリケーション・システム・サービス
データ・AIアナリティックス
ネットワーク・コネクティビティー
センサー・センシング
ハード・製品・部品・デバイス

（筆者作成）

それでもどこか楽観していたのではないでしょうか。製造業こそは「ものづくり大国」の最後の砦であり、ＧＡＦＡが参入してくることもないだろうと。

それはまた、製造業ＤＸのレイヤー構造に守られていたせいもあるでしょう。図表８－３に示したように、基盤となる最下層のレイヤーに位置するのがハード・製品・部品・デバイスであり、ここは日本の製造業の牙城として強固なものがあります。ＧＡＦＡの中でも唯一アップルは製造委託の形で「ものづくり」企業の体裁を保っていますが、製造そのものを手掛けてはいません。

ところが今回、アマゾンは新しいレイヤー構造を示してしまいました。それが図表８－４です。ＡＷＳというクラウドコンピューティングを基盤として構築されたＩｏＴプラットフォームの上に、ハード・製品・部品・デバイスを位置づけるレイヤー構造です。

図表8-4　アマゾンAWSにおけるBtoBのレイヤー構造

アプリケーション・システム・サービス
ハード・製品・部品・デバイス
AWS　IoTプラットフォーム
AWS　AIプラットフォーム
AWS　クラウドコンピューティング

（筆者作成）

もともとクラウドコンピューティングとして誕生したＡＷＳですが、現在は、ストレージやデータベース、サーバー、ネットワークといった基本的なコンピューター・インフラストラクチャーを販売するほか、ＡＩやＩｏＴのプラットフォームも提供しています。

アマゾン・モニトロンは、このＩｏＴプラットフォームの上に、既存のものづくりプレイヤーが手掛けるハード・製品・部品・デバイスを移動させる形で、レイヤー構造を破壊し、作り変えてしまうのです。ハード・製品・部品・デバイスは、これまで通り日本のメーカーが作り続けることでしょう。しかし、もはや彼らはＡＷＳという巨大なプラットフォームの上に乗っかる、1プレイヤーに過ぎません。

AWSの可能性

そして製造業の現場からデータを吸い上げていくAWSのポテンシャルがあれば、早晩、新たな製造業向けサービスをアマゾンは発表してくることになるでしょう。

そもそもAWSとは何だったか。アマゾン本体が消費者向けのビジネスを展開する中、それを支えるコンピューター部門、IT部門であったAWSは、やがて単独でビジネスを行うようになりました。これによりクライアント企業は、自社でハードウェアや設備を用意する手間とコストを極度に圧縮しながら、インターネット経由で様々なITリソースを利用できるようになったのです。これについて、アンディ・ジャシー氏は次のように述べています。

「世界的大企業と同じインフラストラクチャーを寮に住む大学生が使える世界を考えたのです。大企業と同じコスト構造が持てるというのは、スタートアップや小企業にとって互角に戦える場ができるということですから」(『ジェフ・ベゾス　果てなき野望』日経BPより)

いまや、AWSは世界一のクラウドサービスです。そして何より重要なのは、こうしている間にも刻一刻と、AWSはビッグデータを蓄積させていることです。

これまでもアマゾンは、ECサイト、電子書籍リーダーの「キンドル」、音声認識AIの「アレクサ」、無人レジコンビニ「アマゾン・ゴー」など、あらゆる顧客接点でビッグデータを収集し、

図表8-5　アマゾンで収集しているビッグデータとその活用

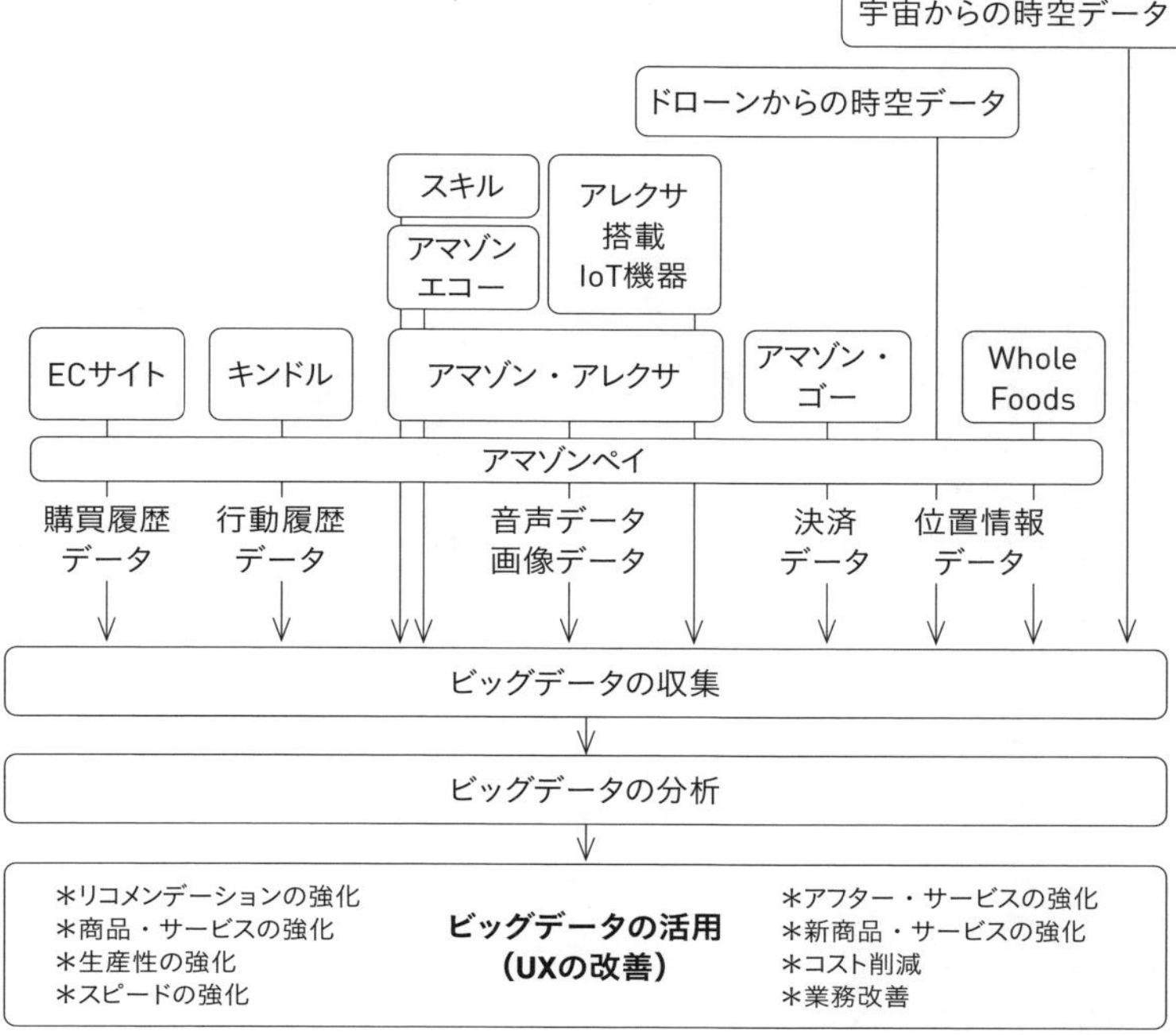

（筆者作成）

リコメンデーションや商品サービスの強化、コスト削減など、ユーザーエクスペリエンスの向上に活かしてきました。BtoB領域においてもAIプラットフォームなどからビッグデータを収集し、真似できない規模と精度で「顧客の声に耳を傾けて」きたのです。

そんなAWSを基盤に持ったアマゾンが、本気で製造業の現場に進出してきたのですから、そのインパクトは一体どれほど大きなものになることでしょう。アマゾン・モニトロンに続いて発表される各種のサービスを待ちたいと思います。

ヘルスケア事業の展開

あらゆる産業を飲み込む「エブリシング・カンパニー」アマゾンは、製造業DXのみならず、ヘルスケアの領域でも「プロダクトの戦い」から「エコシステムの戦い」への変革を仕掛けています。２０２０年は、その全体像が垣間見えた年となりました。その構造を示したのが図８－６です。

ヘルスケアのエコシステムを支えるのも、やはりＡＷＳというクラウドコンピューティング基盤です。２０２０年に発表された「Amazon HealthLake（アマゾン・ヘルスレイク）」は医療データ、ヘルスケアデータの蓄積、加工、分析をＡＷＳ上で行い、医療関係者向けに提供するものです。

その1つ上には、ハード・製品・デバイス・センサーの階層があります。２０２０年にはウエアラブルデバイス「Amazon Halo（アマゾン・ヘイロー）」が発表されました。これは、加速度計、温度センサー、心拍数モニターなどからユーザーのデータを集めるものです。これをもとに健康状態を分析しモバイルアプリに表示します。また従来から提供されている音声認識アシスタント「アレクサ」にも、ヘルスケア関連のスキルが登場しています。

図表8-6　アマゾン及びAWSにおけるヘルスケアのエコシステム全体構造

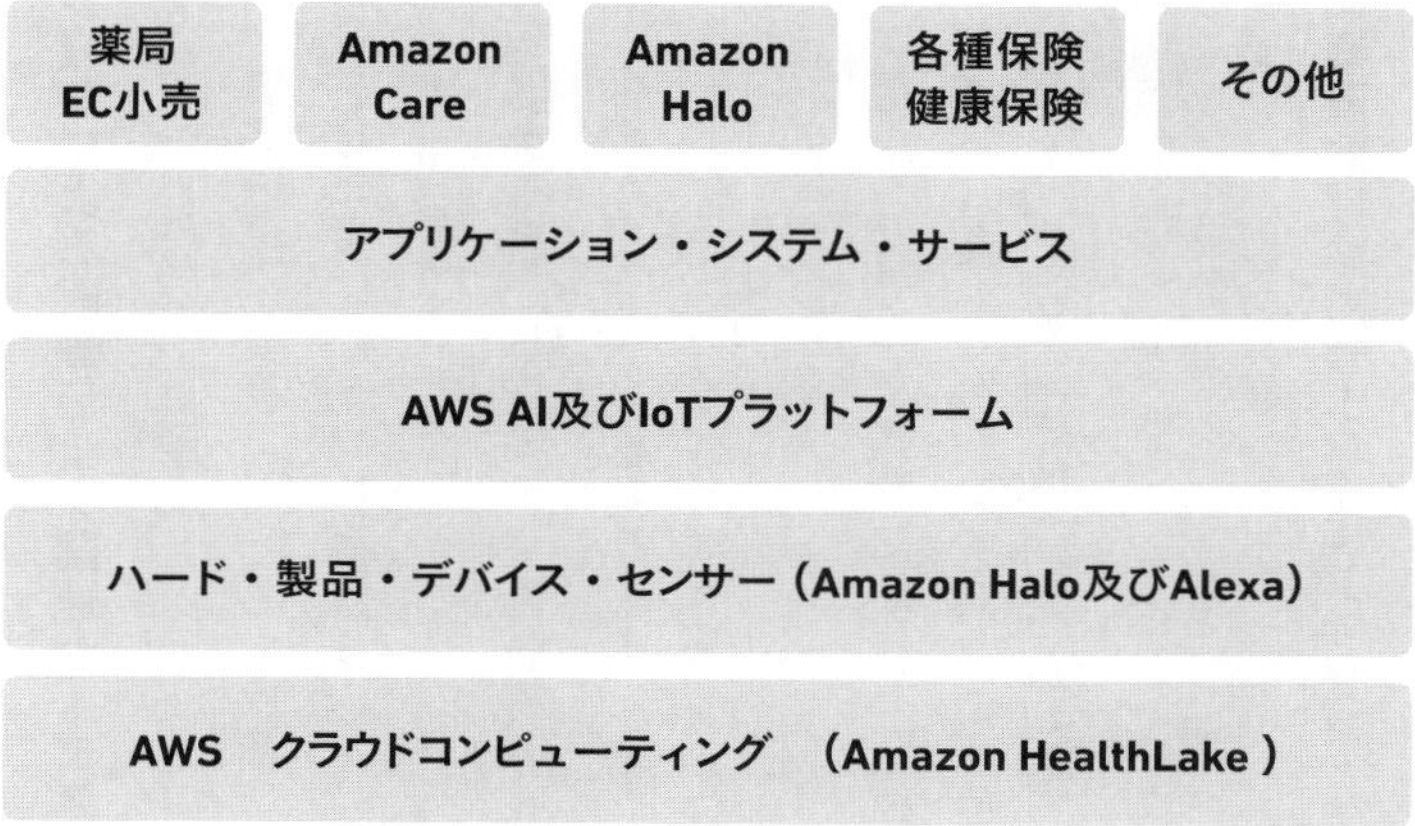

（筆者作成）

その上に、ＡＷＳのＡＩ及びＩｏＴプラットフォームの階層、アプリケーション・システム・サービスの階層が重なります。具体的なものとして、ＥＣとリアルで展開する薬局「アマゾン・ファーマシー」、従業員向けの医療サービス「アマゾン・ケア」、「アマゾン・ヘイロー」が提供する各種の機能が挙げられます。

また、現時点では発表されていませんが、カスタマーセントリックを追求するアマゾンのこと、ユーザーの健康情報、医療情報をアマゾン・ヘルスレイクに蓄積させたのちに、健康保険など各種の保険サービスに結実させる目論見があるものと、私は予想しています。特に国民皆保険を持たないアメリカではニーズが高いはずです。

以下、アマゾンのヘルスケア事業５つを個別に見ていきましょう。

(1) AWSによる医療データ関連サービス「アマゾン・ヘルスレイク」

アマゾン・ヘルスレイクは、AWSの1つの機能、という位置づけです。病院、薬局などから医療データを収集、変換、分析し、医療従事者をはじめ保険会社、製薬会社などに提供するもので、2020年末にローンチされました。その特徴は、これまでバラバラに存在していた患者に関する大量の医療データに、AIの自然言語処理などを加えることで、整理・インデックス化・構造化する点にあります。異なる形式やシステムで記録・保存・管理されているカルテや検査結果、保険の請求書、医療用画像、録音された会話、心電図や脳波など、完全性や一貫性を欠いているデータであっても、誰にとっても利用しやすい形で、医療情報を抽出できるのです。

例えば「血圧の高い患者にコレステロールを低下させる医薬品を使用して、昨年どのような効果があったか」といった質問に対して、「迅速かつ正確に答えを見つけることが可能です」とアマゾンは書いています。また医療データの傾向や異常を特定し、病状の進行状況、臨床試験の有効性、保険料の正確性、その他多くの用途において、従来よりも正確な予測を行うことが可能となります。

(2) 従業員向け診療サービス「アマゾン・ケア」

アマゾン・ケアは、アマゾンの従業員とその家族向けの医療サービスです。専用アプリを通じて、ビデオ通話とテキストチャットによるオンライン診療が可能なほか、必要に応じて訪問診療や看護も受けられます。エリア限定で処方薬のデリバリーサービスも含まれます。

アマゾン内でスタートしたのは2019年9月のこと。そして2021年3月には、このアマゾン・ケアを同年夏から全米企業を対象に拡大する、と報じられました。

「米国時間3月17日の時点では、アマゾン・ケアは同社の本拠地であるワシントン州で、他の企業にサービスの提供を開始。これは、他の企業がアマゾン・ケアを従業員のための総合的な福利厚生パッケージの一部として契約することを目指している。アマゾンはこのサービスの大きな強みとして、検査におけるスピードの優位性を謳っている。それは例えば、新型コロナウイルスをはじめとする検査結果の迅速な通達などが含まれる。

アマゾン・ケアの仕組みには、アマゾンならではの工夫が凝らされている。対面ケアのオプションを利用すると、アプリを通じて医師や医療従事者の到着予定時刻が提供されるが、これはアマゾンのアプリが荷物の配送でやっていることと不気味なほどよく似ている」(「TechCrunch」2021年3月19日)

この「まずは自社向けに展開し、成果が上がったところで社外にも解放する」という動きは、アマゾンにはしばしば見られるものです。例えば、創業間もない頃から、迅速な配達がECの生命線になると見越して、自前の物流倉庫や配送ネットワークに莫大な投資を行いました。現在は

図表8-7　アマゾンが自社業務を事業展開してきた歴史

アマゾン自社業務	外部向け事業展開
物流業務	アマゾン・フルフィルメント
クラウドコンピューティング	AWS
EC事業	アマゾン・マーケットプレイス
マーケティング業務	アマゾン・アドバタイジング
決済業務	アマゾン・ペイ
総務業務	アマゾン・ビジネス
社員向けヘルスケア	アマゾン・ケア

（筆者作成）

これを、アマゾンマーケットプレイスに集まる社外の事業者にも提供し、収益を上げています。世界トップシェアのクラウドサービスであるＡＷＳもそのようにして誕生しました。自社用に整備したクラウドコンピューティングを、法人顧客に提供するようになったのがＡＷＳなのです。社員向けヘルスケア事業も、こうした動きにならい、外部向けの事業展開が始まったというわけです。

アマゾン従業員向けのヘルスケアサービスについては２０１８年に、米銀ＪＰモルガン・チェース、米投資・保険会社バークシャー・ハサウェイと、それぞれの従業員向けヘルスケアサービスのジョイントベンチャー「ヘイブン」を設立し、話題となりました。ヘイブンは２０２１年に閉鎖されましたが、アマゾンは独自のヘルスケアサービスを着々と進めていた、ということになります。また２０１９年10月には、オンライン医療診療サービスと患者の重篤度選別ツールを開発するヘルス・ナビゲーター社を買収し、アマゾン・ケアと統合しました。

ヘルス・ナビゲーター社のテクノロジーはアマゾン・ケアに生かされています。

（3）オンライン薬局「アマゾン・ファーマシー」

アマゾン・ファーマシーは、処方箋のオンライン薬局サービスです。2020年11月にスタートしました。オンラインでの処方薬、医薬品の注文、購入、処方箋の管理、各種保険の登録などが可能です。18歳以上のアマゾン会員が対象で、プライム会員なら、無料配送や提携薬局での処方薬購入に際しての割引などの特典があります。これはアマゾンの社員に限定されず、すでに米国では広く提供されています。

もともとアマゾンは、2018年に医薬品ネット通販・処方箋デリバリーサービスのピルパックを買収していました。アマゾン・ファーマシーはピルパックの配送サービスを利用し、慢性病患者向けにクリームや錠剤、目薬、吸入器や薬を30日周期で自動配送するオプションを提供しています。薬についてわからないことがあれば、薬剤師による24時間年中無休の電話相談も可能となっています。

（4）薬の管理を支援する音声認識AI「アレクサ」のスキル

音声認識AI「アレクサ」を通じて、薬の管理を支援するスキルを薬局チェーンGiant Eagle Pharmacyと共同開発しました。スキルを通じて、患者の処方箋に基づいて服薬のリマインダーを設定し、必要に応じて補充用の医薬品の注文も可能です。このスキルは当初、約200店舗を展開するGiant Eagle Pharmacyの薬局チェーンの顧客に提供されていましたが、現在はほかの薬局にも拡大しています。また、薬局向けに投薬及び供給管理サービスを提供するOmnicellと提携し、音声による補充リクエストツールを共同開発しています

(5)ヘルスケア&ウェルネス・プラットフォーム「アマゾン・ヘイロー」

2020年8月、アマゾンはフィットネス用ウエアラブルデバイス「アマゾン・ヘイロー」を発表し、米国での提供を開始しました。これは、腕に巻く形のリストバンドに、加速度計、温度センサー、心拍数モニター、2つのマイクを内蔵し、ユーザーの健康データを集めるというものです。このデータを解析し、デバイスと連携するアプリにユーザーの健康状態を表示します。計測されたユーザーの個人情報は暗号化され、AWSに転送、保存・管理されます。リストバンドはアマゾンのECで購入可能です、連携するサブスクリプションサービスとあわせて提供されます。

主な機能は5つです。運動の強度や時間によってポイントを付与する「Activity」、心拍数や体温から睡眠を分析する「Sleep」、体脂肪率を測定する「Body」、声の状態を計測する「Tone」、最適なワークアウトを利用できる「Labs」です。

このうち興味深いのが「Labs」です。アマゾンだけでなく、サードパーティによるワークアウ

トを取り込んでいます。健康的な生活習慣を身につける最適なワークアウトをユーザーへ提案するにあたり、「オレンジセオリーフィットネス」「エイトフィット」「オープンフィット」など、サードパーティーのフィットネススタジオによるプログラムも提供しているのです。

以上5つのヘルスケア事業によりアマゾンは、クラウドや「ビッグデータ×AI」を基盤にヘルスケア&ウェルネスのエコシステムを構築し、それを通してユーザーのヘルスケア・データを収集することで、エコシステムを強化する仕組みを作っています。第3章で触れたアップルのヘルスケア事業と比べると、アマゾンがカバーしているエコシステムはさらに広範囲です。

ただ、アップルウォッチとアマゾン・ヘイローという2つのウエアラブルデバイスを比較する限りでは、カスタマーエクスペリエンスへのこだわり、インダストリアルデザインのこだわりという点では、アップルに軍配が上がります。また「ヘルスケア」機能に限定されないデバイスであることからも、どちらを身に着けたいかと問われたら、やはりアップルウォッチと答えざるを得ません。

しかしながら、医薬品の販売という確固たる収益源を持ち、また事業者向けにもサービスを提供できるアマゾンのヘルスケア事業には、成長性を感じるところ。アップルとアマゾン、どちらがヘルスケアの覇権を握るのか、その答えが出るのはまだ先のことになりそうです。

ジェフ・ベゾスCEO退任が意味するもの

今後のアマゾンを語るにあたっては、ジェフ・ベゾスCEO退任のニュースにも触れないわけにはいきません。

米国時間の2021年2月2日、「ベゾスは2021年内にアマゾン最高経営責任者（CEO）を退任し、取締役会長に就任する」というニュースを聞いたとき、私は少なからずショックを受けました。私は筋金入りの「ベゾス・ウォッチャー」です。ジェフ・ベゾスが出演した動画はほぼすべて見ており、ベゾスが株主に向けて書いたレターや取材で述べたコメントなども、可能な限りすべてウォッチしています。そのため、まず関心を持ったのは、CEO退任後のベゾスはどこに向かうのか、です。

ベゾスは過去何度も、「自分は宇宙事業をやるためにアマゾンを立ち上げた」と強調してきました。アポロ11号の月面着陸を見てから、夢は宇宙飛行士になることでした。フロリダ州の科学研究コンテストでは、「イエバエに対する無重力の影響」という論文で入賞を果たしたこともあります。

時は過ぎ、アマゾンを世界最強のエブリシングカンパニーへと育てあげた今もなお、ベゾスは夢を追い続けています。2000年には個人事業として航空宇宙企業「ブルー・オリジン」を創業し、ロケット開発に着手しました。「スペースX」でロケット開発を続けるイーロン・マスクとはライバル関係といっていいでしょう。

こうした経緯を考えると、CEO退任後のベゾスはまずブルー・オリジンに注力するのではないかとも思われました。しかし、今回の退任に際して、ベゾスは従業員に次のようなEメールを送っています。

「会長になることで、引き続きアマゾンの重要な新規事業に従事しながら、DAY1ファンド、ベゾス・アース・ファンド、ブルー・オリジン、ワシントン・ポスト、その他の情熱に時間とエネルギーを注ぐ」(2021年2月2日のカンパニーニュースサイトより)

この書き方では、ブルー・オリジンは、教育支援や恵まれないファミリーを支援する慈善活動基金の「DAY1ファンド」、気候変動対策を行う「ベゾス・アース・ファンド」に次ぐ3番目のプライオリティーであることをほのめかしているようにも感じます。いずれにせよ今後のベゾスは、社会活動的なファンドの運営に、宇宙事業以上に力を入れていくと考えるのが妥当でしょう。

ジェフ・ベゾスは変わったのでしょうか。ベゾスといえば、これまで「カスタマーセントリック(顧客中心主義)」を掲げ、ひたすらビジネスに突き進んできた人物です。反面、世界一の資産家でありながら、社会活動には熱心ではありませんでした。

アマゾンという企業も長年、マーケティングへの評価では企業ランキングの上位にあるのに、CSR、ESG、SDGsなどのランキングでは低い順位のままでした。マイクロソフトのビル・ゲイツをはじめとするテクノロジー業界の富豪たちが慈善活動に資金を投じているのとは対照的でした。

そんなベゾスが、ここにきて「社会問題を解決する」という方向に大きく舵を切ろうとしているのはなぜなのでしょう。

今回のCEO退任を含めて、ベゾスにとって1つの分岐点となったのは、実はマッケンジー夫人との離婚だったのではないかと私は考えています。

ベゾス夫妻の離婚は2019年1月に発表され、同年4月に成立しました。その際、マッケンジーさんは、アマゾン株の4%に当たるおよそ383億ドル（約4兆1500億円）相当の資産を受け取りました。離婚成立後、マッケンジーさんは総額185億ドル（約2兆円）を慈善事業に寄付すると発表。翌2020年7月には17億ドルを、それから12月までの間にも42億ドル（約4200億円）を寄付しており、今や慈善活動家として知られます。

ベゾスの行動に変化が見られたのは、思えば離婚の年からです。離婚から4カ月後の2019年9月には、アマゾンCEOとして「気候変動対策に関する誓約（The Climate Pledge）」に調印しました。これは「2040年までにCO_2排出量を実質ゼロにする」ことを掲げたもので、

GAFAはもちろん米国企業の中でも、最も早い時期にカーボンニュートラルを宣言した企業となりました。2020年2月には、気候変動対策を目的として、基金100億ドル（約1兆円）の「ベゾス・アース・ファンド」を設立しました。

ベゾスのアマゾン起業は、当初は宇宙事業など個人的な興味関心によるところが強かったと私は見ていますが、その行動原理は2019年以降、明らかに変わってきています。今のベゾスは、テスラのイーロン・マスクにも通じるような「このままだと滅びかねない人類を救う」という壮大な意志のもとに動いており、そこにはマッケンジーさんの影響が色濃く感じられます。気候変動対策においても、GAFAの他の企業には負けたくないという競争心に裏打ちされているのではないでしょうか。

ベゾスのCEO退任の理由としてもう1つ考えられるのは、このところ強くなっているGAFAへの逆風です。「圧倒的な支配力により利益を独占している」「競争を阻害している」とのGAFA批判はアメリカでも勢いを増しており、2020年には各社のCEOが上院の公聴会に呼び出され、ベゾスも辛辣な言葉を浴びせられています。

以前ならGAFA批判といえば民主党側でしたが、トランプ政権の終盤、GAFAがトランプ個人のアカウントを凍結したことを機に、親トランプの共和党保守派もGAFAに強い憎悪を抱くようになっています。今や共和党と民主党の意見が一致する数少ない政策が「GAFA叩き」

とも言えます。

ベゾスはアマゾンのトップでいるかぎり、今後も議会に呼び出され、批判されるのは避けられなかったことでしょう。プライドの高いベゾスのこと、「あんな目には二度と遭いたくない」というのが本音であったと思います。

後任はアマゾン最古参で、DNAを完璧に受け継ぐ人物

ベゾスという稀代のカリスマ創業者の退任は、アマゾンのビジネスにどう影響するでしょうか。結論からいえば、アマゾンにとってプラスに働くだろうと私は考えています。

ベゾスは、2017年のアニュアルレポートに添付した株主レターに、「大企業病からアマゾンを守る4つの法則」という話を書いています。そのための方法論の1つが、「高速の意思決定システム」なのですが、そこでベゾスは「意思決定方法を2つに分類する」というルールを定めています。

意思決定には後戻りできるものと、後戻りできないものがあります。ベゾスは、後戻りできるものに関しては失敗する可能性も織り込みつつどんどん決定し、反対に、後戻りできないものは深く議論するという方針を取ります。ベゾスにしてみれば、これは「小さな意思決定はメンバーに任せて、大事な意思決定には自分もコミットする」という態度の表明でもありました。つまり、

重要な問題以外の決定権はどんどん委譲していくということです。

CEO交代もこの方針にのっとったものだとすれば、「経営の決定に関与する際のハードルをもう一段上げる」という程度のことでしょう。引き続きアマゾンの重要な案件にはベゾスが関与し続け、それ以外は新CEOに委ねる。それだけのことだと思われます。

また新CEOのアンディ・ジャシー氏はアマゾン最古参の1人です。1997年にハーバード・ビジネス・スクールを卒業してすぐに、創業間もないアマゾンに入社しました。そしてAWSをゼロから立ち上げ、アマゾン全体の利益の6割以上を占めるまでに育てあげた総責任者です。

AWSこそは、アマゾンにとって至上の価値であるカスタマーサクセスの追求を「ビッグデータ×AI」で支える基盤でもあります。ジャシー氏は、ベゾスが掲げたアマゾンのミッション、ビジョン、バリューを完璧に受け継ぐ人物と見ていいでしょう。結果的に、今回のCEOの交代で、アマゾンの経営が大きく揺らぐどころか、むしろ意思決定スピードはさらに速くなるはずです。

一方で、「今回のCEO交代は、アマゾンの危機感の表れである」という見方もあります。CEO交代はアマゾンがコロナ禍で過去最高益を達成したタイミングで発表されました。その意味ではベゾスの「花道」とも言えなくもないのですが、もちろん事態はそう甘くはありません。

競合たちを見渡せば、小売業ではDXに成功したウォルマートが猛追し（第1章参照）、クラウドビジネスではマイクロソフトがアマゾン以上の成長率でシェアを伸ばしています（第5章参照）。数字上は最高益でも、ライバルたちがすぐ後ろから迫っている状況なのです。

そんな中、新CEOにジャシーが起用された理由は、彼がAWSを立ち上げた人物であり、同事業のトップだということが大きいでしょう。AWSはアマゾンの事業の中でも最も成長が期待されるビジネスです。これまでベゾスの下には3人の経営幹部が同レベルで並んでいて、組織としての意思決定が遅れがちになり、クラウド分野でマイクロソフトの追撃を許していました。しかしAWS担当のジャシーをアマゾン本体のCEOに抜擢し、クラウド事業の展開を加速させれば、マイクロソフトを突き放す未来も見えてくるはずです。

また、本章で論じてきたアマゾンによる「製造現場のDX」においても、AWSこそがカギになることを、あらためて強調しておきましょう。モニトロンは設備保全のためのセンサーをAIとセットで提供し、AWS上のIoTプラットフォームにデータを吸い上げ、製造現場の設備故障を事前に予測するサブスクリプションサービスです。これを開発したのもAWS部門なのです。「GAFAの手の及ぶ世界ではない」と日本では信じられてきた製造現場のDXについにアマゾンが参入してきました。現在、モニトロンがうたっているのは、表面的には顧客へのサポートですが、本当にやろうとしているのは、製造業のDXを先取りし、製造業のエコシステムをプラットフォーマーとして支配し、産業の覇権を握ることです。

あらゆる産業を飲み込みながら拡大するアマゾン。その影響力はついにものづくりの現場やヘルスケアにまで及びました。さらに、アマゾン最大の武器ともいえるＡＷＳの総責任者がアマゾン本体のＣＥＯに就任したことを加味すれば、成長基盤は盤石。創業者ジェフ・ベゾスがＣＥＯを退任してもなお、アマゾンの勢いに陰りはなさそうです。

最終章

「デジタル×グリーン×エクイティ」の時代

Digital
×
Green
×
Equity

「顧客」中心から、「人間」中心、「人×地球環境」中心へ

本書最終章では、「デジタル×グリーン×エクイティ」の時代における新たな世界観の提示を試みます。結論から述べるなら、それは顧客中心でも、人間中心でもない、「人×地球環境」中心の世界観です。

顧客中心主義や人間中心主義を捨て去るわけではありません。むしろ、顧客中心主義や人間中心主義を前提とした、新しい世界観として「人×地球環境」をとらえたいと思います。

これまで論じてきたように、現在進行中のデジタルトランスフォーメーションは、顧客中心主義が生命線です。アマゾンが典型ですが、GAFAに代表されるテクノロジー企業は、究極の顧客中心主義を実現する手段としてデジタルトランスフォーメーションを活用しており、だからこそユーザーから圧倒的な支持を勝ち得ました。

ところが、GAFAの台頭とともに「顧客中心主義の弊害」も指摘されるようになりました。2021年3月には、米連邦取引委員会（FTC）の委員に、反アマゾンの急先鋒として知られる法学者、リナ・カーン氏が選ばれました。彼女は「アマゾンの反トラスト・パラドックス」と題した論文で、従来の反トラスト法（米国の独占禁止法）ではGAFAを取り締まれないと主張し

ています。日本では大きく報道されませんでしたが、重要なニュースです。これによりGAFA規制がさらに強化される可能性が高くなったからです。

私自身、『アマゾンが描く2022年の世界』（PHPビジネス新書、2017年）全7章のうち第7章「ベゾスは真の顧客第一主義者か、それとも利己主義者か」を、アマゾン批判に割きました。アマゾンは、その顧客中心主義によって究極的なカスタマーエクスペリエンスを提供してきました。しかし同時に、アマゾンの「顧客」と見なされず、アマゾンのインフラから外れた産業、企業をスポイルし、新しい事業機会や成長機会を奪い続けてもいる。私とリナ・カーン氏は問題意識を共有しています。

もっとも、「顧客中心主義をとらない」選択肢が民間企業にあるとは思えません。顧客中心主義をとらない企業は、顧客から支持を集められず、市場競争の中で早晩淘汰される運命にあるからです。

しかしながら、アマゾンのジェフ・ベゾスが指摘するように、人間の欲望はエンドレスで先鋭化していくものであり、そのため人間の欲望を満たそうとする顧客中心主義には果てがありません。多くの犠牲を払いながら、それでも顧客中心主義の追求がやめられない。その弊害が、現在の気候変動問題であり、格差拡大といった社会問題と考えるならば、顧客中心主義こそが、顧客をはじめ、従業員、地域社会など、ステイクホルダーすべての利益を損ねている、とも言えます。

こうした反省から議論されるようになったのが、「人間中心主義」なのかもしれません。人間中心主義とは、顧客のみならず、従業員、取引先、地域社会といったすべてのステイクホルダーを大切にする考え方のことです。

日本政府がデジタルを活用して実現しようとしている「Society 5.0」も、この人間中心主義が背景にあります。

「これまでの情報社会（Society 4.0）では知識や情報が共有されず、分野横断的な連携が不十分であるという問題がありました。人が行う能力に限界があるため、あふれる情報から必要な情報を見つけて分析する作業が負担であったり、年齢や障害などによる労働や行動範囲に制約がありました。また、少子高齢化や地方の過疎化などの課題に対して様々な制約があり、十分に対応することが困難でした。

Society 5.0で実現する社会は、IoT（Internet of Things）で全ての人とモノがつながり、様々な知識や情報が共有され、今までにない新たな価値を生み出すことで、これらの課題や困難を克服します。また、人工知能（AI）により、必要な情報が必要な時に提供されるようになり、ロボットや自動走行車などの技術で、少子高齢化、地方の過疎化、貧富の格差などの課題が克服されます。社会の変革（イノベーション）を通じて、これまでの閉塞感を打破し、希望の持てる社会、世界を超えて互いに尊重し合える社会、一人一人が快適で活躍できる社会となります」（内閣

府）

ここで重要なのは、人間中心主義もまた、顧客中心主義を踏まえ、進展させたものだということです。顧客中心主義さえおぼつかない企業が一足飛びに人間中心主義を謳うのは、現実的ではありません。

民間企業が事業を営む以上、まず優先しなければならないステイクホルダーは顧客です。顧客に対し製品やサービスの形で何らかの価値を提供することが、事業の生命線です。そこで生まれた利益があればこそ、従業員を雇用し、地域社会にも貢献できるのですから。すべてのステイクホルダーに貢献する人間中心主義の時代であっても、製品・サービスを考える起点は、やはり顧客中心主義だと言えます。

循環型経済のグランドデザインを描く

そして、人間中心主義の次に来たるべきが、「人×地球環境」中心主義です。これまで再三述べてきたように、顧客中心主義、人間中心主義を背景にした利便性の追求が、気候変動問題という形で、地球環境レベルでの弊害をもたらしています。

こうした問題意識のもと、私が提示したいのは、「人と地球環境がともに持続可能な未来を創

図表9-1　「デジタル×グリーン×エクイティ」の時代

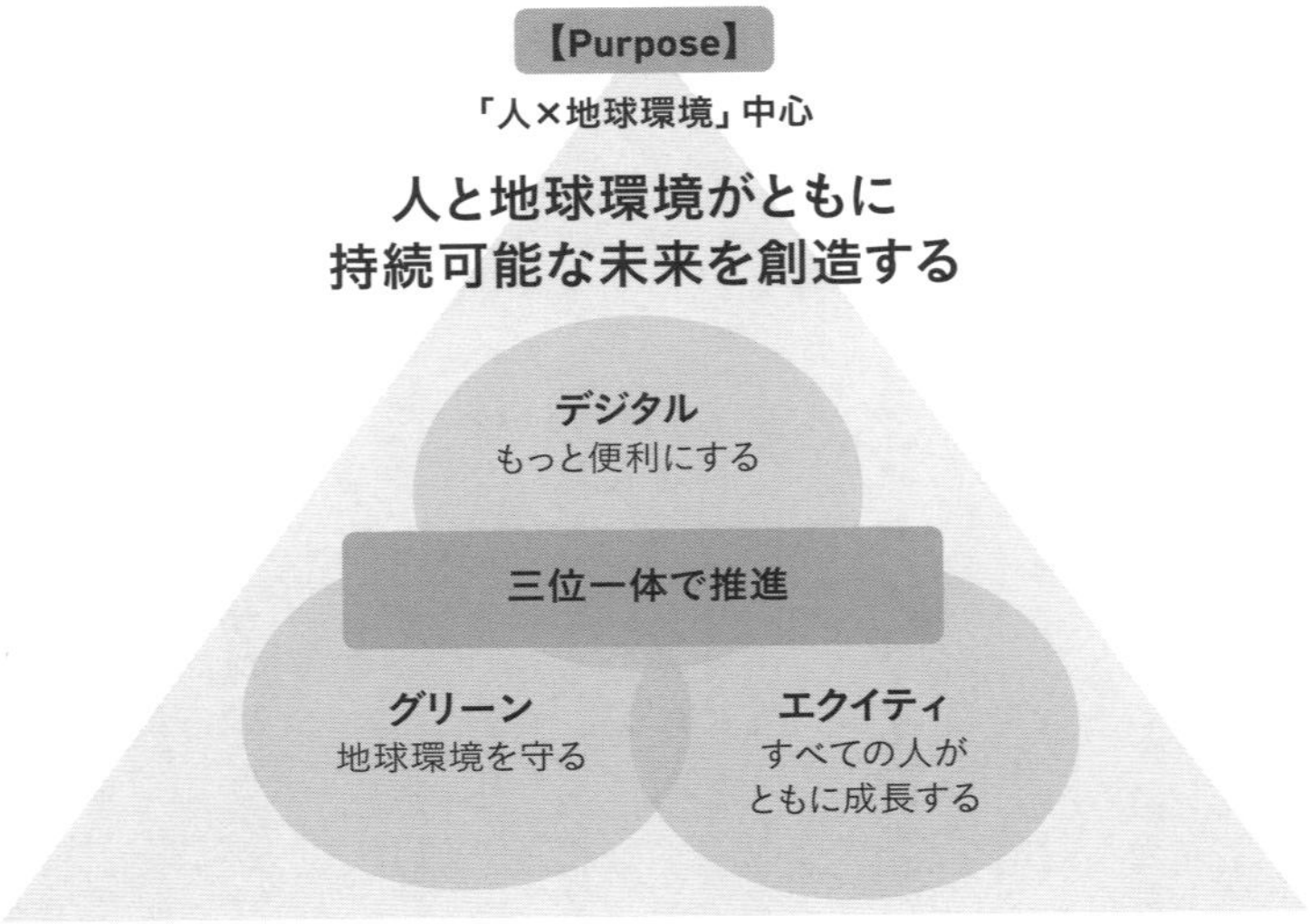

（筆者作成）

造する」というパーパスです（図表9-1）。

パーパスとは、企業の存在意義であり、事業の目的、ミッション、使命のことです。私は過去の著作でも「GAFAと日本企業が決定的に違うのは、まず大胆なビジョンを掲げて、それから高速でPDCAを回す点にある」と繰り返し指摘してきました。しかし、巷間いわれるビジョンとは、おおむね「企業の未来の姿」であり、「自分たちが将来どうなりたいのか」を示すものです。それは自社利益の最大化につながりこそすれ、「それは何のために？」という根源的な問いにまで答えるものではありませんでした。社会において企業はどのような存在意義を持つのか。それがパーパスです。

このパーパスを実現するには、デジタル、グリーン、エクイティを単独で追求するだけでは事足りず、デジタル×グリーン×エクイティの三位一体で推進していく必要があります。

デジタルは基本的に、「もっと便利になる」ための手段です。しかし、忘れてはいけないのは、小手先のデジタル化では意味がなく、企業の本質を進化させるデジタル化が必要だ、ということです。

コンビニエンスストアの本質が「便利」で「おいしい」だとするなら、コンビニエンスストアのデジタル化は、これをアップデートしたものでなければ顧客からの支持も得られません。アマゾンの「アマゾン・ゴー」が評価されているのは、まさにその本質のアップデートを誤らなかったからです。

またデジタル化が、こうした顧客のニーズを徹底的に満たすための手段であるなら、デジタル化には終わりがありません。本書で取り上げた8社は、その好例です。「カスタマーセントリック」のアマゾン、「カスタマーサクセス」のセールスフォース、「成長マインドセット」のマイクロソフト、「企業文化を刷新」したウォルマート、「(カスタマーエクスペリエンスに)徹底的にこだわる」ペロトン、「宇宙レベルの壮大さ×物理レベルの細かさ」で地球を救済しようとするテスラ、「会社の芯までデジタルに」することで世界最高のデジタルバンクとなったDBS銀行。いずれも企業の本質からトランスフォーメーションを試み、成功しつつある企業だといえるでしょう。

しかし、利便性を追求しすぎた弊害が、グリーンとエクイティに及んでいることを反省材料とし、グリーンとエクイティとの掛け算でデジタル化を推進する必要が生じています。

まずグリーンについては、デジタル化による省エネ、脱炭素化によって改善を図ります。

私は著書『2025年のデジタル資本主義』において『自然との共生』の歴史の中に日本の活路がある」と論じました。多くの自然災害を経験した我が国日本は、だからこそ自然との共生を可能にするシステムを築き上げてきたのです。環境問題がイノベーションのトリガーになり得ることを私たちは熟知しています。

SDGsの取り組みもこうしたイノベーションを後押しするものでしょう。従来のSDGsは、本業とは別に行われる「社会貢献活動」にとどまっていたきらいがありましたが、今では本業の一環として、会社の芯からSDGsに対峙している企業を、いくつも見つけることができます。アップルのように、開発、生産、製造、物流など、すべてのバリューチェーンでSDGsを意識できれば、本業の発展とSDGsへの貢献は同一線上に結ばれるのです。後述しますが、有限の資源を再利用し、持続可能な経済成長を促す循環型経済への移行も望まれます。

もっとも、トヨタ自動車の豊田章男社長が「2050年のカーボンニュートラルは、国家のエネルギー政策の大変革なしに達成は難しい」と発言したように企業努力のみで解決できる問題ではなく、国を挙げての取り組みが急務であることも指摘しておきます。

そして、エクイティにも取り組む必要があります。デジタルとグリーンによって「すべての人がともに成長できる」世界を目指すべきでしょう。そのために欠かせないのが、「多様性と個性を受け入れ、活かす」価値観であり、態度です。これについては、本章の最後に詳述します。

なお、後でも述べるように、エクイティとはもともと「公正」「公平」という意味ですが、本書で提示する新たな世界観「デジタル×グリーン×エクイティ」の中で使われる「エクイティ」は「ダイバーシティ、エクイティ、及びインクルージョン」と同義であると考えてください。

こうした世界観の実現のため、カギを握るのは循環型経済（サーキュラー・エコノミー）であると私は考えています。経済産業省は循環経済を「従来の『大量生産・大量消費・大量廃棄』のリニアな経済（線形経済）に代わる、製品と資源の価値を可能な限り長く保全・保持し、廃棄物の発生を最小化した経済」「従来の3R（リデュース、リユース、リサイクル）の取組に加え、資源投入量・消費量を抑えつつ、ストックを有効活用しながら、サービス化等を通じて付加価値を生み出す経済活動」としています。

世界経済フォーラムが主催する「循環経済ラウンドテーブル」では、日本とオランダのリーダーが意見を交換しました。日本の小泉進次郎環境大臣は「私が循環経済に向けて提案するアクションは、リデザインです。脱炭素化はエネルギーの仕組みを変えるだけではなく、私たちの社会

図表9-2 「人 ×地球環境」中心の循環型経済のグランドデザイン

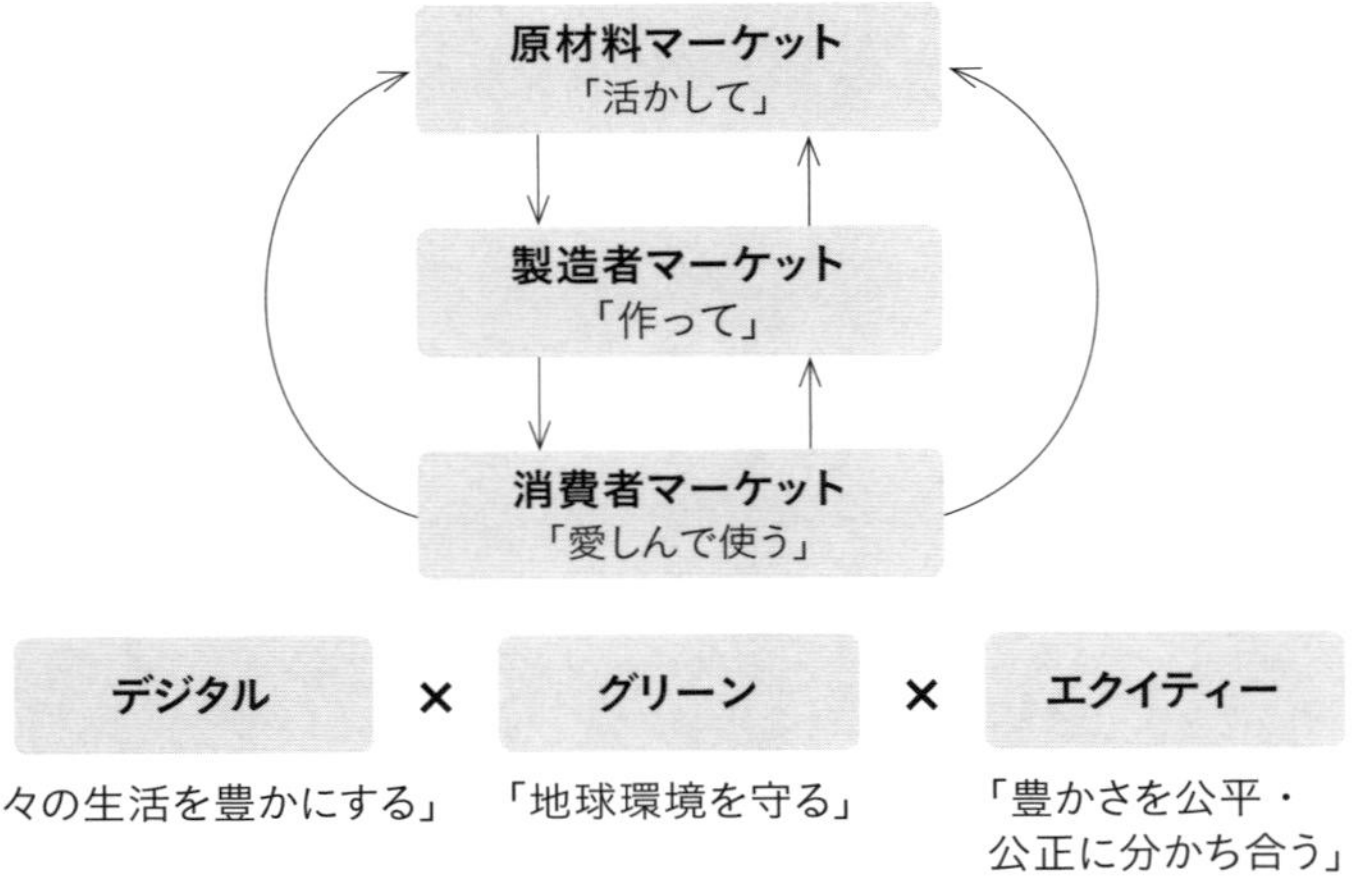

（筆者作成）

経済システムをより循環経済にしていかないと達成できません」と語り、オランダ環境大臣からは、２０３０年までに天然資源の使用量を半減させることを目指しているオランダの取り組みなどが紹介されました。

図表９‐２は「人×地球環境」中心主義にもとづいた循環型経済のグランドデザインを描いたものです。これは原材料マーケット、製造者マーケット、消費者マーケットの３つのマーケットが循環する姿です。原材料マーケットは、リサイクルされた原材料を「活かし」、製造者マーケットは「作り」、消費者マーケットは製品を使い捨てにすることなく「愛しんで使う」。このように、製品や資源をできるだけ長く使用し、循環させる必要があります。この上に「人々の生活を豊かにす

る」デジタル、「地球環境を守る」グリーン、「豊かさを公平・公正に分かち合う」エクイティの施策がオーバーラップすることで、循環型経済のグランドデザインは完成します。

「平等」と「公平」「公正」の違い

エクイティは、一見すると、循環型経済には関係がないように思われるかもしれません。しかし、デジタルとグリーンによって作られる世界にも存在する格差や不平等を解消して、「豊かさを公平・公正に分かち合う」という公平性を担保することなくしては、経済の循環が長く続くことはないでしょう。

「エクイティ（Equity）」には、「公平」「公正」という意味があります。エクイティに類似して広く使われる単語に「平等」を意味する「イコーリティ（Equality）」がありますが、意味が異なります。端的に言うと、誰に対しても等しく同じリソースを与える考え方がイコーリティです。一方、エクイティは、それぞれの人に合ったリソースを与えることによって、誰に対しても等しく同じ機会を与えるという考え方です。

例えば、目が不自由な人と健常な人が一緒に外国映画を見るとします。2人がその映画の内容を理解するのに必要な支援は決して同じではないでしょう。2人に等しく大きなスクリーン、素晴らしい音響効果、字幕スーパーなどが与えられるとしても、2人が映画を楽しむという機会を等しく享受できるわけではありません。目が不自由な人には、少なくとも副音声などの支援が求められます。このとき大きなスクリーン、素晴らしい音響効果、字幕スーパーなどのリソースが2人に等しく与えられるのがイコーリティです。一方、目の不自由な人に特別な配慮をすることで、2人ともに映画を楽しむという機会が等しく与えられるのがエクイティです。

つまり、エクイティは、構造的な不平等の存在、スタート地点ですでに不平等が存在することを認めた上で、そうした不平等に対処し、是正・解消していくものととらえることができます。

2021年1月20日、ジョー・バイデン第46代アメリカ合衆国大統領が誕生しました。深刻な人種差別問題が浮き彫りになる中での就任ですが、バイデン大統領は就任当日、人種差別を解消するための大統領令に署名しました。この大統領令で使われたのが「レイシャル・エクイティ(人種の公平性)」です。これは、黒人やアジア系などに対する人種差別の解消やヘイトクライムの防止はもちろんのこと、構造的な不平等そのものの解消、つまりより本質的な人種間の「公平」「公正」に取り組んでいくという、バイデン大統領の強い決意を示すものといえるでしょう。

D&IからDEIへ

「ダイバーシティとインクルージョン(D&I)」は、すでに米国を中心に多くの企業がコーポレートバリューとして据え、それを採用や組織編成、商品・サービスの開発、さらには戦略策定などに活用しています。例えば、マイクロソフト、ウォルマート、ジョンソン＆ジョンソン、P＆GなどがD＆Iをコーポレートバリューとして掲げています。

ここで、改めてD＆Iの考え方を押さえておきましょう。

ダイバーシティは「多様性」を意味します。多様性とは、人種、ジェンダー・性別、性的指向、民族、国籍、居住地、社会経済上の地位、社会的起源、言語、文化、障害の有無、精神的・身体的能力、健康レベル、性格、年齢・世代、宗教、政治的思考や信条、外見、価値観やライフスタイルなどを含む1人ひとりの違いの存在のことです。

一方、インクルージョンは「包摂」の意味合いを持ちます。包摂とは、多様な人々が歓迎され、尊重され、支援され、評価され、参加できることが保証された環境が作られることです。

そうすると、D＆Iとは、社会や組織において多様な人々がその違いを活かしながら能力を発揮する、社会・組織としてもその多様性を高めながら活力を増したり新しい価値を創り出したりする考え方と理解できます。

例えば従業員や取締役会の構成、女性や外国人、マイノリティの登用に企業がD＆Iを取り入れることで、人材獲得力の強化、リスク管理能力の向上、イノベーション促進などの効果が期待できたり、組織改革、人事制度の整備、従業員のスキル向上といった施策に打って出たりすることができます。実際に、D＆Iをアドバンテージにして人材募集や人材配置を行う企業、D＆I

を商品・サービスそのものへ組み込むことで競争優位を維持する企業などが多く存在します。D&Iはもはや戦略の一部としても機能するのです。

さらに最近は、D&Iにエクイティを加えた「ダイバーシティ、エクイティ、及びインクルージョン（DEI）」を採用する企業が出てきています。2020年6月には世界経済フォーラムが『Diversity, Equity and Inclusion 4.0: A toolkit for leaders to accelerate social progress in the future of work（ダイバーシティ、エクイティ、およびインクルージョン4・0：仕事の未来において社会進歩を加速させるリーダーのためのツールキット）』を発行。世界経済フォーラムもこの3つの価値観を重視しているのです。

繰り返してきたように、エクイティは、単独としては「公正」「公平」を意味します。DEIの文脈でエクイティを理解するポイントは、格差の根本原因を考慮した上で公平性を担保するということです。全員に等しく同じリソースを与えるのではなく、全員が等しく機会を享受できることを意識する。出発点から構造的な不平等が存在している状態では、いくら同じリソースを等しく提供しても構造的な不平等は解決されないということです。

DEIを組織に当てはめてみましょう。先に私は、D&Iとは「組織において多様な人々がその違いを活かしながら能力を発揮する、組織としてもその多様性を高めながら活力を増したり新しい価値を創り出したりする考え方」と述べました。そしてエクイティが加わることで、より不利な状態にある人に対しては、結果的に機会が平等に提供されるように、より多くのリソースを投入する。つまり、公平性が担保された多様性と包摂、より公平な組織づくりが意識されることになります。

本書で「デジタル×グリーン×エクイティ」と言うときのエクイティは、「公正」「公平」という意味を超えて、まさにこのDEIの概念を指しています。

DEIを採用する企業が出てきているのは、エクイティとイコーリティの意義の違いが認識され、エクイティがダイバーシティとインクルージョンと一体となって、ますます重要な概念となってきているからでしょう。

もっとも、真にDEIを自らの組織で定着させるには、人事考課や労働条件、異動・昇給、設備の使用、仕事の進め方など様々な場面で配慮が求められます。さらには、どのように構造的な不平等を測るのかといった、より本質的な難しさも伴ってきます。そうした点をクリアできるかが、企業がDEIを採用するにあたっての課題となってきます。

「多様性と個性を受け入れ、活かす」時代へ

最後に、エクイティについてあらためて強調したいことがあります。「ダイバーシティ、エク

イティ&インクルージョン（DEI）」と並べて語られることからもわかるように、エクイティの前提には「多様性と個性を受け入れ、活かす」価値観が欠かせません。「多様性と個性を受け入れ、活かす」世界は、確実に実現へと近づきつつあります。

しかし同時に、まだまだ長い道のりが続いていくであろうことも、私たちは知っています。そもそも私たちは「多様な個性、多様な価値観に気づいてすらいない」「不公平・不公正に苦しむ人々が、見えてもいない」そんな段階にあるからです。

私に、そのことを端的に教えてくれた本に、『目の見えない人は世界をどう見ているのか』があります。この本の中で、著者の伊藤亜紗さんは、目が見える人と目が見えない人とでは、同じ「富士山」でも、頭の中に思い浮かべるものが違う、と指摘しています。

「見えない人にとって富士山は、『上がちょっと欠けた円すい形』をしています。いや、実際に富士山は上がちょっと欠けた円すい形をしているわけですが、見える人はたいていそのようにとらえてはいないはずです。

見える人にとって、富士山とはまずもって『八の字の末広がり』です。つまり『上が欠けた円すい形』ではなく『上が欠けた三角形』としてイメージしている。平面的なのです」

私は山梨出身ですから、富士山には馴染みがあるのですが、これは思いも寄らない指摘でした。

しかし、本当に感銘を受けたのは、その後のくだりです。

「見える人は三次元のものを二次元化してとらえ、見えない人は三次元のままとらえている。つまり、前者は平面的なイメージとして、後者は空間の中でとらえている。だとすると、そもそも空間を空間として理解しているのは、見えない人だけなのではないか、という気さえしてきます。見えない人は、厳密な意味で、見える人が見ているような『二次元的なイメージ』を持っていない。でもだからこそ、空間を空間として理解することができるのではないか。

なぜそう思えるかというと、視覚を使う限り、『視点』というものが存在するからです。視点、つまり『どこから空間や物を見るか』です。『自分がいる場所』と言ってもいい」

「要するに、見えない人には『死角』がないのです。これに対して見える人は、見ようとする限り、必ず見えない場所が生まれてしまう。そして見えない死角になっている場所については『たぶんこうなっているんだろう』という想像によって補足するしかない」

見える人には必ず死角がある。私が見ていた富士山も、山梨県側から見えた富士山でしかありませんでした。静岡県側から見れば、また違う富士山の姿があるはずですし、正確には、視点の数だけ、富士山の姿がある、というべきでしょう。しかし、私はそのことを想像しようともせず、自分の視点から見た富士山の姿を、当たり前のものとして生きていました。すべての人が自分と同じ富士山を見ているものと思っていました。

「多数派の視点」が見落としていること

またあるときは、「自分が見ている視点」とは、多くの場合、「多数派の視点」であることを痛感させられました。

それは、立教大学ビジネススクールの講義に、アゼリーグループ理事長の来栖宏二氏とグリズデイル・バリージョシュア氏をゲストスピーカーに招いたときのことです。アゼリーグループは、外国人も含めて多様性と個性を活かした採用を行い介護サービスを提供していることで知られます。グリズデイル氏もその1人です。脳性麻痺を抱え、電動車いすの生活を送っていますが、日本で働きながら、障害のある外国人旅行者に役立つ、日本観光情報サイトを運営しています。

その日のグリズデイル氏のレクチャーの中で、私が最も胸を打たれたのが、「多数派の世界」という話でした。次の写真は、そのとき紹介されたものです。大多数の人の目には、サイドテーブルつきの椅子が並んだ、大学の教室などによくある光景にしか見えないでしょう。しかし一部の人たちの目には、「自分たちが排除された空間」に見えるはずです。このサイドテーブルは、あきらかに「右利き」用に、据え付けられているからです。

この写真が示唆しているのは、この世の中は「多数派の世界」だということです。椅子1つと

「多数派の世界」

（ソース：アゼリーグループ、グリズデイル・バリージョシュアさん資料）

っても、多数派である右利き用に作られている。そして、多数派である右利きの人は、少数派である左利きの人たちが不便な思いをしていることに気がついていません。

同じようなことが、世界中のあらゆる社会問題の中に存在しているに違いありません。多様性と個性を受け入れ、活かす時代においては、このような多数派の世界に自分が暮らしていないか、そのことで見落としている視点がないか、思いを巡らせる想像力が問われます。

ときには、ある個性が、自分にとって受け入れがたいもの、自分の価値観を揺るがすものに感じる局面も、あるかもしれません。

米国で最も影響力が大きい調査会社であるギャラップ社による人材開発プログラム「ストレングス・ファインダー」においても、「多様性と個性を受け入れて、活かす」ことが、1つの重要なテーマになっています。ストレングス・ファインダーは人の資質を34に分類するものですが、多くの場合、人の資質とは「できること、得意なこと」「やりたいこと」「そうあるべきと思っていること」の3要素から成り立っています。

資質とは「できること、得意なこと」であり、だからこそ「やりたいこと」になる。これは比較的理解しやすいところでしょう。一方で、自分の資質が「そうあるべきと思っていること」だというのは、普段意識されることがありません。

「社交性」を上位の資質に持つ人を例に考えてみましょう。社交性に富んだその人は、パーティに参加しても、すぐに打ち解け、たくさんの人と名刺交換をするかもしれません。それは、そのように振る舞うのが好きであり、得意であり、またそうあるべきだという価値観を持っているからです。

応用心理学の「アンガーマネジメント」という分野では、「自分の価値観が裏切られたとき、人は程度の違いはあるものの怒りが発動する」という怒りのメカニズムが明らかになっています。その人の資質が、その人の価値観となり、考え方や感情にも影響を与えている。これは重要な気づきです。

社交性という資質を持った人は、同時に「社交的であるべきだ」という価値観を持った人でもあります。そのために、社交的でない人を見たときに、ネガティブな感情を抱く可能性があります。しかし、それはあくまで社交性という資質を持った人の価値観です。「社交性」を上位に持たない人は「パーティで人と打ち解ける」ことが好きでも得意でもなく、またそうするべきだとも思っていないのです。

多民族が共存している欧米に比べると、日本はこうした「価値観の違い」を意識する機会が限られているかもしれません。しかし、多様性を受け入れ活かす時代の入り口は、このように「自分がそうするべきだと思っていることが、他人にとってはそうではない」と認識することではないでしょうか。

私自身が、エクイティという価値観を意識するようになった原体験は、海外留学です。三菱銀行に勤務していた頃、シカゴ大学ビジネススクールに2年間、留学しました。それまでの私は、差別に直面する機会がありませんでした。留学前は海外のプロジェクトファイナンスの仕事をしており、米国出張は慣れたもの。社費で一定クラス以上のホテルやレストランを利用でき、ビジネスで接する相手も日本人だからと差別感情を表に出すことはありませんでした。

ところがシカゴ大学に留学した2年間、私にとって差別はごく身近なものに変わりました。そもそもシカゴ大学があるハイドパークは、当時も今も黒人の居住区として有名です。治安が悪く、お店は鉄格子で守られていました。ビジネススクールでの講義が始まる前のオリエンテーションの時間には、人種差別を扱ったビデオを見せられました。白人が車のディーラーを訪れると、すぐにセールスパーソンが近づいて接客するのに、黒人の客は見て見ぬふりをする——。アジア人も、同じようなぞんざいな扱いを受けたのです。

本書の最終章で、エクイティ（公平・公正）という価値観をあらためて強調したのは、多くの日本人にとって、それが縁遠いものになりがちだからでもあります。日本で普通に生活をしている限りは、人種差別に直面することはないかもしれません。しかし現実には、日本には先進国中最悪レベルの男女格差もあれば、収入の格差もある。すぐ目の前にもエクイティの問題は横たわっているのです。

自分は「多数派の世界」を生きていないか。ほかの人はどんな世界を見ていて、どんな価値観で世界を眺めているのか。伊藤亜紗さんの著書が教えてくれたように、どんな人にも死角があります。しかし、その死角を想像力と経験によって補えるのも、また人間であると、私は信じたいと思います。

DX白熱教室

日本企業のための
大胆なデジタルシフト戦略策定
ワークショップ

Workshop

- DXの道筋を示す「ベゾス思考」
- デジタルシフトに求められる「5つのシンカ」
- 顧客の声に耳を傾ける「2つのワークシート」
- 大胆なデジタルシフト戦略策定「12のポイント」

日本を代表する企業の幹部が参加

ここで紹介するのは、私が「デジタルシフトアカデミー」（主催：株式会社デジタルホールディングス）で行っている3時間×8回のワークショップ、題して「大胆なデジタルシフト戦略策定ワークショップ」の第1回の講義やワークショップを下敷きにしたものです。紙上ではありますが、実際のワークショップのエッセンスを体験し、読者の方々に自社のための大胆なデジタルシフト戦略を考えてもらうことを目的として本書の中でも紹介することにしました。

「大胆なデジタルシフト戦略策定ワークショップ」の受講生は、各業界において日本を代表する企業のトップ層や最高デジタル責任者候補などのリーダー格が中心です。２０２１年４月時点において、すでに第４期目を提供しており、これまで45社以上の企業が受講しています。大手コンビニ、大手スーパー、大手ホームセンター、大手小売、大手金融、大手人材派遣など、多くの業種の受講生から構成され、お互いに異業種での事例を学び合えることも大きな特徴となっています。

そして最も重要なのは、ワークショップの最終回には、受講生全員に自社に対する「大胆なデジタルシフト戦略」を発表してもらうとともに、それを実際に各社で実行してもらうことにこだわりをもって実施していることです。実際に多くの受講生が終了後に同戦略を実行に移しており、私自身も主催企業のメンバーとともにプロジェクトに加わっています。

8回のワークショップでは、受講企業がそれぞれの顧客とデジタルでつながること（コネクト）、それをデジタルと人で深めていくこと（エンゲージ）、さらにはデジタルを活かして顧客に提供する経験価値を高め、その結果としてパフォーマンスを向上させていくこと（グロース）を包含するような戦略を構築していきます。

講義の内容に入る前に触れておきたいのは、講義のタイトルを「大胆な〜」とした私の意図です。

それは「大胆なビジョン」を掲げることこそが、GAFAに代表される最先端のテクノロジー企業のビジネスのやり方だからです。大胆なビジョンとはすなわち、自分たちの事業を通じてどんな社会を実現するか、どんな社会課題を解決するのか、どんな価値を顧客に提供するのか、などです。

そして大胆なビジョンを掲げたあとは、日本企業のように詳細な計画を立てるのではなく、リーンスタートアップを志向します。つまり、小さく素早く実行し、高速でPDCAを回すことで事業を成長させていきます。

デジタルシフト戦略を立案する上でも、まずは「大胆なビジョン」を掲げることが不可欠です。しかし、それは口でいうほど簡単なことではありません。意識的・無意識的に自分が所属する会社の制約条件にとらわれてしまい、例えば「事業規模が小さいから」「経営者の理解がないから」等々のメンタルブロックが働くことで、ビジョンが小さくまとまってしまうのです。

そのため私は、講義の初回で次のように考えてみることをおすすめしています。

「もし、アマゾンのジェフ・ベゾスが自分の会社の社長だったら、どんなデジタルシフト戦略を考えるだろうか？」

いかにも荒唐無稽な問いかけであることは、私も承知の上です。しかしこれこそ、自分がとらわれているメンタルブロックを解除するための工夫です。自分がベゾスになったつもりで、自分の会社を大胆に見直すのです。

ベゾスになりきって発想するには、アマゾンのビジネスやベゾスの哲学、思い、こだわりを徹底的にベンチマークしておく必要があります。そこで「ジェフ・ベゾス思考」の要諦を押さえることから、本章を始めましょう。

DXの道筋を示す「ベゾス思考」

私自身、長年にわたりベゾスの言動をベンチマークしてきた1人です。その成果の一部は、著書『アマゾンが描く2022年の世界』（PHPビジネス新書、2017年）、『アマゾン銀行が誕生する日』（日経BP、2019年）などとして発表し、またそれが縁となりアマゾン主催のカンファレンスで基調講演を行ったり、同社幹部とメディアで対談などを行う機会にも恵まれました。今では冗談半分ながら、「自称ベゾスウオッチャー」から「アマゾン公認ベゾスウオッチャー」になったと自負している次第です。

ジェフ・ベゾスとは、どのような人物か。これを理解するため、まずは彼の哲学、思い、こだわりに注目してみましょう。私の考えでは、彼のこだわりは次の3点に集約されています。

①「地球上で最も顧客中心主義の会社」というミッションと、それと表裏一体になっているカスタマーエクスペリエンスへのこだわり
②低価格、豊富な品揃え、迅速な配達へのこだわり
③大胆なビジョン×高速のPDCAへのこだわり

ベゾス思考❶
「地球上で最も顧客中心主義の会社」というミッションと、それと表裏一体になっているカスタマーエクスペリエンスへのこだわり

ベゾスのこだわりの1つ目を読み解くキーワードは「マクロ宇宙×ミクロ宇宙」です。マクロ宇宙とは、ベゾスが創業以来掲げている「地球上で最も顧客中心主義の会社」という壮大なビジョンを示しています。一方、ミクロ宇宙とは、いわば究極のパーソナリゼーションによるカスタマーエクスペリエンスの実現を示しています。

ベゾスは顧客中心主義を「聞く」「発明する」「パーソナライズする」という3つの動詞で定義しています。すなわち、顧客の声に耳を傾け、それを実現するサービスを創造すること。そして「顧客をその人の宇宙の中心に置く」ことをパーソナライゼーションとしています。ベゾスは「地球上で最も顧客中心主義の会社」を目指しながら、画一的なサービスをよしとせず、顧客1人ひとりを誰よりも尊重し、徹底的にパーソナライズされたサービスを提供しようとしているのです。

ビッグデータ×AIをはじめとする様々なテクノロジーも、マクロ宇宙×ミクロ宇宙の実現のために活用されます。アマゾンは常に、顧客起点の発想を忘れません。

顧客との長期的な関係を築くために何をすればよいのか。どうすれば顧客の潜在的なニーズを

図表10-1　進化するアマゾンの事業構造

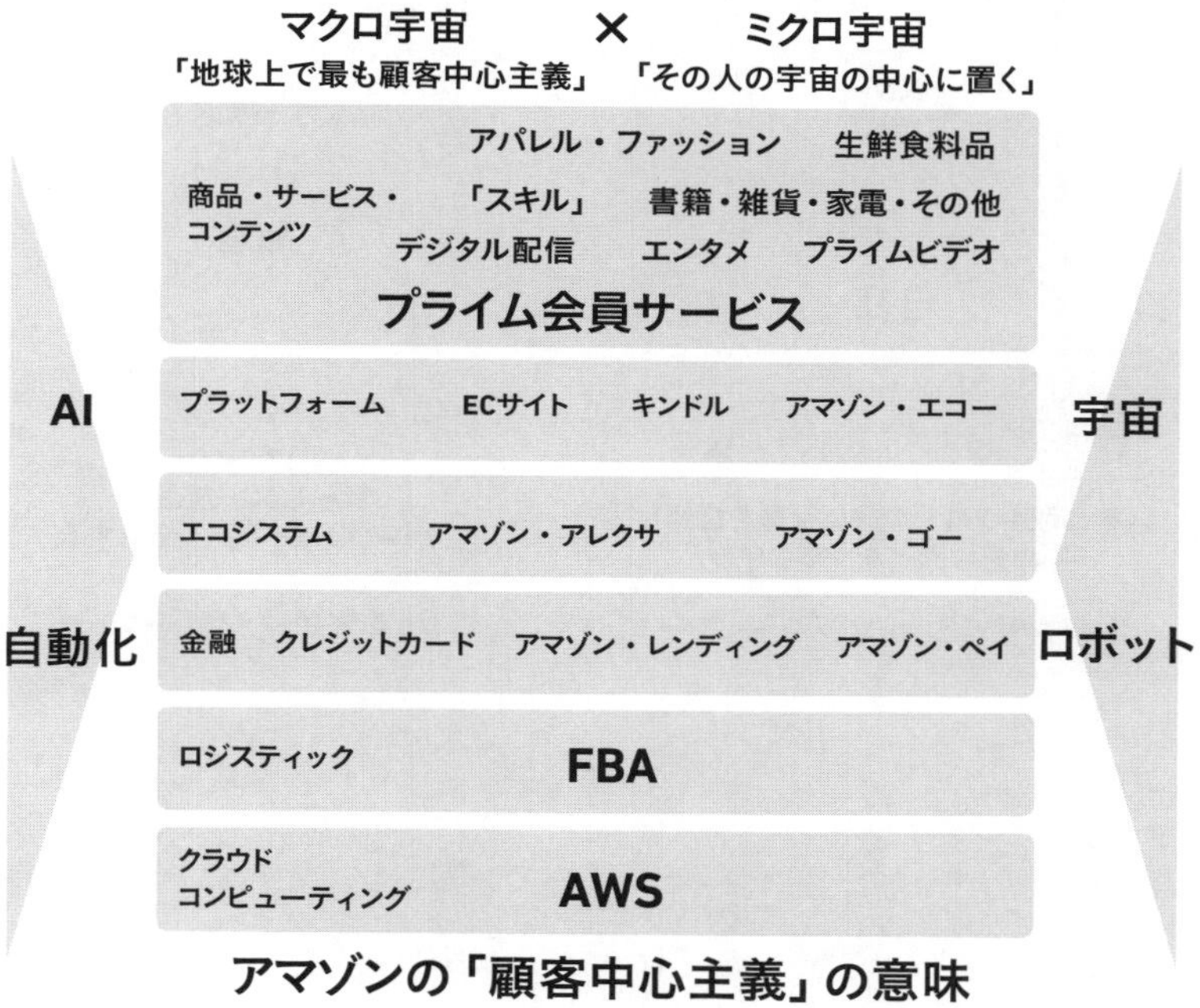
マクロ宇宙
×
ミクロ宇宙
「地球上で最も顧客中心主義」
「その人の宇宙の中心に置く」
アパレル・ファッション
生鮮食料品
商品・サービス・コンテンツ
「スキル」
書籍・雑貨・家電・その他
デジタル配信
エンタメ
プライムビデオ
プライム会員サービス
AI
プラットフォーム
ECサイト
キンドル
アマゾン・エコー
宇宙
エコシステム
アマゾン・アレクサ
アマゾン・ゴー
自動化
金融
クレジットカード
アマゾン・レンディング
アマゾン・ペイ
ロボット
ロジスティック
FBA
クラウドコンピューティング
AWS
アマゾンの「顧客中心主義」の意味

（筆者作成）

図表10-2 「顧客を宇宙の中心に置く」

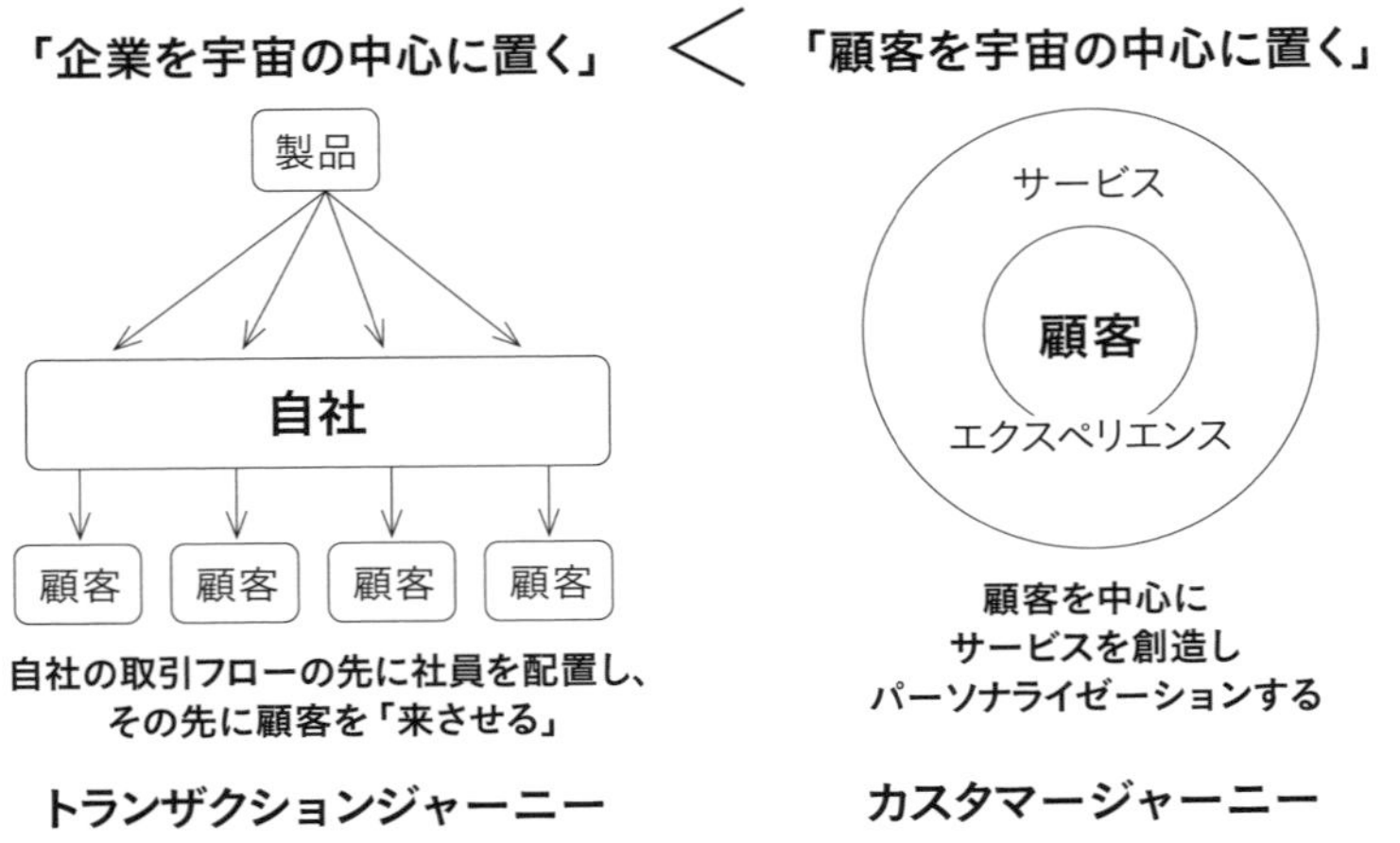
「企業を宇宙の中心に置く」
＜
「顧客を宇宙の中心に置く」
製品
自社
顧客
顧客
顧客
顧客
自社の取引フローの先に社員を配置し、
その先に顧客を「来させる」
トランザクションジャーニー
サービス
顧客
エクスペリエンス
顧客を中心に
サービスを創造し
パーソナライゼーションする
カスタマージャーニー

（筆者作成）

つかみ、製品化につなげられるのか。どうすれば顧客に継続的に価値を提供し、収益を増やせるのか。常にそう問いかけ、顧客が望むサービス、カスタマージャーニー、カスタマーエクスペリエンスを設計していきます。

そうした「顧客中心主義＝顧客を宇宙の中心に置く経営」とは対照的なのが、日本の大企業です。彼らは製品中心主義、あるいは企業中心主義です。顧客にとって最適なカスタマージャーニーを設計するどころか、企業の都合を優先したトランザクションジャーニーを顧客に押し付けています。すべてを製品起点で考え、製品を効率的に流通させるチャネルを整備する一方で、製品を購入する顧客の声を聞こうとしてきませんでした。いわば自社製品をピラミッド構造の頂点に置き、顧客を下層に置いたのです。

両者の違いは明白です。成長著しい米中テクノロジー企業と、「失われた20年」からいまだ再生できない日本企業との違いは、ここに由来するのではないかと思うほどです。DXをするにも、米中企業はあくまでもカスタマーエクスペリエンスを高めることを目的としているのに対し、日本企業のDXは残念ながら「自社の生産性を高める」ものにとどまっており、顧客に利するところがありません。

トランザクションジャーニーの典型例は日本の銀行に見ることができます。銀行の店舗を訪れたとき、私たちはどのような体験をするか、思い出してみてください。店舗の取引フローは厳密に決められており、顧客の都合は考慮されていません。銀行の都合で設計された取引フローにもとづいて社員を配置し、顧客に合わせるどころか、顧客に「来させている」。そんなあり方が、日本の金融機関では長年「当たり前」とされてきました。

しかし今こそ、そうした「当たり前」から脱却し、真の顧客中心主義を手に入れるべきときです。大胆なデジタルシフト戦略も、真の顧客中心主義がなければ描くことはできません。

「アマゾン・ゴー」に見るカスタマーエクスペリエンス

カスタマーエクスペリエンスという概念について補足しておきましょう。近年のデジタルマーケティングの世界において、カスタマーエクスペリエンスは最上位概念の1つに数えられます。

アマゾンも、カスタマーエクスペリエンスの追求を創業以来ビジネスモデルの中核に据えています。ECサイトとしてのアマゾンにしても、サイトを訪問したユーザーの動向を可視化・分析し、デザインや商品の配置を改善するPDCAを高速回転させることで、「楽しい」「気がきく」「好ましい」「わかりやすい」「信頼できる」といったカスタマーエクスペリエンスを高め続けています。

リアル世界のマーケティングにおいてもカスタマーエクスペリエンスの重要性は高まり続けています。ダイムラーは、CES2018において革新的な車載システム「メルセデス・ベンツ・ユーザーエクスペリエンス（MBUX）」を発表しました。アマゾン・アレクサのような音声認識AIアシスタントを組み込んだことで「話しかければ答えてくれる車」を実現したのです。テクノロジー企業ではなく、伝統的自動車メーカーのダイムラーがカスタマーエクスペリエンス重視の姿勢を打ち出したことは象徴的な出来事でした。

カスタマーエクスペリエンスには、これといった明快な定義はありません。しかし「ベゾスが考えるカスタマーエクスペリエンス」なら、過去の発言から推測することが可能です。

ベゾスにとって、カスタマーエクスペリエンスとは何か。

第一には、人間が人間として持っている本能や欲望に応えることです。

第二に、テクノロジーの進化により高度化する問題やストレスを解決することです。

第三に、「察する」テクノロジーです。

第四に、顧客に「〇〇している」と感じさせないことです。

1つずつ見ていきましょう。

ベゾスにとってカスタマーエクスペリエンスとは、第一に、人が人として当たり前に持っている本能や欲望を察知し、それに応えていくことです。これについては、私たちが利用しているアマゾンのECサイトが「(サイトを)見つけやすい」「(画面が)見やすい」「わかりやすい」「(目当ての商品を)検索しやすい」「選びやすい」「受け取りやすい」「使いやすい」「継続しやすい」を追求していることからも、容易に想像できることでしょう。

そしてアマゾン以外にも数多ある「カスタマーエクスペリエンスを重視する」ことを掲げる企業と比べても突出しているのは、その先鋭化ぶりです。ベゾスのカスタマーエクスペリエンスの追求には終わりがありません。

それは第二に挙げた「テクノロジーの進化により高度化する問題やストレスを解決すること」にも表れています。

テクノロジーの進化によって、サービスの利便性は日に日に増していきます。しかし皮肉なことに、利便性が増せば増すほど、顧客の欲望が満たされなかったことで感じるストレスも高度なものになっていきます。「昔なら当たり前だったのに、今はストレスに感じてしまう」ことに心当たりはないでしょうか。例えば、コンビニのレジ前の行列です。以前なら、小銭を財布から出すのに手間取る人がいても、「待つのが当たり前」と平然としていられました。しかしキャッシュレス決済が浸透した今では、列の後ろに並んでいる人は、ストレスを感じてしまうことでしょう。

このような時代においては、顧客から求められるカスタマーエクスペリエンスも高度化するばかりです。原理的には「消費者は決して満足しない」というべきでしょう。しかしベゾスはそんなわがままな顧客の期待にも徹底的に応えようとしています。今では当たり前となった、決済のストレスを限りなくゼロにする「ワンクリック」や、即日配達も、そのようにして生まれました。

そして今では、第三に挙げた「察するテクノロジー」までアマゾンは手にしています。高精度のレコメンド機能がその一例です。「IoT×ビッグデータ×AI」により、顧客1人ひとりの嗜好に合わせたリコメンデーションをリアルタイムで実現しています。

現時点の、アマゾンのカスタマーエクスペリエンスの到達点が、第四の「顧客に〇〇していると感じさせない」サービスです。それは無人レジコンビニの「アマゾン・ゴー」に顕著に表れています。ゲートにスマホをかざしてアマゾンIDを認証させて入店したら、陳列棚から商品をピックアップし、立ち去るだけで買い物が終了。アマゾンはこれを「ジャストウォークアウト」と表現しています。もはや買い物をしていること、支払いをしていることすら顧客に感じさせないのです。

顧客に「〇〇していると感じさせない」サービス。自分の会社なら、〇〇には何が入るでしょうか？　ベゾスなら何を入れようとするでしょうか？

ベゾス思考❷ 低価格、豊富な品揃え、迅速な配達へのこだわり

「低価格×豊富な品揃え×迅速な配達」へのこだわりも、ベゾスはしばしば口にしています。

前述したように、顧客が要求するカスタマーエクスペリエンスは年々高度化していますが、一方では変わらない部分もあります。「アマゾンの10年後の姿」を問われると、ベゾスはいつも「わからない」としながら、こう答えます。

「消費者が低価格、豊富な品揃え、迅速な配達を求めるのは昔も今も10年後も変わらないはずだ」

もっとも「顧客が昔も今も10年後も求めるもの」を探り当てたとしても、その要求水準は年々高くなっていきます。典型的なのは「迅速な配達」に対する要求の高まりでしょう。20年前なら即日配送を求めるユーザーも、それが可能だと考えるユーザーもいませんでしたが、今では当たり前です。2〜3日後の配達では「遅い」とすら感じてしまいます。

ベゾスはこれを予見していました。株主の批判を浴びながらも創業直後から物流倉庫を作りまくっていたのがその証拠です。ベゾスは最初からECはロジスティクスの勝負になると気がついていたのです。

今後はおそらく「注文不要、必要なものをAIが予想して届ける」ほどのスピード感をベゾス

は実現させてくると私は予想します。

もちろん、これがアマゾンのベゾスの意見であることはもちろん留意しなければなりません。低価格やスピードの追求が重要視されない事業も世の中には数々あるからです。

しかし、各企業それぞれに「顧客が昔も今も10年後も求めるもの」があるはずです。そこにこだわることが、ベゾス思考の要諦の1つです。

大半の企業は、顧客からスピードを求められる時流から逃れられないだろうと私は見ています。というのも、現在の消費者の多くはアマゾンのスピード感、いわば「アマゾン・スピード」に慣れきっています。プライム会員になれば何も指定することなく翌日には商品が届きます。それが当たり前になっています。これはあらゆる企業にとって脅威となります。なぜなら多くの消費者が、アマゾン以外の企業にもアマゾン・スピードを期待するようになるからです。

ベゾス思考❸ 大胆なビジョンと高速PDCAへのこだわり

ベゾス思考の3つ目は、大胆なビジョンと高速PDCAのこだわりです。これはアマゾンに限らず米中のメガテック企業にも共通する部分です。

ベゾスは「地球上で最も顧客中心主義の会社になる」という宇宙規模のビジョンを打ち立てながら、「今ここ」で何をすべきかを逆算して導き出し、高速でPDCAを回しています。日本の大企業のように詳細な計画を立てようとするあまり身動きがとれなくなるのではなく、リーンスタートアップで「小さく始める」方法を採用します。

もし自社でもこの手法を採用しようと思うなら、事業を通じてどのような社会課題と対峙するのか、どのような価値を顧客に提供するのか、大胆なビジョンを掲げることから始めなければなりません。

そして意外に思われるかもしれませんが、「小さく始める」からこそ、爆発的な成長がもたらされるのです。米中メガテック企業がそれを証明し続けています。

現在のテクノロジー企業の成長は「エクスポネンシャル（指数関数的）」と表現されます。対義語となる「リニア（線形関数的）」が一定期間ごとに1、2、3、4と増えていくことを指すのに対し、エクスポネンシャルは1、2、4、8と倍々ゲームで増えていくことを指します。これを提唱したのはシンギュラリティ大学のファウンダー、ピーター・ディアマンディスです。エクスポネンシャルな成長を手に入れる道は、「大胆に発想、しかし小さく始めて超高速ＰＤＣＡを回し、軌道修正を図ること」だと彼はいいます。

エクスポネンシャルな成長はデジタル化によって始まります。最初、成長は目に見えないほど小さなものです。０・１が０・２になり、０・２が０・４になっても些細な変化です。そのためデジタル化のあとは「Deceptive（潜行）」の時期が続きます。しかし、ある時点から爆発的な伸びが始まります。ディアマンディスは著書でこう語っています。

「たとえば私がサンタモニカの自宅の居間からリニアに30歩（1歩あたり1メートル進むとしよう）進むと、30メートル先にたどり着く。家の前の道を渡ったあたりだろう。一方、同じ地点から出発し、エクスポネンシャルに30回歩を進めると、10億メートル先に行きつく。地球を26周する計算だ」（『ＢＯＬＤ　突き抜ける力』日経ＢＰ）

アマゾンも、そのようにして成長してきました。電子書籍のキンドルが紙の書籍を売上で追い抜くまでに、わずか３～４年しかかかっていません。

もしもアマゾンが書店をＤＸしたら

ベゾス思考を体現したサービスの例として、アマゾンが展開するリアル書店「アマゾン・ブックス」も紹介しましょう。組織のリーダーであるなら、アマゾン・ブックスがどのような問題意識、使命感から誕生したものか、想像してほしいからです。

私自身がアマゾン・ブックスを視察する際に着目したのは、ＥＣではすでに「世界一の品揃え、世界一の売上を誇る、世界一の書店」であるはずのアマゾンが、どうしてリアル書店を手掛ける必要があったのか、ということでした。結論からいえば、アマゾンはアマゾン・ブックスにおいて、コトラーが『マーケティング４・０』で語っている「オンライン経験とオフライン経験のシームレスな融合」の実現に成功しています。

それは書籍の陳列方法に表れています。とてつもない品揃えを誇るアマゾンにとって、リアル店舗に並べられる本はごく一部です。またアマゾン・ブックス自体もそこまで大きな店舗ではないため、品揃えはセレクトショップ的な展開をせざるをえません。

そこでどうしているかというと、アマゾンはすべての書籍を、表紙が見えるよう面展開しています。面展開は顧客にとってはメリットがあることです。本を見やすく、選びやすく、買いやすいからです。しかし普通の書店は、店舗の面積や店頭在庫の制約から、すべて面展開するなんて「やりたくてもできない」ことでもあります。

にもかかわらずアマゾンブックスが面展開できるのは、アマゾン最大の武器である「ビッグデータ×AI」を活用しているからです。アマゾンは、その地域でどんな書籍が売れ筋なのかをビッグデータ×AIで分析することで、限られた面積の店内でどんな本を面展開すれば売れるのかを把握しているのです。逆にいえばそれ以外の本は在庫に持たない、という判断も可能です。

ビッグデータ×AIは各種のブックランキングにも活用されていました。販売部数に応じた「今月のベストセラーランキング」ならリアル書店でも珍しくはありません。しかしアマゾン・ブックスでは「シアトルで売れている本」「アマゾンでレビューが1万件以上ついている本」「キンドルでアンダーラインが引かれている本」などのランキングも揃えていました。こうなると、もうアマゾンの独壇場です。そして言うまでもなく、仮に店頭に探している本がなくても、顧客はスマホで注文するだけでよいのですもし日本の書店がこれを真似しようと思っても、まず無理です。そもそもビッグデータ×AIがなければ、どの本を面展開していいかもわかりません。また在庫がなければ、その時点で顧客はアマゾンに流れてしまうことでしょう。

書店以外の企業も安穏としてはいられません。アマゾン・ブックスを視察して私が最も脅威に感じたのは、書店としての競争力ではなく、あらゆる商材において応用可能である点です。アパレルしかり、日用雑貨しかり、あらゆるリアル店舗において、ビッグデータ×AIを武器に、アマゾン・ブックスと同じことが実現できてしまうのです。アマゾン・ブックスは、これからアマゾンがあらゆる分野においてリアル店舗を展開する、その序章に過ぎないでのないか。そう思えてなりません。

デジタルシフトに求められる「5つのシンカ」

ここまでアマゾンのビジネスやベゾスの哲学について、かいつまんで説明してきました。ここからは、いよいよデジタルシフト戦略について具体的に踏み込んでいきます。

まず大きな方向性として示したいのは、人と組織に求められている「5つのシンカ」です。シンカとは、「進化」であり「真価」のことです。コロナ禍は、あらゆる人と組織の真価を露わにし、そして進化を迫っていますが、デジタルシフトにも同じことが言えます。

(1)「本質」のシンカ

第一に強調したいのは、デジタルシフトとは「本質」の進化であるということです。小手先のデジタル化ではなく、事業そのもの、企業そのものの本質を進化させるものがデジタルシフトです。米中メガテック企業が優れているのも第一にこの点です。

ここでいう本質という言葉がわかりにくいかもしれませんが、「ポジショニングマップの右上に位置するもの」と言い換えることができます。ポジショニングマップとは縦軸、横軸の2軸で示されるフレームワークで、例えばコンビニならば「便利」「おいしい」という2軸によって事業の本質を示すことができるかもしれません。

デジタルシフトすべき自社の本質を考える上でも、ポジショニングマップは有益です。ポイントは、企業側の論理ではなく、自社を見る「顧客の頭の中」を想像して2軸を決めること。ポジショニングマップの詳細は、マーケッターの牛窪恵さんとの共著『なぜ女はメルカリに、男はヤフオクに惹かれるのか？』（光文社）をご参照ください。

先ほど私は、コンビニの本質は「便利」で「おいしい」だとしました。そしてアマゾン・ゴーはその本質を見事にアップデートしたものだと私は評価しています。

便利については、すでに紹介した「商品を手に取って立ち去るだけで買い物が完了」する点を指摘すれば十分でしょう。しかしアマゾン・ゴーが「おいしい」もアップデートさせたものである点は、まだ一般に認識されていないようです。私がアマゾン・ゴーを視察して最も驚いたのがこの点です。

まずアマゾン・ゴーは無人どころか超有人店舗でした。シアトルにある1号店を通りから覗くと、見えるのはガラス張りのオープンキッチンです。そこでは何人ものスタッフがサラダやサンドイッチを調理しているのが見えました。

それを見て私は直感しました。アマゾン・ゴーは確かにアマゾンが誇る最新テクノロジーの結晶です。しかしその実態は、「デジタル化を推し進めてもなお、最後の最後まで人に残る仕事（人

図表10-3　アマゾン・ゴーのポジショニング

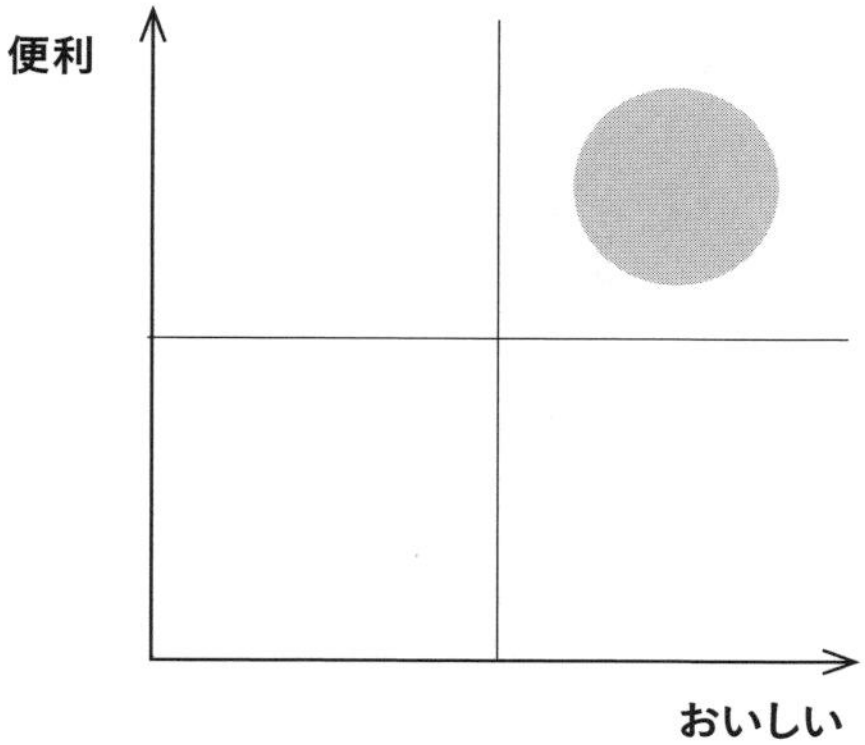

（筆者作成）

がやるべき仕事）」を示す店舗でした。

おそらく現時点でも「ロボットが作ったサンドイッチ」は十分においしいはずです。しかし、人が望むものは、見えないところでロボットが作ったサンドイッチよりも、自分に見えるところで人が作った、手作りのサンドイッチでしょう。そのサンドイッチこそを「おいしい」と人は思うのではないでしょうか。アマゾン・ゴーは、そのことを示唆していました。

「アリババ銀泰」に見る百貨店の進化

中国のメガテック企業アリババが買収した中国の大手老舗百貨店「銀泰商業集団（以下、銀泰）」もデジタルシフトのよい例です。私は２０１９年にアリババの本拠地である杭州の店舗に視察に行きましたが、これはアリババによる百貨店のアップデートであると評価しています。

消費者が百貨店に求める本質とは、どのようなものでしょう。私がポジショニングマップを描くなら「自分が求める品揃えが豊富」で「必要なときに満足なカスタマーサポートが得られる」こと。裏を返せば百貨店業界が低迷しているのは、この本質が損なわれていることを意味します。

ではアリババは、どのように百貨店をアップデートしたのでしょう。第一に、「自分が求める品が豊富」を、ニューマニュファクチャリングという方法でアップデートしました。

ニューマニュファクチャリングとは、膨大なビッグデータ×AIを駆使して、各アパレルの顧客ならどんな服を好むのか、カットやデザイン、ボタンの位置から色まですべてを把握し、開発から製造販売までを一気通貫で支援する、というものです。その結果どうなったか。アリババが買収する以前は、定価で売れる服の割合は4割だったものが、現在は8割まで定価で売り切れるようになったのです。ビッグデータ×AIによって、顧客が求める品揃えを実現できていることがうかがえます。

「必要なときに満足なカスタマーサポートが得られる」についても、テクノロジーによるアップデートに成功しました。例えば化粧品売り場には「ARミラー」という端末が備え付けられています。これはAR（拡張現実）のテクノロジーによって化粧品の〝試着〟ができるというものです。また販売員は、顧客がいないときはライブコマースを展開しています。販売員自らがインフルエンサーになって、自身のスマホでストリーミング配信を行い、商品を販売していたのです。

そしてBtoBビジネスとしての百貨店のあり方も、アリババはアップデートしました。日本の

図表10-4　アリババ銀泰のポジショニング

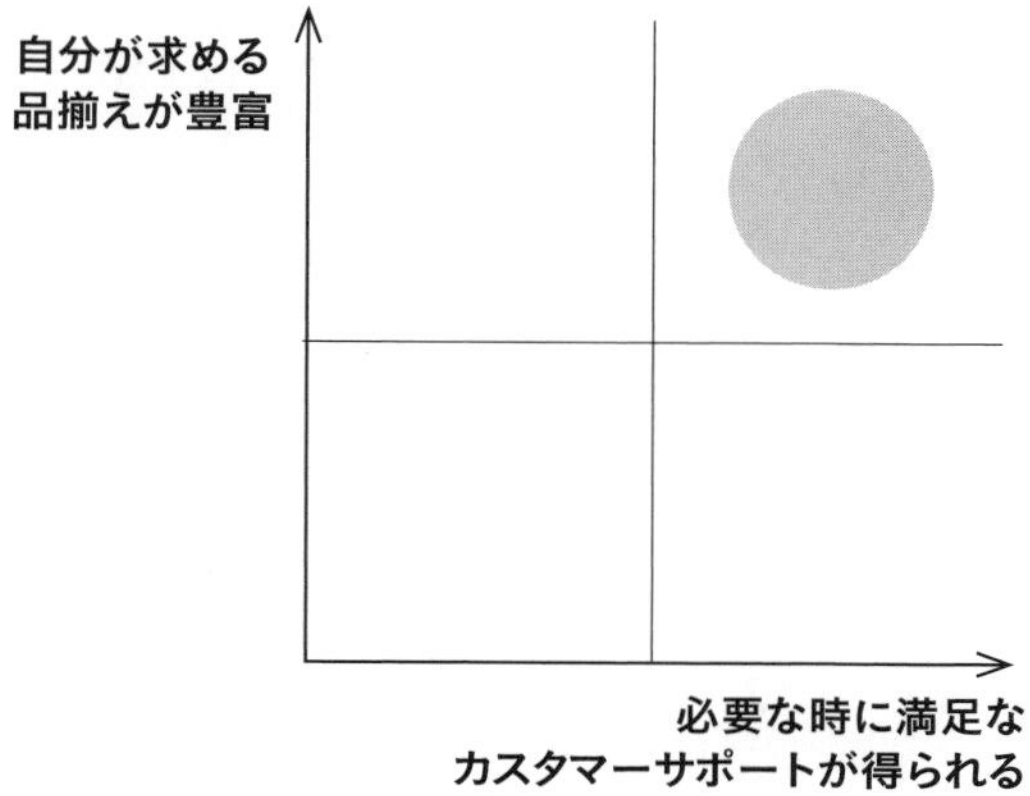
自分が求める
品揃えが豊富
必要な時に満足な
カスタマーサポートが得られる

（筆者作成）

百貨店においては、消費者はテナントの顧客ではなく百貨店の顧客という位置づけです。そのためテナントへの集客、販売支援は百貨店の役割であり、アパレルの側もそれを百貨店に望んでいました。ところが百貨店の集客機能は衰えるばかり。コロナ禍によってそのインバウンド需要が吹き飛んだことで、百貨店もアパレルも苦境にさらされています。

それに対してアリババは、その集客×販売支援もDXによって進化させました。ニューマニュファクチャリングによって売上をともに作り、オンラインでもオフラインでも集客を支援しています。

販売支援の点ではロボットが大活躍しています。銀泰での決済はアリペイで行われます。また、アプリを使えばECでも各テナントの商品を購入できます。店舗で買い物を楽しんでいても、重い荷物を持ちたくないと思えばアプリで購入し、自宅まで商品を届けてもらえるのですが、その注文が入ると店頭にロボットが現れるのです。銀泰はECと直結しており、百貨店にある商品は同時にオンラインでも販売されています。その商品をテナントからピックアップし、バックヤードに運んでいくのが、このロボットの役割です。

銀泰ではこのように、店舗のあり方、人のあり方、すなわち百貨店の本質が問い直されていました。デジタル化がここまで進んでいることもあらためて驚きでした。世界一のテクノロジーショー「CES」の会場よりも進んだテクノロジーが、アリババの本拠地ではすでに展開されている、そんな感慨を覚えました。

(2)「CX」のシンカ

デジタルシフトとは、第2にカスタマーエクスペリエンスの進化です。

前述のとおり、カスタマーエクスペリエンスの先鋭化は止まりません。その最新事例が「〇〇していると感じさせない」各種のサービスです。アマゾン・ゴーではもはや「買い物していると感じさせない」「支払いをしていると感じさせない」ほど、スピーディで快適な買い物が実現されています。

こうしたカスタマーエクスペリエンスの進化からは「より自然に」という方向性が見て取れます。よりシームレスに、よりフリクションレスに、より「〇〇していると感じさせない」ように。自社のデジタルシフト戦略を立案するにあたっては、この「より自然に」という方向性を念頭におく必要があります。

だとするなら、カスタマーエクスペリエンスがこれから進化する先も、想像がつきます。例えば、デバイスを使うという「プロセス」自体がなくなる世界の到来です。2020年のCESでキーワードとなっていた「アンビエントコンピューティング」は大きな可能性といえるでしょう（第5章参照）。

アンビエントコンピューティングとは、5G、MRなどのテクノロジーにより、デバイスなしでコンピューティングサービスを実現する技術のことです。プロセスなしで快適に自然にサービスを受けられる。これは現時点における究極の顧客中心のサービスです。今のところ実現されていませんが、GAFAがこのレベルを目指しているのは間違いなく、実現は時間の問題だと考えられます。

（3）「データ分析」のシンカ

ビッグデータ×AIの登場により、データ分析の有用性は広く知られるところとなりました。しかし、ここであらためて「何のため」のビッグデータ×AIなのかを問い直す必要があると私は考えます。

アマゾンがビッグデータ×AIを活用するのは、第一にカスタマーエクスペリエンスの向上のためです。その結果として売上が向上することも見逃せませんが、まずは顧客のため、カスタマーエクスペリエンスを向上させることに重きが置かれます。

またマーケティング戦略もデータ分析により変化がもたらされました。例えば、これまで消費行動を予測する際は、顧客の行動パターン、心理パターン、属性に関するデータが用いられてきました。中でも「取得しやすい」ことから重要視されてきたのが属性データです。具体的には、性別や年齢、学歴、職業、家族構成、所得水準などに関するデータです。消費者の行動パターンや心理パターンはわざわざアンケートで集めなければならず、マーケティングに活用しにくかったのです。

しかし、マーケティングにおける有用性を優先するなら、属性データよりも行動パターンや心理パターンのほうが上です。例えば「20代の女性」という属性データの中には、21歳の学生もいれば、子供を抱える29歳の主婦もおり、そのライフスタイルや価値観はまるで違うはずです。それを「20代の女性」とひとくくりにするのは乱暴というものです。

これに対して行動パターンとは、商品やサービスの利用頻度や購買状況、求めるベネフィットなどです。また心理パターンとは、消費者のライフスタイルや価値観、性格、趣味嗜好、購買動機などです。これらを分析することで、「どんな行動パターンのときに自社の商品・サービスが購入されているのか」「どんな心理状態のときに購入されているのか」がこと細かにわかり、マーケティングに活用できるのです。

ビッグデータの到来により、行動パターンや心理パターンのデータを取得できるようになりました。アマゾンはその典型例です。アマゾンは、ECサイトにおけるアクセス回数、購入履歴データ、行動履歴などに始まり、キンドル、アマゾン・アレクサ、アマゾン・ゴーなどあらゆるチャネルをビッグデータの集積装置とし、データを蓄積し続けています。このデータをAIによる分析にかければ、以前よりもはるかに高い精度で「ユーザー1人ひとり」の行動パターンや心理パターンを把握し、サービスを最適化できます。

より正確を期すなら「ユーザー1人ひとり」どころではありません。アマゾンの元チーフ・データサイエンティストのアンドレアス・ワイガンド氏は著書『アマゾノミクス』（文藝春秋）の中で、『0・1人』規模でセグメントするアマゾン」と書いています。それはユーザー1人ひとりの、刻一刻とリアルタイムで変化するニーズまでを把握するセグメンテーションを意味しています。「○年○月○時○分のあなた」というところまで細分化したマーケティングが、ビッグデータ×AIにより可能となっている。これを前提に、これからのデータ活用が検討されるべきです。

（4）「つなげる」のシンカ

デジタルシフトは、ありとあらゆるものを「つなげる」ことを可能とします。人と車をつなげる（スマートカー）、人と家をつなげる（スマートホーム）、人とオフィスをつなげる（スマートオフィス）、人と街をつなげる（スマートシティ）……。

中国では、スマートシティの存在がすでに身近なものになっています。街のあちこちで見かけるのは各種のヒートマップです。例えば、フードデリバリーの配達員のヒートマップは、各販売員が何件の配達を抱えているのかが色でわかるようになっています。ビッグデータ×AIによって交通状況を分析し、「今抱えている5件をどういうルートで配達するのが最も効率的か」などを、配達員のスマホに知らせる仕組みも活用されています。

もっとも中国のスマートシティの事例は、日本企業が参考にするには壮大すぎるかもしれません。まず注力したいのは、やはり「企業と顧客をつなげる」ことです。これまで日本企業は、自社の顧客が何者か知らないままで平然としていました。

その点、テクノロジー企業は早くから意識的であり、特にスマホを起点に顧客とつながろうとしてきました。各種の決済アプリがよい例でしょう。ペイペイもLINEペイも単なる決済アプリではありません。これを毎日の顧客接点とし、自社の金融サービスやEC・小売、そのほかのサービスへと誘導していることこそが重要です。いわば決済アプリは「スーパーアプリ帝国」の入り口であり、「スマホで顧客とつながる」ためのツールなのです。

昨今「サブスクリプション」サービスが注目されているのも、それが「顧客と企業がつながる」ためのプラットフォームとして期待されているからにほかなりません。サブスクリプションとは、単なる「一定期間の商品・サービス利用について料金を払う」という支払い形式のことではありません。サブスクリプションの本質は、顧客との長期的な関係性を築くことにあります。かつてのように「商品を売っておしまい」ではなく、サービスの利用継続によって顧客情報を集積させ、それを用いて「顧客1人ひとりに合った商品やサービスを提案する」など、カスタマーエクスペリエンスの向上に努めるのです。

各企業がデジタルシフト戦略を立案する際は、「どうすれば顧客とつながることができるのか」、あるいは「つなげた先にどのようなサービスを展開できるのか」を設計していく必要があります。

（5）「経営スピード」のシンカ

最後は、経営スピードの進化です。企業の競争力は、まず経営スピードに表れます。ならば、デジタルシフトもまた、経営スピードの進化に活用されるべきです。理想的には、ユニクロのような開発・製造・販売の三位一体のデジタルシフトです。ECを導入するなど「販売のみ」では経営スピードは上がりません。

そこでのポイントは同期化です。ベルトコンベアの上をお皿が流れているとしましょう。この皿を10人で洗おうとする場合、コンベアの速度は「最も皿を洗うのが遅い人」に合わせざるを得ません。ほかの9人の作業がどれだけ早くても、これでは全体のスピードが停滞します。同期化は経営スピードの源泉です。各部門が同時にスピードアップを図る、そのためのデジタルシフトを模索しましょう。

「DAY1」の精神がデジタルシフトを起動させる

こうしたデジタルシフトを実行していくにあたって、非常に重要な前提条件があります。それは、スタートアップ企業のようにスピーディな企業文化です。

私は自著『アマゾン銀行が誕生する日』において、シンガポールのDBS銀行を論じ、本書の第7章でも紹介しています。DBS銀行こそはデジタルシフトの成功事例です。彼らは「もしアマゾンのジェフベゾスが銀行をやるなら、何をする?」と発想し、旧態依然とした銀行から脱却し、世界一のデジタル銀行となったのです。そこでは「会社の芯までデジタルにする」「自らをカスタマージャーニーに組み入れる」「従業員2万2000人をスタートアップに」など、象徴的なキーワードが掲げられました。

ここで強調したいのは、DBS銀行もまた、スタートアップ企業のようなスピーディな企業文化に生まれ変わることで、デジタルシフトを成功させたという事実です。

なぜ、スタートアップ企業のようなスピーディな企業文化がデジタルシフトには不可欠なのでしょうか。それは「自らを変革する」というイノベーションを継続的に生み出すためです。

アマゾンのベゾスの話には必ず「DAY1」という言葉が出てきます。そこに込められているのは「アマゾンにとってはいつでも今日が創業日だ」というメッセージです。そのことを忘れないためにベゾスは徹底的に「DAY1」という言葉を繰り返します。自分のデスクがあるオフィスはすべて「DAY1」と名付け、ブログの名前も「DAY1」、さらにはアマゾンのアニュアル

図表10-5　「Day 2」（大企業病）からアマゾンを守る4つの法則

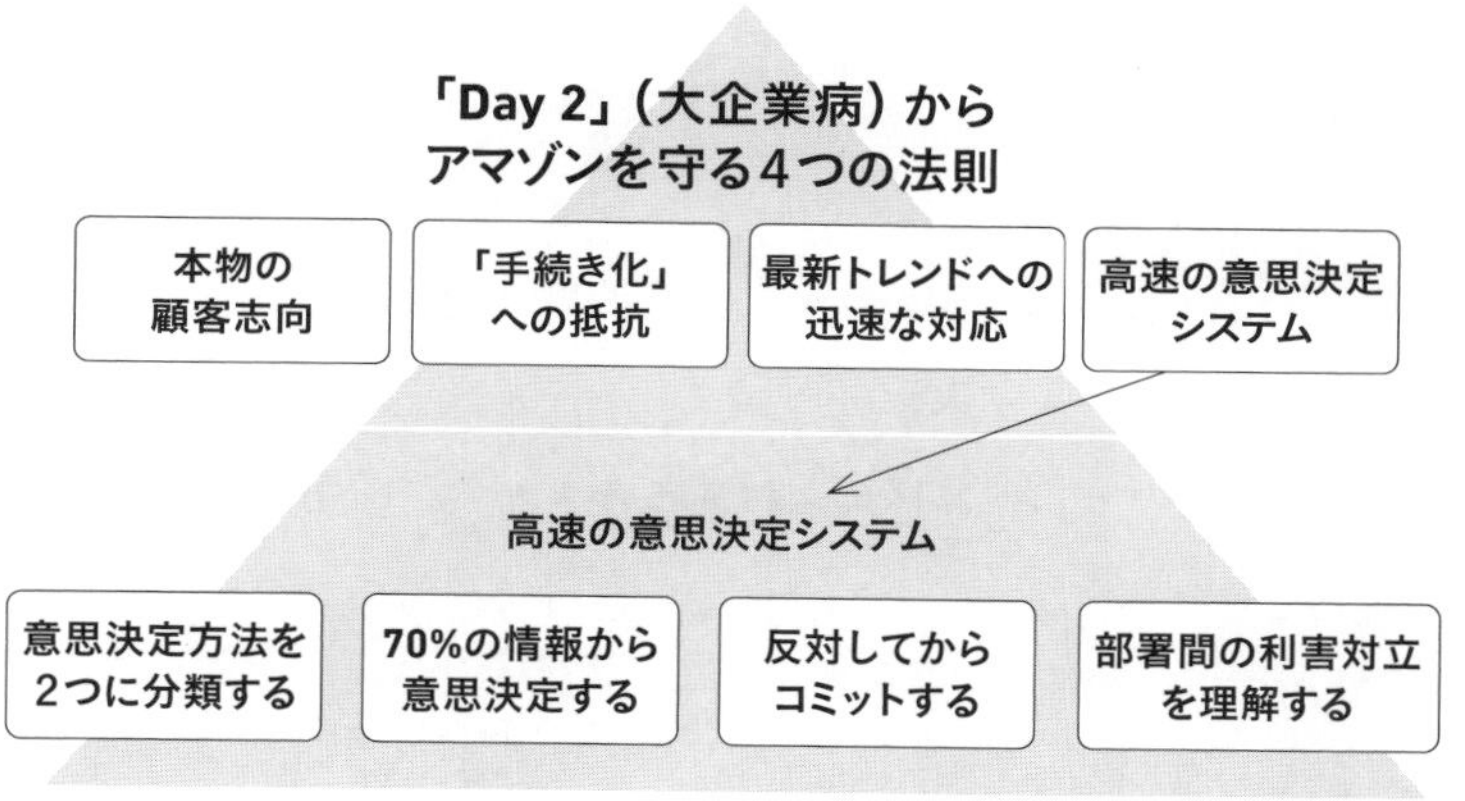
「Day 2」（大企業病）から
アマゾンを守る4つの法則
本物の顧客志向
「手続き化」への抵抗
最新トレンドへの迅速な対応
高速の意思決定システム
高速の意思決定システム
意思決定方法を2つに分類する
70%の情報から意思決定する
反対してからコミットする
部署間の利害対立を理解する

（2017年アニュアルレポートより筆者作成）

レポートには創業年の株主レターを添付し、そこに「Still DAY1」という言葉を添えているほどです。

なぜここまでするのか。それは、ここまでしないとスタートアップ企業のようにスピーディな企業文化は維持できない、イノベーションは実現できないとベゾスは熟知しているからです。逆に、創業当時のスタートアップ精神を忘れて衰退していく「大企業病」を非難する文脈で「DAY2」という言葉を用いています。

アマゾン創業から20年以上を経て、時価総額世界一を競うメガテック企業になってもなお、「DAY1」の精神を忘れまいとするベゾス。これにならいデジタルシフト戦略を考えるにあたっては、いつでも「DAY1」という言葉を心に留めておいていただきたいと思います。

みなさんの会社は、今日が創業日のスタート

図表10-6　最も重要な問いかけ

自分自身は

Day 1　**OR**　**Day 2**

どちらだろうか?

（筆者作成）

アップ企業のようにスピーディなＤＮＡを持っているでしょうか。大企業病に侵されていないでしょうか。

社員数十人の小さな会社でも、若々しさを失い大企業病に侵されているケースもあります。あるいは「経営者が」「部下が」と、人のせいにしてはいないでしょうか。それよりも自分自身が会社に入社した初日のように、フレッシュな気持ちで仕事をしているかどうかを胸に問いかけてください。１人ひとりが「ＤＡＹ１」の精神を持ち、スタートアップのようなスピーディな企業文化を取り戻すこと。デジタルシフトはそこから始まるのです。

顧客の声に耳を傾ける「2つのワークシート」

（1）「理想の世界観」実現ワークシート

図表10－7は、ワークショップで使っているフレームワークの1つ、「理想の世界観」実現ワークシートです。有名企業のDX戦略の分析に、あるいは受講者が自社のDX戦略を立案するために活用してもらうものです。

ここまで論じてきたように、DXの本質はトランスフォーメーションであり、特にカスタマーエクスペリエンスを高めていくことにあります。人間中心主義や「人×地球環境」中心主義が問われる時代になろうと、民間企業が事業を営む以上は、すべての起点は顧客中心主義にあります。その視点から、自社の事業をとらえ直す際にも、このワークシートは使えます。

「理想の世界観」実現ワークシートは、「現状の課題」と「理想の世界観」の対比、そして「4P」と「4C」の対比の2つで構成されています。「現状の課題」をどう克服して「理想の世界観」に至るのか。そのために現状の4Pをどのように4Cへと読み替えるべきなのか。そのような構成となっています。

その中核となるのが、マーケティングのフレームワークの1つである4Pです。4Pとは、プロダクト(製品)、プライス(価格)、プレイス(流通)、プロモーション(販売促進)のことです。ハーバード・ビジネス・スクールのニール・H・ボーデン教授が、1964年の論文で提唱したもので、4Pはそれぞれ、「何を売るか」「いくらで売るか」「どこで売るか」「どうやって知ってもらうか」を指しています。4Pの各要素は独立したものではありません。マーケティングの世界では4Pのことをマーケティング・ミックスとも呼び、マーケティングプランを考える際には4つのPを「最適な形に組み合わせて」「同時並行」で進めるのが常です。

4Pは、企業経営におけるマーケティング戦術の基本となるものです。しかし一方で、4Pは商品・サービスを提供する側の視点に立った考え方でもあり、顧客中心の商品・サービスが求められる時代の流れの中では、そぐわない部分も一部出てきています。

そこで4Pと同時に考えたいのが4Cです。4Cは、4Pを顧客視点から再定義するためのフレームワークです。4Pのプロダクトに対してカスタマーバリュー(顧客価値)を、プライスに対してカスタマーコスト(顧客の生涯コスト)を、プレイスに対してコンビニエンス(利便性)を、プロモーションに対してコミュニケーションを検討します。このように、4Pそれぞれを、顧客起点にとらえ直すことで、「デジタルトランスフォーメーションによって何を変革するべきか」の手がかりが見えてきます。

図表10-7 「理想の世界観」実現ワークシート

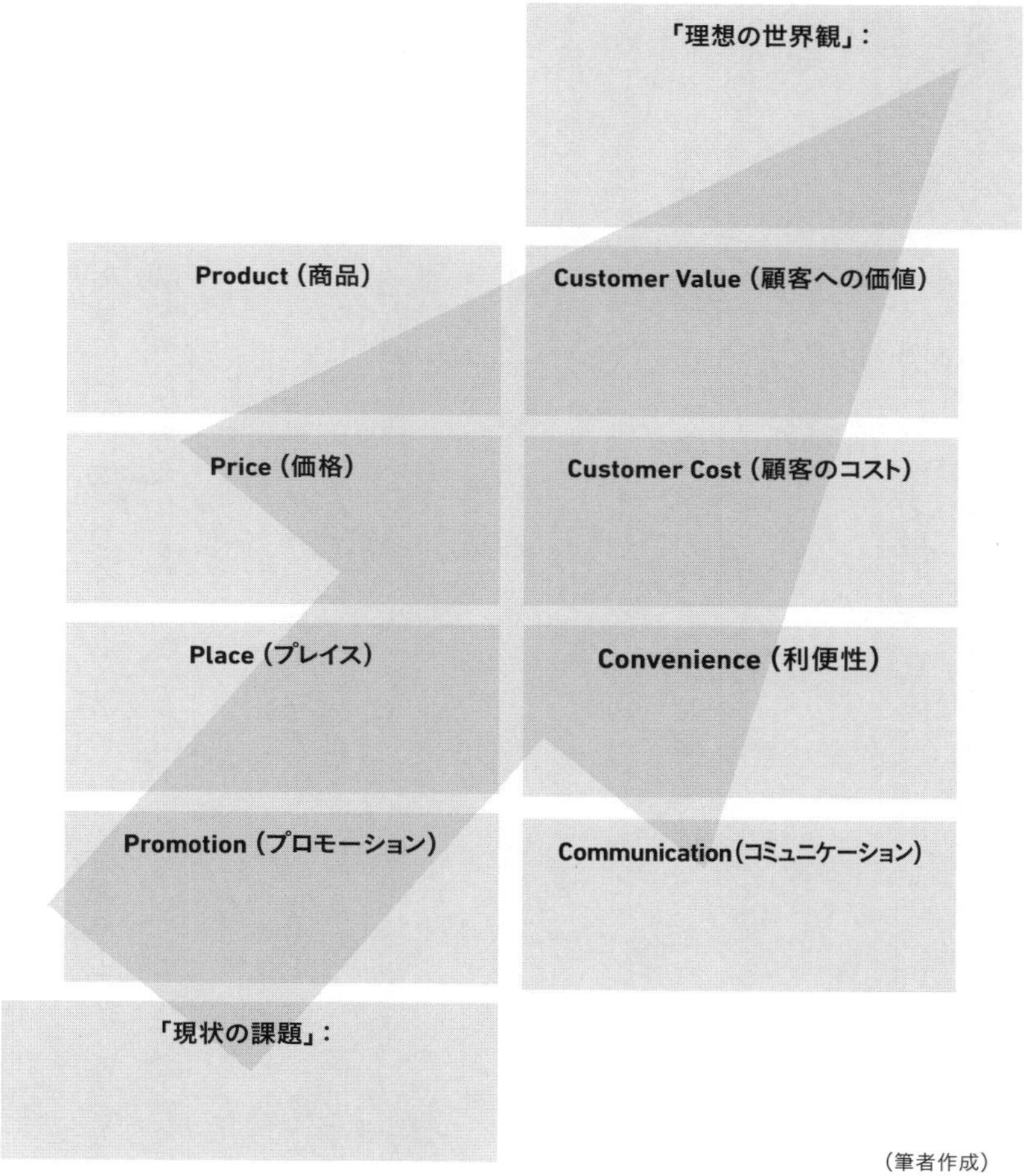

（筆者作成）

ここでは例として「DXを果たしたコンビニ」であるアマゾン・ゴーを取り上げ、「理想の世界観」実現ワークシートによって読み解いてみましょう。

【現状の課題】：コンビニ

現状のコンビニは、利便性のよい立地に位置しているのが強みですが、だからこそ時間帯によっては大混雑します。また、商品戦略などは、各コンビニチェーンが同質化競争に陥っています。

【理想の世界観】：アマゾン・ゴー

コンビニの本質である「便利×おいしい」を、デジタルと人を駆使してアップデートしました。「商品を手に取って立ち去るだけ」という利便性と、「その場で人が作る」おいしいサラダやサンドイッチを提供しています。

続いて、コンビニの4Pが、アマゾン・ゴーの4Cと、どのように対比されているのかを見ていきます。

コンビニの「プロダクト」は、小商圏において最も購入頻度の高い商品にフォーカスされています。これに対し、アマゾン・ゴーの「カスタマーバリュー」は、コンビニの本質である「便利

図表10-8 「理想の世界観」実現ワークシートの事例（アマゾン・ゴー）

「理想の世界観」：アマゾン・ゴー
コンビニの本質である「便利×おいしい」をデジタルと人を駆使してアップデート、「ただ手に取って立ち去るだけ」の利便性とその場で人がつくるものを提供

Product（商品）
小商圏において最も購買頻度の高い商品を販売

Customer Value（顧客への価値）
コンビニの本質である「便利×おいしい」をアップデート

Price（価格）
立地条件や利便性に優れており、定価に近い価格で商品を販売

Customer Cost（顧客のコスト）
コンビニに行くだけではなく、コンビニでの待ち時間などもコストと考慮

Place（プレイス）
利便性の良い場所に立地、だからこそ混雑時には大混雑

Convenience（利便性）
コンビニの利便性を「ただ単に手に取って立ち去るだけ」にまでアップデート

Promotion（プロモーション）
TVCMなどで大量にプッシュ型プロモーションを展開

Communication（コミュニケーション）
専用アプリで入店・決済・情報のやり取りなどまで顧客とデジタルでつながる

「現状の課題」：コンビニ
利便性の良い場所に立地、だからこそ混雑時には大混雑、商品戦略なども同質化競争に陥っている

（筆者作成）

×おいしい」のアップデートが活きる商品にフォーカスされています。

コンビニの「プライス」は、好立地条件や利便性を反映し、定価に近い価格で販売されているのが特徴です。これに対しアマゾン・ゴーの「カスタマーコスト」は、価格のみならず「時間」もコストととらえ、「待ち時間なし」というコストカットを実現しています。

コンビニの「プレイス」は、利便性のよさが特徴ですが、それは混雑と裏腹でした。一方、アマゾン・ゴーの「コンビニエンス（利便性）」は、「商品を手に取って立ち去るだけ」＝「混雑なし」にアップデートされています。

コンビニの「プロモーション」は、テレビCMなどで大量にプッシュ型プロモーションを展開するのが特徴です。一方、アマゾン・ゴーの「コミュニケーション」は、一方的な情報発信にとどまらず、専用アプリで入店・決済をするのに加えて、情報のやりとりなどまでを行い、顧客とデジタルでつながっています。レシートも、デジタルで専用アプリ内に発行されます。

このように、「理想の世界観」実現ワークシートを用いて、４Pを顧客起点の４Cとしてとらえ直することにより、事業そのものを顧客起点に刷新することの手がかりがつかめるのです。

（2）「カスタマージャーニー×デジタルシフト」ワークシート

図表10‐9も、ワークショップで用いているフレームワークです。デジタルシフト戦略におけ

図表10-9 「カスタマージャーニー×デジタルシフト」ワークシート

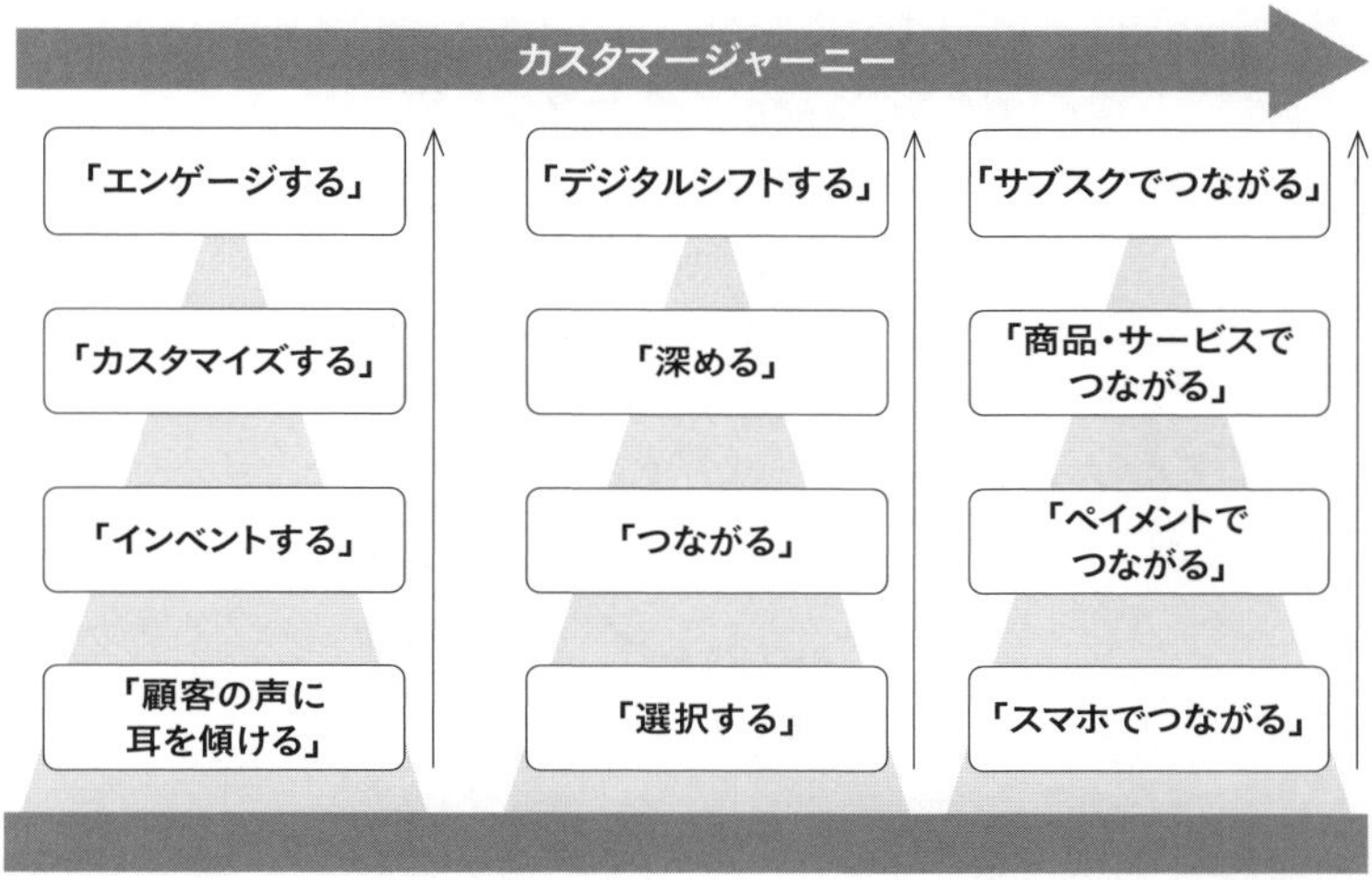

（筆者作成）

る、3つのカスタマージャーニーの流れを示しています。

このうち、最も重要なのは左側にある「顧客の声に耳を傾ける」「インベントする（商品を開発する）」「カスタマイズする」「エンゲージする（顧客との関係性を深める）」という流れです。中でも「顧客の声に耳を傾ける」は、あらゆる事業の起点として、常に重要なものです。

再び、アマゾンを例にとるなら、この「顧客の声」にあたるものは「低価格×豊富な品揃え×迅速な配達」ということになるでしょう。前述したように、顧客が要求するカスタマーエクスペリエンスは年々高度化していますが、ベゾスは「消費者が低価格、豊富な品揃え、迅速な配達を求めるのは昔も今も10年後も変わらないはずだ」と

図表10-10　アマゾンのビジネスモデル

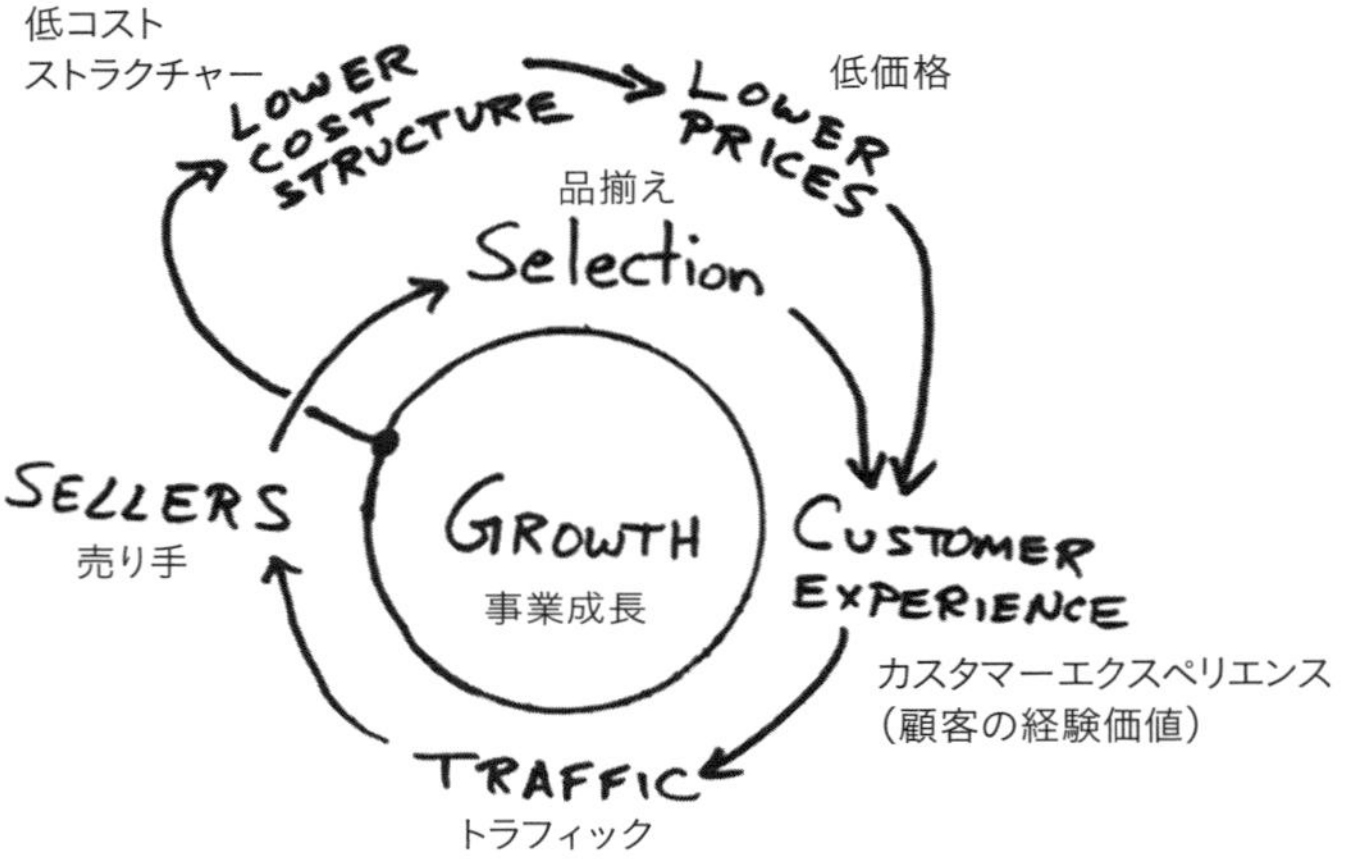

（ソース：アマゾンのコーポレートサイト、和訳は筆者）

語っています。

アマゾンは創業時点ですでに「低価格×豊富な品揃え×迅速な配達」が重要だという認識を持っていた、ということがきわめて重要です。図表10-10は、アマゾン創業時にベゾスが紙ナプキンに描いたといわれるビジネスモデルです。すなわち「セレクション（品揃え）を増やす」と、「顧客の経験価値（カスタマーエクスペリエンス）が上がる」。経験価値が上がると「トラフィックが増える（人が集まってくる）」。すると「そこで物を売りたい売り手が集まる」。これによりますますセレクションが増え、顧客の経験価値が上がる。これがアマゾンの成長サイクルだというのです。また「低価格」が顧客の経験価値の前提として示されています。

創業当時に書かれたものとあって、ここではオンライン書店としてのアマゾン・ドット・コムを前提としたビジネスモデルではありますが、その後に誕生したアマゾンの様々な事業においても、カスタマーエクスペリエンスを中核に、低価格、豊富な品揃え、迅速な配達という価値観は、一貫したものとなっています。

その事実が示唆しているものは「アマゾンと同等のレベルで、顧客が真に求めるニーズを特定することができたら、それはすなわち、ビジネスモデルを構成する中核の要素になり得る」ということです。これは、自社のDXを考える際の入り口として、まずは「顧客の声に耳を傾ける」ことが重要である理由でもあります。

アマゾンがさらに優れているのは、この3つが「ジョブ」にもなっている、ということです。ここでいう「ジョブ」とは、「イノベーションのジレンマ」で知られるクレイトン・クリステンセン教授のいう「ジョブ理論」にもとづくものです。ジョブ理論は、顧客が商品やサービスを購入する際のメカニズムを解き明かすもので、「人は自分自身が抱えている問題=ジョブを解決するために商品を購入する」ということが要諦です。アマゾンは、クレイトン・クリステンセン教授のクライアントでもあり、著書の中でも言及されています。

「われわれはジョブを、〝ある特定の状況で人が遂げようとする進歩〟と定義する。重要なのは、顧客がなぜその選択をしたのかを理解することにある。ゴールへ向かう動きを表すため、あえて『進歩』ということばを選択した。ジョブとは進歩を引き起こすプロセスであり、独立したイベントではない。進歩は、特定の問題を苦労して解決するという形をとることが多いが、それはひとつの形態にすぎない。苦労や問題を伴わないジョブもある」(『ジョブ理論 イノベーションを予測可能にする消費のメカニズム』(クレイトン・M・クリステンセン、ハーパーコリンズ・ジャパン)

「アマゾンは、創業当初から顧客のジョブを解決するための3つのポイント――豊富な品ぞろえ、低価格、迅速な配達――につねに意識を集中し、それらを実現できるようにプロセスを整備してきた。プロセスには、この3つのポイントをどこまで達成できたかを分単位で測定し監視する機能も組み込まれている。最終目標は顧客のジョブを片付けることであり、すべてはここから逆算して設計されている」(同)

前述のとおり、アマゾンには「大胆なビジョンと高速PDCAのこだわり」があります。これは、100年単位の超長期思考と1日単位の超短期思考の組み合わせでもあるのですが、このクリステンセン教授の記述からは、分単位のPDCAが回っていることがうかがえます。それほどにアマゾンは、豊富な品揃え、低価格、迅速な配達にこだわっています。「顧客の声に耳を傾け」、自社に対する顧客のニーズをとらえることからすべては始まる。世界最強のアマゾンとて、それは同じなのです。

大胆なデジタルシフト戦略策定「12のポイント」

以降は、「大胆なデジタルシフト戦略策定ワークショップ」を通じて、受講生にどのようなポイントを意識してもらっているかを簡単に説明したいと思います。

(1)より優れた商品サービス提供に至るまで、すべての階層において優れた戦略になること

デジタルシフト戦略は、企業の本質をアップデートするものです。したがって、あらゆる領域に変化をもたらすものでなければ、有効とはいえません。

例えば、仕事において第一に重要なのは、確かに「仕様書に沿った商品・サービスを提供すること」かもしれません。これを満たさなければ、ビジネスとして成り立たないからです。しかし、だからといってこの階層のみで仕事をしていたら、価格競争に巻き込まれ、疲弊するばかりです。そこで、少しずつ価値を積み上げていき、次のように、さらに上の階層を目指していくことになります。

「より優れた商品・サービスを提供する」
「業務上のニーズに貢献すること」

「事業上のニーズに貢献すること」
「戦略上のニーズに貢献すること」
「存在意義や使命上のニーズに貢献すること」

デジタルシフト戦略は、これらすべての階層において優れた戦略になることを目指します。

(2) 本質的で、インパクトがあり、強く・好ましく・ユニークなものであることを生命線とすること

デジタルシフト戦略とは、会社が掲げるビジョンの実現に向けて、戦略的に立案されるべきです。またその際には米中メガテック企業のデジタルシフトのように、事業を本質からアップデートするだけの、インパクトある戦略が求められます。誰でも思いつくような小手先の変革では、デジタルシフトとは言えません。

加えて「強く・好ましく・ユニーク」なものを志向していただきたいと思います。これはブランディングの三拍子といわれるものなのですが、デジタルシフトにおいても重要です。顧客からの評価・共感を呼ぶために意識したいものです。「強く・好ましく」だけなら、すでにほかの企業がしていることを真似すればいいかもしれません。しかし、それでは意味がないのです。また強いだけでは、顧客の共感を呼ばないでしょう。強く・好ましく・ユニークの3つが揃うからこそ、ブランド価値、顧客価値、社員価値の向上に寄与する戦略となるのです。

（3）自社の事業に対する哲学・想い・こだわり、ミッション・ビジョン・バリューに精通すること。それらを踏まえた戦略とすること

経営者自身であれば、事業に対する哲学・想い・こだわり、ミッション・ビジョン・バリューについては十分理解しているかもしれません。ところが現場の従業員がそれを理解していなかったり、コーポレートサイトに書かれている文言と齟齬があったりと、案外軽視されている部分でもあります。

経営者が持つ哲学・想い・こだわり、ミッション・ビジョン・バリューはまさに企業の根幹にあるものです。それを踏まえた戦略でなければ、事業の本質を進化させるデジタルシフトにはなり得ません。

（4）自社の事業の本質から入ること

繰り返しになりますが、デジタルシフトとは事業の本質をアップデートするものです。したがってまずは自社の事業の本質を見極めなければなりません。

そこで活用されるのがポジショニングマップです。私はポジショニングを「顧客のハートとマインドとスピリットの中に、自社や自社製品、サービスを描く」と定義しています。そのとき、縦軸と横軸になるものは何なのか。大切なのは、自社がマップの「右上」に位置できる2軸を探

すことです。それこそが、消費者が、あなたの会社を競合と比べてより高く評価しているポイントであり、事業の本質を意味することになります。デジタルシフトによって進化させるべきものも、そこにあるのです。

(5)自社、自社の競合、自社の顧客やマーケットを徹底的に知る努力をすること

「自社、自社の競合、自社の顧客やマーケットを徹底的に知る努力をすること」とは、端的に3C分析のことです。ビジネススクールで学ぶ様々なフレームワークの中でも、1つだけ使えるなら3Cを選ぶ、というぐらい重要なフレームワークです。もちろん、デジタルシフト戦略の立案にも使えます。具体的には、Customer（市場・顧客）、Competitor（競合）、Company（自社）のそれぞれについて分析します。その結果として、自社が強みとし、競合にも勝てる可能性があり、なおかつ顧客からも評価されるデジタルシフト戦略の姿が浮かび上がってくるのです。

(6)経営者の発言などを徹底的にリサーチ、分析すること

デジタルシフト戦略立案の当事者が経営者の場合は不要かもしれませんが、別に担当者がいる場合は、経営者が何を考え、どのように発言しているのかを徹底的にリサーチし、その経営者の哲学、こだわり、想いを明らかにする必要があります。そこに訴えるデジタルシフト戦略でなければ、却下されても文句は言えません。

（7）アマゾンのみならず米中メガテック8社をすべて本質的にベンチマークし、それを本当に活かした大胆な戦略となっているかを明記すること

本章ではアマゾンそしてジェフ・ベゾスを例に挙げることが多かったのですが、本来であれば米中メガテック企業8社をベンチマークしていただきたいところです。その8社とは、米国のGAFA（グーグル、アマゾン、フェイスブック、アップル）、中国のBATH（バイドゥ、アリババ、テンセント、ファーウェイ）です。各社が、事業の本質をどのようにデジタル化しているかを学びましょう。参考までに各社における注目ポイントを挙げます。

アマゾン：同社がミッションやビジョンとしている顧客中心主義と、それと表裏一体となっているカスタマーエクスペリエンスのこだわりを、いかに事業で実現しているかを学ぶこと

グーグル：デジタル化によって同社がどのように情報を整理し、それを収益化しているかを学ぶこと

アップル：デジタル化の中においても、同社がどのように対象とする顧客層に対してライフスタイルやあり方の提案を行っているかを参考にすること

フェイスブック：デジタル化によって同社がどのように人や組織をつなげようとしているかを参考にすること

アリババ：デジタル化を大きな武器として、同社がどのように中国の社会インフラを構築し、金融事業を起点に事業を拡大しているかを学ぶこと

テンセント：デジタル化によって同社がどのように生活サービスの向上を実現してきているかを学ぶこと

バイドゥ：デジタル化によって同社がどのように複雑なものをシンプルにしようとしているかを学ぶこと

ファーウェイ：同社が次世代通信の5Gで何を実現しようとしているのかを学ぶこと

ぜひ、「ベゾスならばどう考えるか？」以外にも、各メガテック企業の社長が自分の会社の社長になったら何をするのか、考えてみていただきたいと思います。大胆な発想を得るためのコツです。

(8)リサーチ・調査を踏まえた分析・評価、それらを踏まえた戦略となっていることに留意すること

合理性の高い戦略の策定・実行のカギは、徹底した分析・評価です。それも、定量分析と定性分析の両方を我が物にすることです。

一般的には、定量分析は数字で表せる要素の分析、定性分析は数字で表すことのできない要素の分析と、対照的なものとして理解されています。しかし、きちんとした分析・評価を行えば、

定量分析と定性分析、そしてプロの勘は一致します。一致しない場合は、いずれかの分析が不十分であるか、どこかに無理があると見なして、一致するまで徹底的に分析・評価を続けましょう。

(9)「先に打ち手ありき」の戦略となっていないか、「実施した分析から本当にそのまま導き出された戦略であるか」に徹底的にこだわること

(8)とも関連する部分ですが、多くの組織は、課題に問題に直面したとき、「打ち手ありき」で反応しがちです。例えば「競合C社が値下げをしているから、当社でもすぐに値下げをしよう」。問題の本質や原因を把握・分析することなしに、値下げという1つの打ち手に飛びついてしまうのです。必要なのはまず分析です。デジタルシフトにおいても、まずはリサーチ・調査と分析・評価から入りましょう。

(10)競合他社にもそのまま使えるような戦略にならないよう十分に注意すること

「強く・好ましく・ユニーク」である点を、再度強調したいと思います。他社がすでに実行している戦略を真似しても意味はありません。あるいは、競合他社にすぐ真似されてしまいそうなデジタル戦略なら、あなたの会社にふさわしいデジタルシフト戦略たり得ていないと考えるべきです。

(11)自分自身が大胆なビジョンを持つことが不可欠であることを再認識し、それを自分たちの方法で投影したものにすること

「DAY1」の精神を持つことが重要であるように、大胆なデジタルシフト戦略を立案するには、大胆なビジョンを持つことが不可欠です。どのような人生観、人間観、歴史観、世界観を持ち、どのような目標を掲げて人生を歩むのか。その考えが大胆であればあるほど、あなたが立案するデジタルシフト戦略もまた、大胆なものになります。

(12)「求められていることは何か?」「何のためにやっているのか?」と問い続け、目的や使命を常に意識すること

紙上ワークショップはいかがだったでしょうか。実際のワークショップにおいては、各3時間のクラスに対して、その何倍もの準備と復習をすることが求められています。

そして8回のクラスにおいては、デジタルシフト戦略に加えて、ストラテジー&マーケティングやリーダーシップなどの講義も行っています。さらには私がNHK出版より2018年に刊行した『「ミッション」は武器になる』も課題図書として、自分自身のミッションステートメントを作成し、クラスの中で発表し合ってもらいます。

各自のリーダーシップやミッションまで発表してもらうのには理由があります。3カ月以上に及ぶアカデミーの最後に、実際に自社のための優れた「大胆なデジタルシフト戦略」を策定・発

表できるかは、各受講者が自分自身のミッションやビジョン、さらにはキャリアプランなどをより大胆なものに高めていくことが必要であるからです。「大胆なデジタルシフト戦略の構築」には受講者本人の戦略策定力やクリティカルシンキング力のアップデート（進化や刷新）が不可欠です。同時に、8回のアカデミーをやり抜くには、自分自身のミッションやリーダーシップをアップデートしていくことも欠かせません。

それは、アカデミーに限らず、デジタルシフトを実行していこうとしているすべてのビジネスパーソンにいえることではないかと考えています。あなた自身にとっての「DAY1」とはいつだったでしょうか。あなた自身は今日も、その「DAY1」のマインドセットで1日を新鮮で謙虚な気持ちで過ごすことができたでしょうか。

大胆なデジタルシフト戦略を実行していくためには、その組織において、企業文化をスタートアップ企業のようにスピーディーな企業DNAに刷新していくことが求められます。そして、その組織のリーダーにも、トランスフォーメーションを実現していくために「DAY1」のマインドセットで日々の仕事に取り組むことが求められているのです。

おわりに

本書ではここまで、それぞれ異なる分野における「最先端」8社の戦略を詳細に分析してきました。8社の共通点を挙げるならば、第一にはDXの取り組みです。どの企業も、表層的で一時的な変革にとどまることなく、事業の本質を、あるいはカスタマーエクスペリエンスを、DXによって継続的にアップデートし、企業としての成長につなげています。

一方で、8社の違いは「デジタル×グリーン×エクイティ」への取り組みの違いだといえるでしょう。進捗状況も、使命感やこだわりも、そして重きを置く部分も8社8様で、濃淡があります。ただし、これから重要度を増していくのも、デジタル×グリーン×エクイティの部分であろうと私は考えています。

現在、グローバルな時価総額の戦いにおいて、アップル、マイクロソフト、アマゾンの3社がしのぎを削っていますが、このメガテック3社の勝敗を決定づけるのも「デジタル×グリーン×エクイティ」の取り組みであろうと予想します。

とりわけ重要になるのが「グリーン×エクイティ」です。それはなぜか。グリーン×エクイティへの取り組みが、人々の消費行動、ひいては企業の売上に大きく影響を及ぼすものになりつつあるからです。

アクティビズムが掲げる「正当な主張」

いま「○○アクティビズム」と呼ばれる大きな潮流があります。アクティビズムは「活動主義」あるいは「積極活動主義」と訳されます。株主アクティビズム、ESGアクティビズム、消費アクティビズム……。いずれも、○○を通じて社会を変革して、よりよい社会にしていこうとする動きのことです。

よく知られているのは株主アクティビズムでしょう。「物言う株主」として、株主が企業経営に対して影響力を行使することを言います。日本で物言う株主というと、どうしても「外資系ファンドが日本企業を乗っ取る、攻撃する」といったネガティブなイメージがついてまわりますが、本来、アクティビズムという言葉そのものはネガティブなものではありません。株主アクティビズムにしても、行き過ぎた行動は批判されるべきだとしても、「物言う株主」そのものは、本来あるべき株主の姿です。機関投資家の行動規範「スチュワードシップコード」も、投資家に正当に「物言う株主」になるように求めています。

実際、アクティビズムという言葉を掲げて世界をよくする活動をしている企業もあります。例えば、グローバルなアウトドアブランドのパタゴニアは、地球環境問題への取り組みでも高い評価を得ている企業です。自ら「スポーツアクティビズム」であることを標榜し、スポーツとアクティビズムを関連づけ、スポーツを通じた社会的及び環境的な変化を促しているほか、売上の1%を自然環境の保護・回復のために投じるなど、ビジネス上の利益と環境保護を直結させてもいます。

「企業の価値観や世界観」を重視するZ世代の消費行動

特にここで注目したいのは消費アクティビズムです。消費アクティビズムは、文字通り消費を通じて世の中を変革していこうという動きのことです。

消費アクティビズムを牽引するのは、1990年代中盤以降に生まれた「Z世代」の若者たちです。その特徴としてデジタルネイティブであること、ソーシャルネイティブであること、環境意識が高いことなどがしばしば指摘されますが、ここで重要なのは「生まれながらにして多様性と個性を大事にする価値観を持った世代」であるという事実です。特に米国でのZ世代は、ほかの世代よりも白人の占める割合が低く、すでに白人以外の層が数としては上回っているのです。

そのようなZ世代が今、消費の主役となり、自らの消費行動によって世の中を動かそうとしています。例えば、ダイバーシティを尊重する価値観を持った企業の製品やサービスを購入し（バイコット）、そうでない企業の製品やサービスは買わない（ボイコット）という動きがあります。Z世代は、かつての世代のように機能や価格のみを基準に製品やサービスを購入しようとは思いません。その企業が提示している価値観や世界観に共感できるか否かが、彼らの消費行動を左右しています。

中でもグリーン×エクイティは、Z世代が強い関心を寄せているところです。となると企業も、グリーン×エクイティを無視することはできません。それが、現在の消費の主役であるZ世代に選ばれるための、必須の条件だからです。グリーン×エクイティを軽視する企業は、早晩淘汰される運命にあります。

日本に必要な「国家としてのグランドデザイン」

とはいえ、「デジタル×グリーン×エクイティ」をそれぞれの企業が個別に努力するだけでは、実現にも時間を要し、大きなムーブメントにはなり得ないでしょう。例えば、トヨタ自動車の豊田社長が指摘したように、「カーボンニュートラルは国家のエネルギー政策の大変革なしに達成は難しい」のも事実です。

「はじめに」でも触れましたが、伝統的な製造業であるボッシュが2020年の時点でカーボンニュートラルを世界400カ所で達成したのは驚くべきことです。それはボッシュ自身のビジョンや企業努力の賜物でもあるのですが、その背景にあるドイツのエネルギー政策×産業政策を見逃すわけにはいきません。

図表11-1　「脱炭素」の最先端を走るドイツの製造業

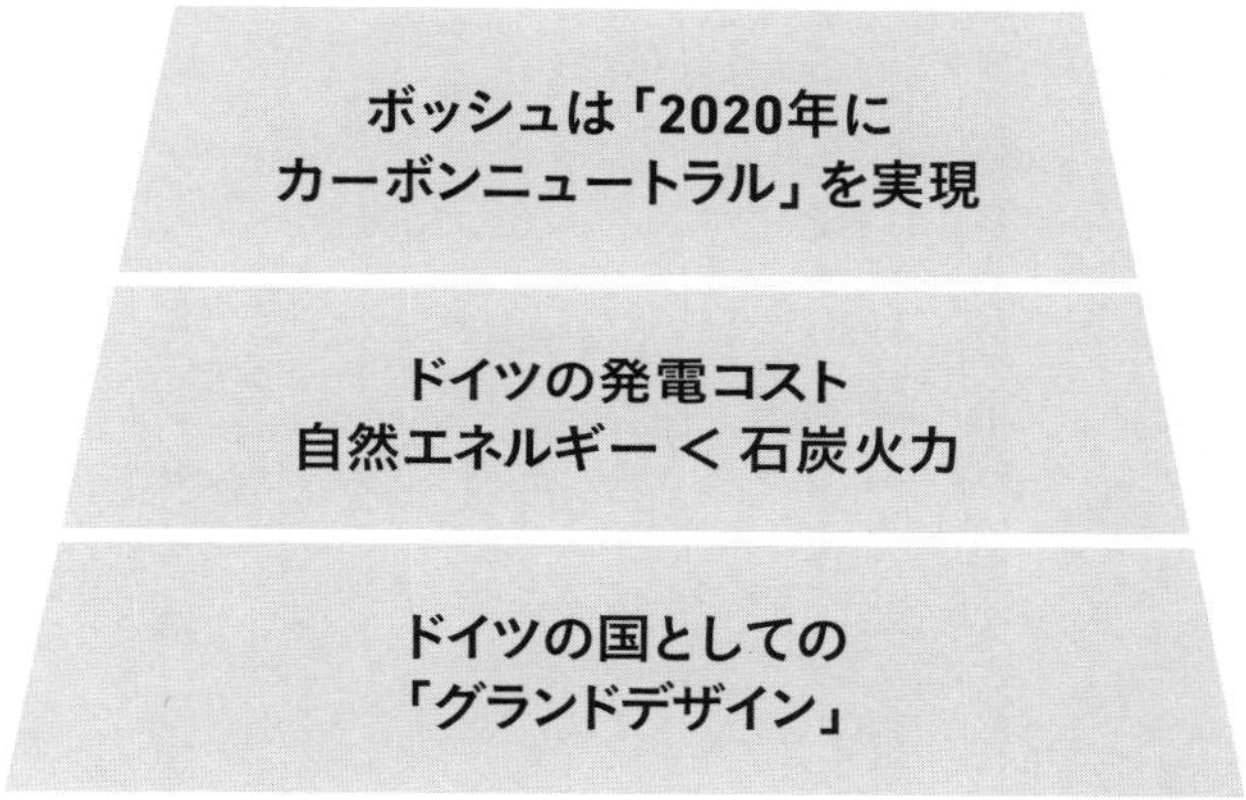

（筆者作成）

ドイツは数年前から「インダストリー４・０」を掲げ、デジタルを用いた製造業の革新を目指すとともに、自然エネルギーの拡大・脱炭素にも力を入れてきました。すでにドイツでは石炭火力よりも自然エネルギーのコストのほうが安くなってもいます。ドイツが目指すのは「エネルギー限界費用ゼロ社会」、すなわち国全体としてエネルギーコストを低減させ、製造業や国全体の競争力を高めるという超長期的な戦略が進行しているのです。そしてボッシュこそはインダストリー４・０の代名詞的な企業でした。

ボッシュという伝統的製造業の会社がいち早くカーボンニュートラルを達成できたのは、このように、国としてのグランドデザインと、超長期的なエネルギー政策×産業政策に支えられてきたからです。ボッシュ1社の企業努力のみでは到底実現できなかったことでしょう。付け加えるなら、ドイツを含む欧州が「環境正義」の名の下に気候変動対策を推進していることも、ボッシュには追い風でした。

同様に、今の日本に必要なのは、国家としてのグランドデザインだということになるでしょう。グランドデザインとは、世界観や歴史観にもとづく大局的で壮大な視点から、国家・社会・ビジネス・企業のあり方を描いていくことであり、それらの全体像と構成要素を明快に指し示していくことであると思います。

「今、世界はどのような状況にあり、自分たちが置かれている国家や社会や業界はどのような立場にあるのか?」「自分たちが求められている役割/果たすべき役割とは何であるのか?」「その役割にしたがって自分たちは何をしていくのか?」を徹底的に考え、それらを産業政策やエネルギー政策などとして明快に提示していくのです。

人口が減少し、人口構造が大きく変化し、閉塞感が強まっている日本において、ミクロレベルにおいて組織や人が長期的に繁栄を続け社会に貢献していくためには、小手先の戦術や施策の再構築程度では不十分です。戦略やビジョンのみならず、それらをすべて包含したグランドデザインから問い直し、真のイノベーションを通じて新たな価値を創造していくことが求められているのだと思うのです。

日本では菅政権が、米国ではバイデン政権が誕生しました。どちらもデジタル×グリーン政策を打ち出し、エクイティにも目が向いています。これを短期的なトレンドとして終わらせてはいけません。各企業においても、今こそ、これから超長期にわたって自社が属する産業がどうあるべきか、どんな企業として何のために生き残っていくべきかを示すグランドデザインを描く必要があります。日本からも「デジタル×グリーン×エクイティ」で世界をリードしていくような先鋭的な企業が誕生することを願ってやみません。

田中道昭

2021年5月

著者紹介

田中道昭（たなか・みちあき）

立教大学ビジネススクール（大学院ビジネスデザイン研究科）教授。株式会社マージングポイント代表取締役社長。テレビ東京WBSコメンテーター。シカゴ大学経営大学院MBA。専門は企業戦略＆マーケティング戦略、及びミッション・マネジメント&リーダーシップ。三菱東京UFJ銀行投資銀行部門調査役、シティバンク資産証券部トランザクター（バイスプレジデント）、バンク・オブ・アメリカ証券会社ストラクチャードファイナンス部長（プリンシパル）、ABNアムロ証券会社オリジネーション本部長（マネージングディレクター）などを歴任し、現職。公正取引委員会デジタル市場における競争政策に関する研究会委員、ニッセイ基礎研究所客員研究員、デジタルホールディングス戦略アドバイザー、Ridgelinez（富士通DXコンサルティング会社）戦略アドバイザーなども兼務し、DXについての戦略コンサルティングにも多数の実績。著書に『アマゾン銀行が誕生する日』（日経BP）、『GAFA×BATH』（日本経済新聞出版）、『アマゾンが描く2022年の世界』『2022年の次世代自動車産業』（以上、PHPビジネス新書）、『2025年のデジタル資本主義』（NHK出版）などがある。

編集協力：東 雄介、村上利弘

世界最先端8社の大戦略

「デジタル×グリーン×エクイティ」の時代

2021年6月21日　第1版第1刷発行
2021年7月 1 日　第1版第2刷発行

著　者	田中道昭
発行者	村上広樹
発　行	日経BP
発　売	日経BPマーケティング 〒105-8308　東京都港区虎ノ門4-3-12 https://www.nikkeibp.co.jp/books/
装　丁	三森健太（JUNGLE）
制作・図版作成	秋本さやか（アーティザンカンパニー）
編　集	長崎隆司
印刷・製本	図書印刷

ISBN978-4-8222-8899-0